Die vierzehn Wiedergeburten des Dalai Lama

Karl-Heinz Golzio/Pietro Bandini

Die vierzehn Wiedergeburten des

Dalai Lama

Die Herrscher Tibets –
wie sie wiederkommen,
wie sie gefunden werden,
was sie hinterlassen haben

O.W. Barth

Erste Auflage 1997

Verehrung den heiligen Lehrern,
Verehrung den siegreichen Führern der Menschheit,
die mit dem Schiff des weißen Denkens der Güte
den Ozean der wahren Philosophie überqueren
und den Edelstein der Befreiung entdecken.

Kun-ga Gyaltsen:
Die zwölf Wundertaten
im Leben des allwissenden Gedün Drub

Inhalt

Einführung

Spätestens im Jahr 1989, als er mit dem Friedensnobelpreis ausgezeichnet wurde, begann der Aufstieg Tenzin Gyatsos, des XIV. Dalai Lama, zu weltweiter Popularität. Insbesondere in der Bevölkerung Europas und Nordamerikas genießt der tibetische Exilherrscher eine Wertschätzung, die westlichen Staatsführern einiges an diplomatischem Geschick abfordert: Einen Fototermin mit dem gütig lächelnden Dalai Lama läßt sich kaum ein Politiker entgehen; zugleich aber ist man peinlich bemüht, das chinesische Regime nicht durch unbedachte Gesten zu verprellen. Denn die Herrscher des Reichs der Mitte sind bei jeder dieser medienwirksamen Audienzen in einer brisanten Doppelrolle präsent: als umschmeichelte Handelspartner des Westens und als tibetische Besatzer, die seit der Invasion von 1959 die über Jahrtausende gewachsene Kultur und demographische Struktur ihres Nachbarlandes systematisch zerstören.

Die meisten Zusammentreffen zwischen westlichen Regierungsmitgliedern und dem heutigen Dalai Lama sind daher Lehrstücke in diplomatischer Heuchelei, die jedoch einer paradoxen Entwicklung Rechnung trägt: Das chinesische Riesenreich konnte zwar die weltliche Macht über Tibet an sich reißen, doch gerade mit der Vertreibung des Herrschers von Lhasa und zahlreicher tibetischer Geistlicher begann der weltweite Siegeszug des Lamaismus. Anstatt die spirituelle Flamme auszutreten, haben die Soldatenstiefel der Besatzer einen wahren Funkenflug ausgelöst, der das lamaistische Feuer seither in die Köpfe und Herzen von Millionen Menschen aller Kontinente trägt.

Die Begeisterung für den Dalai Lama geht jedoch nicht selten mit recht lückenhaftem Wissen über die historische Herkunft und die geistige Botschaft des tibetischen Buddhismus einher. So glauben viele Menschen im Westen zu wissen, daß der Lamaismus eine «Religion» sei, deren Anhänger den Dalai Lama als «menschgewordenen Gott» verehrten. Diese Begriffe, die im abendländischen Kontext fast unvermeidlich von christlichen Vorstellungen eines göttlichen Weltenschöpfers und seiner biblischen Heilslehre geprägt sind, lassen sich indes nicht ohne weiteres auf die buddhistischen Verhältnisse übertragen. Der Dalai Lama ist, kurz gesagt, kein «asiatischer Heiland», der seinen Anhängern jenseitige Seligkeit verheißt, sondern Verkünder und Verkörperung eines Glaubens, der gerade die «unsterbliche Seele» zur unheilvollsten aller Illusionen erklärt.

Ebenso wird die verbreitete Vorstellung, daß Tibet ein kleines, friedliches Land sei, das von seinem ungleich mächtigeren Nachbarn überfallen wurde, weder der historischen noch der geographischen Realität gänzlich gerecht. Tatsächlich ist das «kleine» Tibet ein Land von gewaltiger Ausdehnung (etwa zehnmal so groß wie Deutschland). Noch im Mittelalter war es eine asiatische Großmacht, dem kaiserlichen Nachbarn zumindest ebenbürtig und jederzeit geneigt, in chinesischen Provinzen auf Eroberungszüge zu gehen.

Wenngleich die Tradition der Dalai Lamas erst lange nach dem Zerfall des tibetischen Großreichs beginnt, haben auch sie viele Jahrhunderte die Politik ihres Landes wesentlich mitbestimmt. In spiritueller Hinsicht handelt es sich nach lamaistischer Überzeugung bei den bislang 14 Dalai Lamas nicht um ebenso viele verschiedene Individuen, die einander nach dynastischen Erbfolgegesetzen auf den Thron Tibets folgten, sondern um die vierzehnmalige Wiederverkörperung ein und desselben transzendenten Erleuchtungswesens, des Bodhisattva Avalokiteshvara. Da sie als weltliche Herrscher Tibets – in einem profanen Sinn – zugleich ihr Land «verkörpern», werden wir bei der folgenden Betrachtung der Lebenswege und Lehren aller Dalai Lamas immer wieder auch einen Blick auf ihre staatsmännischen Handlungen werfen.

Zunächst aber wenden wir uns der für viele westliche Menschen verwirrenden Frage zu, was unter der «Wiederverkörperung eines Erleuchtungswesens» überhaupt vorzustellen sei. Auch diese Frage läßt sich nur beantworten, indem man die geschichtliche Dimension einbezieht: die Entstehung und Entwicklung der tibetischen Spielart des Buddhismus.

Eine Buddhastatue als Hochzeitsgeschenk

Für die Geschichtswissenschaft ist Songtsen Gampo (Regierungszeit ca. 620–649) der erste historisch nachweisbare König Tibets, doch nach legendärer Überlieferung herrschte die Yarlung-Dynastie, der er angehörte, bereits seit sechs Jahrhunderten, als er den tibetischen Thron bestieg. Unstrittig ist dagegen, daß unter seiner Regentschaft das tibetische Großreich entstand. Expansionslüstern drang Songtsen Gampo bis weit nach Zentralasien vor, unbeeindruckt selbst durch die Gegenwehr der chinesischen Armee. Nach siegreicher Schlacht forderte er eine Tochter Li Schinins (Taizong, Regierungszeit 626–649), des zweiten Kaisers der chinesischen Tang-Dynastie, zur Frau. Auf diese wenig friedliche Weise gelangte im Jahr 641 nicht nur die chinesische Prinzessin Wencheng nach Tibet, sondern auch eine goldene Buddhastatue, welche die zur Heirat gepreßte Kaiserstochter mit sich führte.

Wie die Legenden berichten, habe sich Songtsen Gampo nicht mit einer Gemahlin begnügt: Wenig später heiratete er auch eine nepalesische Königstochter, die gleichfalls dem Buddhismus anhing. Unter dem Einfluß dieser beiden Damen – zumindest der historisch gesicherten Chinesin – ließ der König an wichtigen Punkten seines Reichs buddhistische Tempel errichten. Allerdings sprach zunächst wenig für die Annahme, daß die neue Lehre in Tibet jemals eine bedeutende Rolle spielen würde. Ohne Rückhalt in der Bevölkerung, die weiterhin dem schamanistischen Bön-Kult anhing, war der tibetische Buddhismus lange Zeit eine reine Hofangelegenheit: Noch im Jahr 727 berichtete der chinesisch-koreanische Pilger Huichao, daß es in Tibet keine Klöster gebe und die Lehre Buddhas dort nicht bekannt sei.

Erst unter der Regentschaft von Tride Tsugtsen (Regierungszeit 705–754) erhielt der Buddhismus in Tibet neuen Zulauf. Auch dieser König heiratete eine chinesische Prinzessin, eine Verbindung, aus welcher der bedeutende Herrscher Trisong Detsen (Regierungszeit 756–797) hervorging. Nach dem Vorbild seines Ahnen Songtsen Gampo soll Tride Tsugtsen weitere buddhistische Tempel gegründet haben. Doch das politische Klima war noch immer durch Feindseligkeiten zwischen den rivalisierenden Großreichen Tibet und China geprägt, die den Argwohn der Tibeter gegen chinesische Lehren schürten. Als während der

Regierungszeit von Tride Tsugtsen buddhistische Mönche aus Zentralasien eintrafen, beschlossen tibetische Adlige, die Eindringlinge unverzüglich aus dem Land zu vertreiben. Ihren Plänen kam entgegen, daß zur gleichen Zeit eine Epidemie ausbrach, für die sie die Fremden und deren Religion verantwortlich machten. Rasch wurden die Mönche wieder ausgewiesen, womit auch der zweite Versuch, den Buddhismus nach Tibet zu verpflanzen, gescheitert schien.

Wettkampf der Exorzisten

Weder die lückenhaften historischen Quellen noch die verklärenden Legenden vermögen schlüssig zu erklären, weshalb der Buddhismus nur wenig später, trotz weiterhin ungünstiger Vorzeichen, doch noch in Tibet heimisch wurde. Ungeachtet seiner Herkunft mütterlicherseits setzte König Trisong Detsen die kriegerische Yarlung-Tradition fort, indem er abermals China angriff und im Jahr 763 sogar die chinesische Hauptstadt Chang'an eroberte. Gleichwohl und gegen den Widerstand tibetischer Adliger erneuerte er anscheinend die lange Zeit gekappten Beziehungen zu den buddhistischen Ländern und lud abermals eine Reihe geistlicher Schriftgelehrter nach Tibet ein. Da man sich bei Hofe offenbar nicht einig war, ob man den chinesischen oder den indischen Buddhismus fördern solle, kam es zu einem denkwürdigen Wettkampf.

Zu dieser Zeit hing die tibetische Bevölkerung immer noch mehrheitlich dem Bön-Kult an, einer rätselhaften Naturreligion, in der die Bekämpfung von Dämonen eine wichtige Rolle spielt. Um herauszufinden, welche Spielart des Buddhismus die mächtigere sei, forderte man einen chinesischen und einen indischen Geistlichen auf, eine exemplarische Anzahl einheimischer Dämonen zu exorzieren. Während der chinesische Mönch bereits in Tibet weilte, eilte aus Indien eigens Shantarakshita herbei, Abt der bedeutenden bengalischen Klosteruniversität Nalanda. Sowenig wie der Chinese vermochte zwar Shantarakshita die feindseligen Dämonen zu bezwingen, doch er gab sich nicht geschlagen, sondern empfahl, den tantrischen Meister Padmasambhava aus Indien kommen zu lassen. Tatsächlich schlug dieser legendäre Magier sämtliche tibetische Dämonen in die Flucht, womit die

Niederlage des chinesischen und der Aufstieg des indischen Buddhismus in Tibet besiegelt waren.

Angeblich hielt sich Padmasambhava noch um 779 in Tibet auf, als dort das berühmte Klosters Samye in der Form eines gigantischen Mandalas errichtet wurde. Entgegen der frommen Überlieferung, die den überwältigenden Sieg der Anhänger Padmasambhavas feiert, dauerte der Machtkampf zwischen den verschiedenen buddhistischen Schulen aber noch einige Zeit an. Durch ihre Niederlage im Dämonenkampf nur kurzfristig erschüttert, traten auch die Vertreter des chinesischen Chan-Buddhismus bald wieder auf den Plan und gaben sich erst im 9. Jahrhundert endgültig geschlagen.

In seinen Edikten nahm König Trisong Detsen den indischen Sieg allerdings schon vorweg. Er befahl, wichtige buddhistische Texte übersetzen zu lassen und sich bei der Verbreitung des Buddhismus vorerst auf die wesentlichen Lehren der Mahayana-Schulen zu beschränken.

Nach dem beeindruckenden Auftritt des tantrischen Meisters Padmasambhava erstaunt es nicht, daß im folgenden Jahrhundert die tantrische Richtung des Buddhismus immer mehr an Boden gewann. Mit ihren magischen Praktiken, exorzistischen und zahlreichen weiteren Ritualen bildete sie gleichsam eine Brücke zwischen dem Buddhismus und den religiösen Bedürfnissen und Bräuchen insbesondere der einfachen Bevölkerung, in welcher der Glaube an Zauber und Dämonen tief verwurzelt war.

Mönche und Mörder

Durch diese Fortschritte ermutigt, leitete König Ral-pa-chan (Regierungszeit 815–838) weitreichende Reformen ein, um den Buddhismus in Tibet zu stärken. Die Klöster mußten keinerlei Steuern zahlen und erhielten auf Kosten des Staates Butter und Salz, Papier und Tusche für ihren Bedarf. Die Regierung stellte ihnen Land und Pachtbauern zur Verfügung und führte das Immunitätsrecht für die Klöster ein, das der weltlichen Regierung jegliche Verfügungsgewalt über die geistlichen Besitzungen entzog und den Klöstern überdies eine eigene Rechtsprechung gewährte. Auch in der Politik wurde die Geistlichkeit aktiv: Der

König ernannte adlige Mönche zu Ministern, und bei den Friedensverhandlungen zwischen Tibet und China im Jahr 822 waren auf beiden Seiten Mönche beteiligt. Doch der Überlieferung nach scheint König Ral-pa-chan den buddhistischen Mönchen soviel Macht gewährt zu haben, daß die einheimische Aristokratie um ihren Einfluß zu bangen begann: Im Jahr 838 wurde er von adligen Verschwörern ermordet.

Der Thronfolger, sein älterer Bruder Langdarma (Regierungszeit 838–842), verewigte sich durch rabiate Restaurationspolitik in den tibetischen Geschichtsbüchern: Er verbot die buddhistische Religion, zwang die Mönche, ihre Klöster zu verlassen, vertrieb viele von ihnen aus Tibet und befahl, Tempel und Statuen zu zerstören. Aber Langdarma erfreute sich nur vier kurze Jahre seiner Königswürde: Im Jahr 842 starb auch er von Mörderhand: von einem buddhistischen Mönch gemeuchelt, ein Ereignis, das in lamaistischen Klöstern noch heute mit den sogenannten «Schwarzhuttänzen» gefeiert wird.

Nun zählt Mord zwar auch im Buddhismus zu den schwersten Sünden, doch um eine Rechtfertigung war die Geistlichkeit nicht verlegen: Der König, so erklärte man, sei zu seinem eigenen Besten getötet worden. Denn nur so habe man ihn vor weiteren Untaten bewahren können, die ihn nach seinem Tod unweigerlich in die Hölle geführt hätten …

Unglücklicherweise aber hatte der Mönch nicht nur einen hartnäckigen Widersacher des Buddhismus, sondern zugleich den letzten Sproß der Yarlung-Dynastie ausgelöscht: Nach Langdarmas Tod begann der Niedergang Tibets, das in zahlreiche Einzelfürstentümer zerfiel. Kein Großkönig konnte fortan mehr den Buddhismus landesweit bekämpfen, doch ebensowenig gab es länger eine Zentralmacht, unter deren Schutz sich die Klöster stellen konnten. Zusammen mit dem Großreich Tibet schien auch der tibetische Buddhismus als organisierte Religion für mehr als ein Jahrhundert von der Bildfläche verschwunden zu sein.

Die «zweite Ausbreitung der Lehre»

Über das Schicksal des tibetischen Buddhismus bis etwa zum Jahr 1000 unserer Zeit wissen wir wenig. Sofern er nicht völlig untergegangen war, fristete er jedenfalls ein höchst unauffälliges Dasein. Anscheinend kehrte die Bevölkerung bald nach dem Zerfall des Großreichs zu ihren alten religiösen Praktiken zurück, und das buddhistische Intermezzo geriet mehr oder minder in Vergessenheit. Wer auch immer künftig versuchen würde, dem Buddhismus in Tibet Geltung zu verschaffen, würde gänzlich von vorn beginnen müssen.

Um die Jahrtausendwende entstand in der Tat eine neue buddhistische Bewegung, ausgehend von drei kleineren westtibetischen Königreichen, deren Herrscher sich von der Yarlung-Dynastie des zerfallenen Großreichs herleiteten. Unter der Führung des Königs von Purang, Ye-she-od, und des Mönchs und Übersetzers Rinchen Zangpo (958–1055) begann die neuerliche Bekehrung der Tibeter, im lamaistischen Schrifttum «Zweite Ausbreitung der Lehre» genannt.

Rinchen Zangpo hatte in Kaschmir buddhistische Lehren studiert. Nachdem er sich mit den Mahayana-Lehren sowie den Regeln der Ordenszucht (Vinaya) vertraut gemacht hatte, erneuerte er in Tibet die Statuten der Mönchsgemeinschaften, gründete etliche Tempel und trat vor allem als Übersetzer buddhistischer Texte hervor, deren er nicht weniger als 158 ins Tibetische übertragen haben soll.

Nach König Ye-she-od setzte sich auch Byang-chub-od, sein Neffe und Nachfolger, so umsichtig wie beharrlich für die neuerliche Ausbreitung des Buddhismus ein. Mehrfach lud er den gelehrten bengalischen Mönch Atisha (982–1054) nach Purang ein, bis sich dieser im Jahr 1042 endlich zu der beschwerlichen Reise entschloß. Atisha unterrichtete Rinchen Zangpo und dessen Schüler Domtön (1008–1064) in tantrischen Lehren, die auf diese Weise aus den großen Klosteruniversitäten Bengalens nach Tibet verpflanzt wurden. Seine Unterweisung sollte sich als entscheidender Impuls für die Entwicklung des tibetischen Lamaismus erweisen: Nachdrücklich empfahl Atisha die Verehrung des Bodhisattva Avalokiteshvara (tibetisch: Chenrezi) und betonte die Wichtigkeit des langen und beschwerlichen Bodhisattva-Weges. Um jede willkürliche Auslegung der heiligen Schriften zu vermeiden, räumte er überdies der Lehrautorität des Meisters (Sanskrit: Guru, tibetisch: Lama) den Vorrang vor den Texten ein. Denn nur die unmittelbare Belehrung der Jünger durch einen

Meister, so Atisha, stelle die richtige Auslegung der Schriften sicher; daher regte der bengalische Mönch überdies an, buddhistische Orden in Tibet zu etablieren. Aufgrund dieser absoluten Autorität der Lehrer, die Atisha begründete, wird der tibetische Buddhismus seither auch als Lamaismus bezeichnet.

Die ersten Schulen des Lamaismus

Etwa um dieselbe Zeit, als Atisha in Purang weilte, reiste der Tibeter Marpa (1012–1096) nach Bihar. Dort ließ er sich von dem indischen Siddha Naropa in einen Tantrismus einweihen, der Yogakräfte und bestimmte Arten von Meditation bevorzugte. Nach seiner Rückkehr führte Marpa in Tibet ein Doppelleben, das uns eine Ahnung von der weiterhin unsicheren Stellung des damaligen tibetischen Buddhismus vermittelt: Nach außen lebte er als unauffälliger Familienvater, doch insgeheim scharte er einen Kreis eingeweihter Schüler um sich, die ihn als tantrischen Meister verehrten. Zusammen mit seinem berühmtesten Schüler Milarepa (1052–1135), der seine Yogaübungen in der Bergeinsamkeit des Himalaja praktizierte, begründete er die *Kagyüpa-Schule,* die «Schule der tradierten Gebote», in der Yogapraktiken eine besondere Rolle spielen.

Die *Kadampa-Schule* geht auf Domtön (1008–1064) zurück, einen der wichtigsten Schüler Atishas. 1056 gründete er nördlich der alten Hauptstadt Lhasa das Kloster Reting und etablierte so «die an Regeln gebundene Schule», deren Mitglieder zu strenger Ordenszucht (Vinaya) verpflichtet waren. Den Kadampa-Mönchen war Geschlechtsverkehr ebenso untersagt wie Reisen, der Genuß berauschender Getränke und Geldbesitz.

Das Gebot sexueller Enthaltsamkeit war den Hierarchen einer weiteren, zeitweise auch politisch mächtigen Schule fremd: Begründet wurde die *Sa-skya-pa-Schule* von Brog-mi (992–1072), ihr Name aber leitet sich von dem Kloster Sa-skya («Fahle Erde») her, das Fürst Konchog Gyalpo, ein Schüler Brog-mis, 1073 gründete. Brog-mi selbst hatte viele Jahre in Indien verbracht und dort vor allem tantrische Lehren studiert, insbesondere das «Hevajratantra», einen Text voll sexueller Symbolik. Folgerichtig wurde den Hierarchen seiner Schule die Heirat gestattet, und nicht selten folgte der Sohn dem Vater (später der Neffe dem Onkel) im Amt des Abtes nach.

Wie sehr dieses spezielle Klosterkonzept selbst rauhe Mongolenherrscher zu faszinieren vermochte, zeigt im übrigen der sensationelle Aufstieg, den die Sa-skya-pa-Schule einige Zeit später erfuhr: Im 13. Jahrhundert errang sie die politische Macht in Tibet. Es war die Zeit der Mongolenherrschaft, und auch die tibetischen Mönche zitterten vor den heißblütigen Invasoren, die immer wieder buddhistische Klöster niederbrannten. Im Jahr 1244 reiste Sa-skya Pandita (1182–1251) an den Hof des mongolischen Fürsten Godan und erbat seine Unterstützung. Der Potentat, ein Enkel Dschingis Khans, war von dem tibetischen Meister so beeindruckt, daß er sich in buddhistischer Kultur unterweisen ließ und Sa-skya Pandita 1249 zum Regenten Tibets ernannte. Ebensoviel politisches Geschick bewies Sa-skya Panditas Neffe und Nachfolger Phagpa (1235–1280): Er gewann das Vertrauen des mongolischen Großkhans Kubilai (Regierungszeit 1260–1294), der den tibetischen Buddhismus am Kaiserhof des mongolisch-chinesischen Weltreichs einführte. Als allerdings im Jahr 1368 die Mongolendynastie in China stürzte, war es auch mit der politischen Vorherrschaft der Sa-skya-pas in Tibet wieder vorbei.

Die Wiederverkörperungslehre

Wie wir weiter oben erfuhren, trug der bengalische Guru Atisha in zweifacher Hinsicht zur Entwicklung des tibetischen Buddhismus bei: Er empfahl, die Bodhisattvas (Erleuchtungswesen) zu verehren, und stärkte die Autorität der Lamas, deren Auslegung der heiligen Schriften den Vorrang vor dem überlieferten Wortlaut erhielt. Aber noch fehlte das entscheidende Bindeglied zwischen diesen beiden Aspekten, das die Besonderheit des tibetischen Buddhismus ausmacht: die Vorstellung, daß sich ein Bodhisattva in einer Kette von Lehrern einer lamaistischen Schule immer aufs neue verkörpere.

Auf den ersten Blick scheint die Überzeugung, daß sich reale menschliche Persönlichkeiten in anderen Menschen wiederverkörpern könnten, den Grundaussagen des Buddhismus zu widersprechen. Denn nach der klassischen Lehre des alten Buddhismus entstehen neue irdische Existenzen aufgrund von karmischen Daseinsfaktoren vorhergehender Lebensformen, die sich auflösen und neu konstituieren: der leidvolle Kreislauf der sich immer wieder reproduzierenden neuen Existenzen, den zu durchbrechen der Buddhismus lehrt. Da das Ich nach buddhistischer Auffassung eine substanzlose Illusion ist (Anatta-Lehre), kann eine neue Existenz auch nicht die Wiederverkörperung der alten Persönlichkeit sein. Wie also können sich im Mahayana-Buddhismus Buddhas und Bodhisattvas, nach lamaistischer Anschauung sogar hohe geistliche Persönlichkeiten wiederverkörpern, obwohl es die Persönlichkeit als solche gar nicht gibt?

Nach der Lehre des klassischen Buddhismus gilt es, die leidvolle Kette des Wiederentstehens neuer Existenzformen zu zerreißen, indem man wie der historische Buddha durch einen mühevollen Prozeß die Erleuchtung erlangt. Der Mahayana-Buddhismus überhöhte den historischen Buddha zu einem transzendenten Wesen, das jenseits von Zeit und Raum schon immer existiert und sich lediglich von Zeit zu Zeit auf Erden manifestiert. Neben dem historischen Buddha und seinen Vorläufern sowie dem zukünftigen Buddha Maitreya identifiziert der Mahayana-Buddhismus überdies zahlreiche weitere Buddhas und Bodhisattvas, die in eigenen Paradiesen residieren. Um jenen Gläubigen, die nicht selbst zur Erleuchtung fähig sind, als eine Art Mittler zu dienen, verzögern sie ihr endgültiges Eingehen ins Nirwana und wirken statt dessen mitleidvoll weiterhin auf Erden. Aufgrund ihres erleuchteten und transzendenten Wesens verfügen sie über eine «Diamantnatur»: Im Gegensatz zu anderen Existenzformen sind sie im Kern unwandelbar und unzerstörbar.

Aus diesen Vorstellungen des Mahayana-Buddhismus entwickelte sich die sogenannte Trikaya- oder Dreikörper-Lehre: Die eigentliche Wesenheit, unwandelbar, formlos und aus sich selbst existierend, ist der *Dharmakaya,* der «Leib der Lehre», die reine Erleuchtung (Bodhi) schlechthin. Der *Sambhogakaya* oder «Genußleib» ist die Form, welche die Buddhas und Bodhisattvas annehmen, wenn sie in ihren überirdischen Welten verweilen. Der *Nirmanakaya* oder «Erscheinungsleib» aber ist die konkrete Materialisierung eines solches Erleuchtungswesens auf Erden. Gemäß dieser Lehre war der historische Buddha Siddhattha Gautama folglich der Nirmanakaya eines überweltlichen Buddha (Shakyamuni).

Der Mahayana-Buddhismus schuf also die theoretische Grundlage des Wiederverkörperungsglaubens, ohne aber praktische Konsequenzen aus dieser Lehre zu ziehen: Nach dem historischen Buddha wurden keinerlei geschichtliche Persönlichkeiten benannt, in denen sich ein Buddha, ein Bodhisattva oder ein anderes mit dem Erleuchtungsgedanken (Bodhicitta) ausgestattetes Wesen manifestiert habe. Diese Folgerung blieb dem tibetischen Buddhismus vorbehalten.

Der tibetische Sonderweg des Buddhismus begann damit, daß man hohe geistliche Würdenträger als erleuchtet ansah und folglich glaubte, daß sie sich nach ihrem Tod in einem anderen männlichen Wesen neu verkörpern würden. Eine der frühesten Ketten solcher Wiederverkörperungen (tibetisch: Tulku oder sPrul-sku, Sanskrit: Nirmana) ist die der Karmapas, die mit Dusum Khyenpa (1110–1193) begann und deren XVII. Verkörperung 1992 inthronisiert wurde. Auch die Abfolge der Dalai Lamas bezeichnete sich zunächst (d.h. seit dem II. Dalai Lama) nur als Wiederverkörperung Gedün Drubs (1391–1475), der posthum zum I. Dalai Lama ernannt worden war. Erst der V. Dalai Lama, der die weltliche Herrschaft über Tibet errang, ging über diese Anschauung entscheidend hinaus: Er behauptete, die Dalai Lamas seien eine Wiederverkörperung des Bodhisattva Avalokiteshvara, während sich in den Panchen Lamas der Buddha Amitabha reinkarniere.

Eine solche neue Wiederverkörperung wird durch eine längere Prozedur identifiziert: Zunächst forscht man in ganz Tibet nach männlichen Kindern, die nach dem Tod der letzten Inkarnation geboren wurden. Dabei wird besonders darauf geachtet, ob Dinge, die der alten Wiederverkörperung lieb waren, die Aufmerksamkeit des Kindes erregen, oder ob es bestimmte Eigenschaften oder Eigenarten des Verstorbenen besitzt. Bei der endgültigen Auswahl muß, sofern letzte Zweifel nicht ausgeräumt werden konnten, ein Orakel entscheiden.[1]

Die Schule der Dalai Lamas

Begründer des Gelugpa-Ordens, der «Schule des Tugendwegs», deren Oberhäupter später die Dalai Lamas werden sollten, war der Mönch Tsong-kha-pa (1357–1419). Er gehörte zunächst der Kadampa-Schule an und vertrat schon aus diesem Grund die alten Ideale wie Zölibat und Alkoholabstinenz. Obwohl zu Recht als «Reformator» des tibetischen Buddhismus gepriesen, verfolgte er nicht zuletzt restaurative Ziele, indem er vor allem den Vinaya-Regeln neue Geltung zu verschaffen suchte. Ebenso verfocht er die Lehren der Mahayana-Philosophen Nagarjuna, Asanga und Dignaga, die er in seinem Werk «Lam-rim-chen-mo» («Große Darlegung des Stufenwegs») zusammenfaßte.

1408 führte Tsong-kha-pa im Jokhang-Tempel von Lhasa das Gebetsfest Mönlam Chenmo ein, mit dem bis heute die Übergabe Tibets an den Buddhismus gefeiert wird. Im Jahr darauf gründete er das Kloster Ganden; da die Schülerzahl rasch wuchs, ließ er in den folgenden Jahren weitere Klöster wie Drepung (1416) und Sera (1419) errichten. Indem er auf strikter Wahrung der Ordenszucht bestand, versuchte er wohl eher, den Mißbrauch bestimmter tantrischer Praktiken einzudämmen, als diese gänzlich zu unterbinden. Denn obwohl die Vinaya und die Mahayana-Lehren für ihn im Vordergrund standen, verfaßte Tsong-kha-pa auch Kommentare zu tantrischer Literatur und räumte dem Studium des Tantra auch in seinen Klöstern einen Platz ein.

Mittelpunkt der Gelugpa-Schule war anfangs Zentraltibet und dort insbesondere das Kloster Ganden. Nach dem Tod Tsong-kha-pas wurde die neue Schule zunächst von den Äbten dieses Klosters geleitet. Doch dem zweiten Abt Khagrubje (Abt 1431–1438) folgte Gedün Drub als neuer Lama der Gelugpa-Schule nach. Gedün Drub war angeblich ein Neffe des Tsong-kha-pa, auf jeden Fall aber einer seiner engsten Schüler. Schon in seinen jungen Jahren im Kloster Drepung hatte er sehr auf die Klosterdisziplin geachtet. Auf ihn wird auch der Gebrauch der gelben Mütze zurückgeführt, der die Gelugpa-Schule den Beinamen «Gelbmützenschule» verdankt. Mit Gedün Drub beginnt die Reihe der inkarnierten Hierarchen, die später als Dalai Lamas bezeichnet werden sollten.

Der Mönch und Reformator Tsong-kha-pa (1357–1419)

Gedün Drub, I. Dalai Lama

geb. 1391 in Shabtod nahe Sa-skya/Tsang, gest. am 15.1.1475 in Tashilhunpo; Oberhaupt der Gelugpa-Schule 1438–1475, posthum zum I. Dalai Lama ernannt

Gedün Drub, «Vollender der Geistlichkeit», war einer der bedeutendsten Schüler Tsong-kha-pas, des Gründers der Gelugpa-Schule, deren Oberhaupt er 1438 wurde. Doch seine herausragende Bedeutung erklärt sich nicht allein durch diese Ernennung zum Gyalwang («Sieger») und später zum Gyalwa Rinpoche («Herrscherjuwel»), sondern mehr noch durch seine ausgeprägte Missionstätigkeit. Auch gründete er zahlreiche neue Klöster, darunter vor allem Tashilhunpo nahe der Stadt Shigatse, das er in den Jahren 1447 bis 1463 errichten ließ. Vieles spricht für die Annahme, daß er mit dazu beigetragen hat, in der Gelugpa-Schule die Lehre von der Wiederverkörperung der Hierarchen einzuführen, die damals bereits in einigen anderen Strömungen des tibetischen Buddhismus bekannt war. Jedenfalls begann nach Gedün Drubs Tod die Suche nach einem Kind, in dem er sich neu inkarniert hatte. Damit war eine einzigartige Sukzessionsfolge eröffnet, da die Träger dieser Wiederverkörperungen, anders als etwa die Karmapa-Hierarchen, sehr bald nicht nur überregionale Bedeutung, sondern Einfluß in ganz Zentralasien erlangen sollten.

Über das Leben des Gedün Drub sind wir durch zwei Biographien unterrichtet, die beide etwa zwei Jahrzehnte nach seinem Tod erschienen. Das ausführlichere Werk mit dem Titel «Norbuiphrengba» («Juwelenkette»), das der Mönch Yeshe Tsemo im Holz-Tiger-Jahr 1494 vollendete, ist chronologisch gegliedert. Mit zuweilen ermüdender Detailfreude schildert der Autor, ein Schüler des großen Lama, dessen Leben von der Geburt bis zum Tod; akribisch notiert er, welche Orte Gedün Drub aufsuchte oder welche Personen er traf.

Dagegen begeistert die im Feuer-Schlangen-Jahr 1497 vollendete kürzere Darstellung «Die zwölf Wundertaten im Leben des allwissenden Gedün Drub» von Kun-ga Gyaltsen durch ihre dichterische Anschaulichkeit. Anstatt sich sklavisch an die chronologische Folge der Ereignisse zu klammern, beleuchtet der Autor wichtige Lebensaspekte wie Geburt, Ordination, die Lehrer und die Studien Gedün Drubs. Dieses inspirierende Zeugnis werden wir im folgenden heranziehen, um einige Stationen auf dem Lebensweg des I. Dalai Lamas zu vergegenwärtigen.

Ein Wunderkind

Wundersame Ereignisse begleiten bereits die Geburt dieser außergewöhnlichen Gestalt. Ähnlich wie bei den neutestamentarischen Berichten zur Geburt Jesu bleibt es dem Leser überlassen, ob er die übernatürlichen Zeichen, die das Erscheinen des Heiligen auf Erden verkünden, als Glaubensaussagen akzeptiert oder lediglich als legendenhafte Ausschmückung ansieht. Unbestreitbar ist jedoch, daß Gedün Drub zu den herausragenden charismatischen Persönlichkeiten seiner Epoche und seiner Kultur zählt. Und wie sonst könnte man sich die Ankunft einer solchen Lichtgestalt vorstellen, wenn nicht als ein Ereignis, an dem die wohlgesonnenen Himmelsmächte gebührenden Anteil nehmen? Daß sich diese übernatürlichen Gewalten der unterschiedlichsten Erscheinungsformen bedienen können, vermag die kultur- und mythengeschichtlich Interessierten unter unseren Lesern schwerlich zu verwundern. So wurde die Geburt des christlichen Heilands bekanntlich durch einen Chor jauchzender Engel angekündigt[2], während etwa in China funkelnde Drachen diese Funktion himmlischer Freudenboten zu übernehmen pflegen[3]. Als jedoch der tibetische Heilige Gedün Drub in einer Hirtenhütte, die kaum komfortabler als der Stall zu Bethlehem gewesen sein dürfte, im Eisen-Schaf-Jahr 1391 zur Welt kam, da wachte ein «großer schwarzer Vogel» über ihn.

Mahatma (Die Große Seele) Gedün Drub wurde im Jahr 1391 unserer Zeitrechnung nahe Sa-skya in der Provinz Tsang in einer Nomadenfamilie geboren. Er war das dritte von vier Kindern, drei Jungen und einem Mädchen, das nach ihm zur Welt kam.

Sein Vater Gonpo Dorje und seine Mutter Jomo Namkhakyi nannten ihn Padma Dorje («Lotos-Donnerkeil»).

In der Nacht der Geburt dieses großen Lehrers wurde die Hirtenhütte der Familie von Räubern angegriffen. Aus Angst um das Leben des Kindes wickelte die Mutter es in eine Decke, versteckte es in einer Felshöhle und floh in die Berge. Als sie am nächsten Morgen zurückkehrte, sah sie voller Entsetzen, daß die Höhle, wo sie das Kind verborgen hatte, von Krähen, Geiern und Schakalen belagert wurde. Herbeieilend stellte sie jedoch fest, daß ein großer schwarzer Rabe über den Säugling wachte und ihn vor den menschlichen Banditen ebenso wie vor den gierigen Tieren beschützte. Da dachte sie: Wenn dieser Vogel eine Manifestation eines Wächtergeistes ist, warum beschützt er dann nicht unseren ganzen Stamm? Wäre er aber die Manifestation einer dämonischen Macht, so hätte er das Kind nicht behütet. Unter diesen tröstlichen Erwägungen nahm sie den Jungen in ihre Arme und verließ den Ort.

Weissager, die später von diesem Ereignis hörten, erklärten, daß der Rabe tatsächlich eine Emanation des Mahakala gewesen sei, der schützenden Form des Bodhisattva des Mitleids. Dieser Vorfall offenbarte, daß die Mächte des Guten Gedün Drub von Geburt an bewachten.

Als der Junge laufen gelernt hatte, verbrachte er seine Zeit gern damit, die Schaf- und Ziegenherden der Familie zu hüten. Weil er außerordentlich schnellfüßig war, erhielt er den Spitznamen Shawa Kyareng oder Schlanke Gazelle – ein Beiname, dem Gedün Drub zeitlebens alle Ehre machen sollte, indem er bis ins hohe Alter rastlos durch die Lande reiste.

Sein Vater starb, als der Junge sieben Jahre alt war. Daraufhin gab ihn seine Mutter in die Obhut eines Mönches namens Geshe Choshe im Kloster Narthang, eines Verwandten der Familie. Hier traf der Junge auf den berühmten Meister Drubpa Sherab, den XIV. Patriarchen von Narthang. Unter diesem Lehrer erhielt er die Ordination eines Novizenanwärters. Da der alte Meister erkannte, daß der Junge sowohl empfindsam als auch hochintelligent war, wachte er mit großer Umsicht über ihn und behütete ihn wie seinen eigenen Augapfel.

Zu jener Zeit lebte im Kloster Narthang ein Schriftkundiger von beträchtlichem Ansehen namens Gyaton Chandra. Unter ihm begann der junge Gelehrte seine Studien und lernte rasch, die verschiedenen Schriften zu lesen. Er studierte auch bei dem Kalligraphen Shakyapal und beherrschte bald schon zahlreiche Handschriften, etwa die Lantsa- und Vardhu-Traditionen des Sanskrit, den Hor-yik-sar-Stil des Mongolischen, den Zabma-, Druma- und Tsig-dri-Stil des Tibetischen und ebenso etliche Stile der Kunstschrift. Beide Lehrer waren über Charakter, Intelligenz und Talente ihres außerordentlich begabten Studenten sehr erfreut und schenkten ihm besondere Aufmerksamkeit. Weil sie ihn als einen vorbildlichen Schüler betrachteten, erlaubten sie ihm nach kurzer Zeit, selbst Studenten zu unterrichten.

Die Ordinationen des Gedün Drub

Als Gedün Drub in seinem 15. Lebensjahr war, erklärte er seiner Mutter, daß er die Mönchsweihen erhalten wolle. Überglücklich stimmte sie seinem Plan zu, und so empfing er mit großer Begeisterung die Ordination als Novizenmönch. Von seinem Abt Khenchen Grubpa Sherab erhielt er den Namen Gedün Drub Palzangpo.

Indem er sich nun dem Geist der Entsagung verschrieben hatte, studierte er unter dem Abt und seinem Lehrer Chenpo Loden Acharya fünf Jahre lang zahlreiche Schriften. Zu diesen Werken gehörte auch die «Ausbildung eines Novizenmönchs» («Shramanashastra») von Nagarjuna. Er unterzog sich der Novizenausbildung in vorbildlicher Weise und übte sich umfassend im Dharma ein, dem Korpus aller Regeln, die beherzigen muß, wer den Weg zur Weisheit und Buddhaschaft beschreiten will. In seinem 20. Jahr nahm er die Ordination eines Vollmönchs (Bhikshu) auf sich.

Ausführlich schildern die Biographen Gedün Drubs Ausbildung in den Lehren verschiedener buddhistischer Schulrichtungen, wozu nicht nur Ordensdisziplin (Vinaya) und die Lehren der Philosophen Asanga, Vasubandhu, Nagarjuna und Atisha gehören, sondern auch das Studium von Poetik, Grammatik oder Lexikographie. So vielschichtig war die geistige Ausbildung, die Gedün Drub in diesen Jahren erfuhr, und so eifrig suchte er zeitlebens seine Kenntnisse der buddhistischen Schriften zu vervollkommnen, daß er ohne Zweifel zu den am umfassendsten gebildeten Persönlichkeiten seiner Zeit zählt. Nicht zuletzt dieses gewaltige Bildungsprogramm, das die tibetischen Lamas absolvierten, erklärt, weshalb in den folgenden Jahrhunderten neben der geistlichen auch die weltliche Macht auf die buddhistischen Weisen überging: Nach Kenntnissen und Tatkraft den alten Königs- und Fürstendynastien weit überlegen, drängten sie die bis dahin beherrschende Adelsschicht in die Rolle bloßer Verwalter ab.

Wie uns die Biographen versichern, habe niemand Gedün Drub entscheidender geprägt als der Lama Tsong-kha-pa. Doch ehe er mit dem Gründer der Gelugpa-Schule zusammentraf, ließ er sich von zahlreichen weiteren Lehrern unterweisen, darunter Sempa Chenpo Kunzangba, ein berühmter Schüler Tsong-khapas und Meister der Madhyamaka-Philosophie, des Pramana-Systems der Logik sowie des Guhyasamajatantra. Unter Sempa Chenpos Anleitung verfaßte er eine wörtliche Übersetzung und einen Kommentar zur Bedeutung von Dharmakirtis «Pramanavarttika». Zusammen mit dem Weisen Je Sherab Sengge und dem heiligen Gyaltsabje studierte er weitere Werke über Logik, und im Kloster Sangpu wurde die Tiefe seines Verständnisses geprüft, als er in einer Disputation vor einer großen Versammlung anerkannter Gelehrter auftreten mußte. Auf diese Weise wurde er zum «Kronjuwel der Pramana-Logiker».

Schließlich unterwies ihn der Lama Tsong-kha-pa persönlich in Nagarjunas «Basisanleitung zur Weisheit der Madhyamaka-Lehre» («Mulaprajna-madhyamaka-karika-shastra»), Chandrakirtis «Führer zum Mittleren Weg» («Madhyamakavatara») und in seinem eigenen Werk namens «Unterscheidung zwischen Auslegung und unmittelbarem Lehren» («Drang-nges-rnam-byed»).

In einer Hymne an den allwissenden Gedün Drub heißt es:

> Von den Himmeln der Lehren des Dignaga und des Dharmakirti kommt die Philosophie der Vernunft, kompakt wie ein Metall aus Meteorit.
>
> Und mit diesem Rosenkranz des Blitzes, der wie die Logik ist, stürzt du die Wagenladung der falschen Philosophie um.

Ein überragender Lehrer, Redner und Autor

Mit dem Aufstieg des Lamaismus gingen die wesentlichen Neuerungen geistiger wie auch praktischer Art mehr und mehr von den großen buddhistischen Schulen aus: Sie übernahmen sowohl in den Kreisen der Intelligenz als auch in der breiten Bevölkerung – wie wir heute sagen würden – die «Meinungsführerschaft». Das ist durchaus wörtlich zu verstehen, denn die tibetischen Klöster waren nicht allein Orte stiller meditativer Versenkung, sondern ebenso Schulen einer bezwingenden Rhetorik und Stätten glanzvoller Disputationen. Die Mönche wurden also auch zu Rednern und Lehrern, Predigern und Schriftstellern ausgebildet, und auf allen diesen Gebieten brillierte der hochbegabte Gelehrte Gedün Drub. So rühmt Kun-ga Gyaltsen den Lehrer, Disputanten und Autor:

«Seine Stimme war voll und empfindsam, und er pflegte so lebendig über die Bedeutung eines Gegenstandes zu sprechen, daß man selbst den schwierigsten Punkt leicht verstand. Indem er Bilder und Beispiele einflocht, war er in der Lage, das Innerste der Herzen jener zu berühren, die danach begehrten, in die Bedeutung des Reichtums der Tradition eingeführt zu werden.

Während Disputationen blieb er immer gelassen. Niemals erhob er seine Stimme, nie sprach er streng. Statt dessen stellte er subtile logische Fragen; analytisch deckte er alle Irrtümer in den Argumenten auf, die gegen ihn gerichtet worden waren. So konnte er leicht und ruhig jeden besiegen, der es wagte, ihm in einer logischen Disputation gegenüberzutreten.

Seine literarischen Fähigkeiten, sein frischer Stil und seine feinsinnige Ausdeutung der indischen Lehrbücher faszinierten alle Schriftkundigen. Sogar Personen von begrenzter Auffassungsgabe vermochten seine zahlreichen Kommentare mit Leichtigkeit zu verstehen, so geschickt drückte er sich beim Schreiben aus.»

Auch die folgende «Hymne an den allwissenden Gedün Drub» preist seine außerordentlichen Fähigkeiten als Lehrer, Redner und Schriftsteller:

> Beim Lehren war er ein Weiser, dessen unmittelbare Einfachheit
> das Lotos-Wissen der glücklichen Auszubildenden öffnete;
> und in der Disputation bestieg er den Thron der Geschicktesten,

weil er das falsche Vertrauen hinwegnehmen konnte
von jenen, die eine falsche Philosophie zum Ausdruck brachten.
Seine zahlreichen Darstellungen [als Autor] sind ein Genuß für den Weisen,
sie eröffnen mit Genauigkeit die innere Bedeutung der Lehren des Buddha und der vollendeten buddhistischen Meister.
So war er in diesen drei höchsten Tätigkeiten,
die charakteristisch für die großen Weisen sind,
wie eine strahlende Lampe,
Um die Dunkelheit der Welt zu vertreiben.

Ein Leben in Demut

Wenn der berühmte Lama Domtön das Kloster Radeng umschritt, pflegte er die folgenden Verse zu rezitieren:

Der allwissende Buddha kümmerte sich nicht um die acht weltlichen Angelegenheiten;
Verlust und Gewinn, Bequemlichkeit und Unbequemlichkeit,
Ruhm und Unbedeutendheit, Lob und Tadel;
in gleicher Weise haben diese acht auch für mich keinen Wert,
und deshalb beachte ich sie nicht.

«Indem er diese Worte beständig wiederholte», erklärt Kun-ga Gyaltsen, «mahnte sich auch Gedün Drub, die acht weltlichen Angelegenheiten zu vermeiden.» Selbst wenn wir in Rechnung stellen, daß der Biograph in seiner schwärmerischen Verehrung hier und dort übertrieben haben mag, beschwört er doch das glaubwürdige Bild eines Menschen, der sich weder durch Macht noch durch Schmeichelei oder Gunstbezeugungen blenden ließ. Zeitlebens blieb Gedün Drub demütig und bescheiden, einer der einflußreichsten Männer seiner Zeit, der ein Leben in Pracht und Reichtum hätte führen können und es doch vorzog, allen weltlichen Genüssen zu entsagen.

Obwohl er der Gelugpa-Schule vorstand, deren Aufstieg konkurrierende Schulen argwöhnisch beobachteten, blieb er auch den Lehren anderer Richtungen gegenüber tolerant. Weder hinderte er seine Schüler, bei Meistern anderer Schulen zu studieren, noch bezichtigte er diese der Häresie. Bedenken wir, welche furchtbaren Kämpfe um das kirchliche Dogma zur gleichen Zeit in Europa tobten, so können wir kaum umhin, ein Land als glücklich zu preisen, dessen bedeutendster Führer Toleranz statt Fanatismus predigte.

«Seine Persönlichkeit», vermerkt Kun-ga Gyaltsen, «war so groß und tief wie der Ozean, sein Geist so unverrückbar wie die Berge. Seine Energie schien unerschöpflich, unaufhörlich lehrte er nur den Dharma, so wie die Wellen des Ozeans ohne Hindernis immer und immer wieder heranströmen. Strahlend wie die Sonne, lebte er wie ein Rishi, ohne an Besitz oder Leute gebunden zu sein. Er zeigte keinen Stolz auf sein Wissen und seine Weisheit und handelte niemals selbstgerecht. Auch stellte er keine spirituellen Emotionen zur Schau, vielmehr war er von seinem Wesen her spirituell veranlagt. So vermied er Auseinandersetzungen und Erörterungen, trat immer bescheiden und demütig auf und folgte dem Weg von Frieden und Freude.

Auch mischte er sich nicht unnötig in die klösterliche Verwaltung ein, sondern vertiefte sich in das Studium der ‹Drei Lehrkörbe› (Tripitaka) und der ‹Vier Klassen des Tantra› sowie der Praxis des Weges der drei Stufen spiritueller Anwendung, die zur völligen Erleuchtung führt. Kurz gesagt: Gedün Drub mied den Weg des Samsara und widmete seine Zeit ausschließlich der Verfolgung des Weges der Weisen.»

Unermüdlich empfahl er seinen Schülern, ihm auf diesem Weg zu folgen. So lesen wir in seinen Schriften den beherzigenswerten Ratschlag:

> Verstricke dich nicht in Disputationen mit anderen
> und sei nicht mit leeren Worten zufrieden.
> Praktiziere die Bedeutung der Lehren, die du studiert hast,
> auf diese Weise betrittst du den Pfad, der die Erwachten erfreut.
>
> Die spirituellen Meister gaben den folgenden Rat:
> Im allgemeinen sei freundlich zu allen lebenden Wesen
> Nimm im besonderen eine klare Haltung gegenüber jenen an, die den Dharma praktizieren.
> Bezähme das Ich, den inneren Feind.

Visionen und Prophezeiungen

Gedün Drub wurde, wie gesagt, erst posthum zum I. Dalai Lama ernannt. Naturgemäß hat daher während seiner Kindheit noch niemand nach Indizien dafür gesucht, daß der Junge mit dem Spitznamen Schlanke Gazelle die Wiederverkörperung eines transzendenten Erleuchtungswesens sein könnte. Doch schon zu seinen Lebzeiten häuften sich die Anzeichen, daß der überragende Gelehrte zumindest eine von himmlischen Mächten auserwählte Persönlichkeit sei. So stießen die Schriftgelehrten auf eine Stelle im «Manjushrimalatantra», in der folgendes vorausgesagt wird:

> In den Ländern des Nordens, am Fuße eines Berges,
> dort wird ein fruchtbarer Autor leben.

Da Gedün Drub eine Zeitlang unter dem Spitznamen «Der fruchtbare Mönch» bekannt war, lag die Folgerung nahe, daß die Bezeichnung «fruchtbarer Autor» auf niemand anderen als ihn hinweise – zumal auch die Fruchtbarkeit seines schriftstellerischen Wirkens außer Zweifel stand. Mit dem «Fuße eines Berges», so die Exegeten weiter, werde auf den Ort angespielt, wo er das Kloster Tashilhunpo erbauen ließ; eine Auslegung, die uns allerdings verrät, daß diese Prophezeiung erst gegen oder nach Ende seines Lebens auf Gedün Drub bezogen wurde.

Ein weiterer Abschnitt aus dem «Manjushrimalatantra» lautet:

> Es wird eine überaus wundersame Emanation des
> Avalokiteshvara, des Bodhisattva des Mitleids, kommen.

Diesen Zeilen allein läßt sich sicherlich nicht entnehmen, daß der Bodhisattva des Mitleids sich just im Oberhaupt der Gelugpa-Schule verkörpern werde. Doch zusammen mit der oben zitierten Textstelle deutete die Prophezeiung nach Ansicht der Weisen unmißverständlich auf Gedün Drub.

Neben diesen schriftlichen Voraussagen seiner Inkarnation in Tibet sind auch etliche prophetische Worte überliefert, die seine Lehrer über ihn äußerten. So sagte bereits der Abt des Klosters Narthang zu seinem jungen Schüler: «Gestern erhielt ich mystische Zeichen, die dich betrafen. Sie zeigten an, daß du ein langes und fruchtbares Leben führen wirst.»

«Was waren das für Zeichen?» fragte Gedün Drub.

Der Abt antwortete: «Ich hatte eine Vision, in der ich den Medizin-Buddha auf einem Thron sitzen sah, der von zahlreichen Löwen der Erleuchtung gestützt wurde. Die Zahl der Löwen bedeutet, daß du mehr als achtzig Jahre lang leben wirst. Das Haar des Buddha hatte die Farbe einer Seemuschel, und er predigte den heiligen Dharma. Das bedeutet, daß dein Leben frei von Krankheiten sein wird und du die spirituellen Lehren weithin verkünden wirst.»

Am zahlreichsten sind jedoch die Visionen und Prophezeiungen, die Gedün Drub selbst in Träumen empfing und die nach Überzeugung der Schriftgelehrten allesamt auf seine besondere Bestimmung hinweisen.

Einst, als er abgeschieden über dem Kloster Sangpu lebte, träumte er, daß im Norden eine große Statue des Buddha erscheine. Aus der Stirn des Buddha emanierte ein Vollmond, und dieser kam näher und löste sich in seinem Körper auf. Später fragte Gedün Drub seinen Lehrer Je Sherab Sengge nach der Bedeutung dieses Traums. Sein Lehrer antwortete: «Dies ist ein Zeichen dafür, daß du die verwandelnden Kräfte der Buddhas erlangen und lange leben wirst.»

In derselben Abgeschiedenheit träumte Gedün Drub, daß die Silben *om wa gi shva ri mu,* die den Mantra des Bodhisattva der Weisheit bilden, am Himmel in Druckbuchstaben erschienen. Dann stürzten sie wie Kometen herab und fielen auf seine Zunge. Gleichzeitig hörte er die Worte: «Ich werde glücklich gemacht.»

Während er im Kloster Sangpu lebte, träumte Gedün Drub, daß ein Mann zu ihm kam und sagte: «Ich bin der Buddha Maitreya.»

Gedün Drub fragte: «Wo hat sich Buddha Shakyamuni gegenwärtig zum Wohl der Lebewesen manifestiert?»

«Im Nordwesten gibt es einen Ort», antwortete Maitreya, «der als Metok Trampa oder ‹Blumenarrangement› bekannt ist. Gegenwärtig hat er sich in diesem Gebiet manifestiert.»

«Gibt es irgendwelche Mittel», fragte Gedün Drub, «durch die ich dort wiedergeboren werden kann, wenn dieses Leben zu Ende ist?»

«Das wird außerordentlich schwierig sein.»

«Wenn das nicht möglich ist», fragte Gedün Drub weiter, «gibt es dann einen Weg, durch den ich in Sukhavati, dem Reinen Land des Buddha Amitabha, wiedergeboren werden kann?»

«Ja, das ist möglich», sagte Maitreya.

«Wie kann das durchgeführt werden?»

«Diese Prophezeiung wird dir nicht durch mich gegeben. Du wirst sie später von einer Inkarnation des Buddha Ashokatattva erhalten.» Nach diesen Worten verschwand Maitreya aus dem Traum des Gedün Drub.

Bei einer anderen Gelegenheit, als Gedün Drub von Narthang nach Loto reiste, um den Dharma zu lehren, empfing er im Traum diese Prophezeiung: «In erleuchtetem Tun wirst du es sogar dem großen Buddha Amitabha gleichtun.»

Einst reiste er mit einigen Ritualmeistern in den Süden, um eine Regenmacherzeremonie durchzuführen. Die örtliche Bevölkerung dort fürchtete, er und die anderen Yogins seien gekommen, um ihre regionalen Gottheiten zu exorzieren. Daher planten sie, die Yogins anzugreifen, zu berauben und zu vertreiben. In dieser Nacht träumte Gedün Drub, daß der vierköpfige Mahakala, eine furchtbare Emanation des Bodhisattva des Mitleids, ihm erschien und sagte: «Rufe mich und die schreckliche Schutzgottheit Dharmaraja, und wir werden das Problem friedlich beilegen.» Viele sagten später, der Mahakala dieses Traums sei derselbe wie der Mahakala, der sich bei Gedün Drubs Geburt als Rabe emaniert hatte, um ihn vor den wilden Tieren zu beschützen, die seine Felshöhle belagerten.

Als Gedün Drub das altehrwürdige Sa-skya-Kloster besuchte und darum bat, sich dem dortigen Mahakala-Bildnis zeigen zu dürfen, sagte der Tempelwächter zu ihm: «Ich werde Eure Bitte Mahakala vortragen.» Nach kurzer Zeit kehrte der Mönch zurück und erklärte: «Mahakala sagte zu mir, daß sich hier eine besondere Person aus Narthang aufhalte und diese Person zu ihm gebracht werden solle.» Gedün Drub war tatsächlich aus Narthang, hatte diese Tatsache allerdings dem Tempelwächter nicht mitgeteilt. Auch hier empfing er Visionen von Mahakala.

Während er sich in Rikung aufhielt, träumte er, daß jemand ihm ein Tablett mit heiligen Reliquien vom Körper des Gyaltsabje schenkte, aber als er das Tablett in seine Hände nahm, verwandelten sich die Reliquien in Insekten. Später schickte er einen Brief nach Tanak, an einen berühmten Hellseher namens Lama Donyopa, den er nach der Bedeutung dieses Traums befragte. Lama Donyopa antwortete mit einem Brief an den «allwissenden Gedün Drub», in dem er schrieb:

«Obgleich ich keine besondere Einsicht in das habe, was in den drei Zeiten zu sehen ist, habe ich eine Beschwörung für Dich durchgeführt. In Deinem früheren Leben warst Du ein Pandit in Nepal. Wenn Du Dich in dieser Inkarnation intensiv der Meditation hingegeben hast, wirst Du ein oberster Mahasiddha werden. Andererseits, wenn Du Deine Zeit dem Lehren widmest, wird Deine Lebensspanne abgekürzt. Dies wird von Plätzen abhängen, die Du ausgesucht hast, um dort zu leben. Wenn Du keinen festen Wohnsitz hast, sondern wanderst, übt der Ort keinen Einfluß auf Deine Lebenszeit aus, aber wenn Du dort wohnst, wo Du früher gelebt hast, wirst Du nur sechzig Jahre alt werden. Um Deine Lebenszeit zu verlängern, führe eine tantrische Zuflucht durch, bei der Du Dich auf das Mandala des Hayagriva konzentrierst. Deine persönliche tantrische Gottheit ist die kombinierte friedliche und schreckliche Form des Manjushri, des Bodhisattva der Weisheit. Wenn Du dies zu Deiner Hauptpraxis machst, wirst Du der Erleuchtung nicht mehr fern sein. So wie zu Deiner Schutzgottheit hast Du seit vielen vergangenen Leben eine besondere Beziehung zum sechsarmigen Mahakala.

Es gibt einen Lama in Zentraltibet, mit dem Du eine besondere karmische Verbindung hast, und wenn Du dorthin gehst, wirst Du ihn treffen und großen Gewinn davon haben.

Wenn Du intensiv meditierst, wird Deine Lebensspanne größer, und Du wirst siebzig Jahre alt werden; wenn Du statt dessen Deine Zeit mit Lehren verbringst, wirst Du nur bis zum Alter von sechzig leben. Dies ist die Prophezeiung über Deine Lebenszeit, wenn Du lebst, wie es beschrieben wurde.

Wenn Du die Meditation zu Deiner Hauptaufgabe machst, wirst Du im Tushita, dem Reinen Land des Buddha Maitreya, wiedergeboren. Wenn Du hingegen das Lehren zu Deiner Hauptbeschäftigung machst, wirst Du in China als buddhistischer Meister wiedergeboren.»

Infolge dieser Weissagung ging Gedün Drub nach Zentraltibet. Auf dem Weg dorthin zog er sich für einen Monat in die Abgeschiedenheit zurück. Eines Nachts träumte er, er sehe Lama Tsong-kha-pa mit strahlendem und leuchtendem Körper auf einem Berg sitzen. Gedün Drub befand sich auf halbem Weg den Berg hinauf, und Dulwapa, der genau über ihm war, wandte sich ihm zu und sagte: «Je Rin-po-che (Tsong-kha-pa) gibt eine besondere tantrische Initiation. Wir sollten ihr zuhören.» Gedün Drub konzentrierte sich dann auf die Worte von Je Rin-po-che, der erklärte: «O Gedün Drub, aufgrund deiner Tätigkeiten sollen die Lehren der Pramana-Logik in Tibet bewahrt und verbreitet werden.»

Viele Jahre später, nachdem Gedün Drub das Kloster Tashilhunpo gegründet hatte, erinnerte er sich, daß der Berg in seinem Traum dieselbe Form hatte wie jener, auf dem Tashilhunpo erbaut wurde. Deshalb fühlte er, daß ihm in diesem Traum die Bedeutung von Tashilhunpo für die Bewahrung der Pramana-Lehren prophezeit worden war.

Auf seinem weiteren Weg nach Zentraltibet gelangte er nach Nyemo, wo er ernsthaft erkrankte. Weil er ein Fieber für die Ursache hielt, wickelte er sich warm ein. In jener Nacht träumte er, ein Mädchen käme zu ihm, nackt und mit den sechs tantrischen Schmuckstücken aus Menschenknochen geschmückt. Sie schlug auf eine kleine Handtrommel und sang: «Am Herz ist eine leuchtende Mondscheibe.» Er nahm diese Worte als ein Zeichen dessen, daß seine Krankheit nicht durch Hitze, sondern durch Kälte verursacht worden war, und begann daher am nächsten Tag mit einer besonderen Diät, die ihn bald heilte. In Nyemo war es auch, wo ihn Kuzang Choje in den Techniken unterwies, durch die Mittel der tantrischen Meditation die Lebenszeit zu verlängern.

Nach seiner Gesundung begab er sich in die Abgeschiedenheit des Klosters Jangchen. Eines Nachts träumte er, eine weiße Frau komme zu ihm und biete ihm eine Edelsteinvase an, die mit dem Ambrosia der Unsterblichkeit gefüllt war. Ferner empfing er während dieser Abgeschiedenheit Visionen von verschiedenen Dharmaschützern wie Tewa, dem sechsarmigen Mahakala, dem vierköpfigen Mahakala und der Göttin Shridevi.

Als er in Bodong lebte, erfuhr Gedün Drub eine Vision von Shridevi. Diese wies nach Osten und sagte: «Dort mußt du ein Kloster errichten.»

Gedün Drub fragte: «Wenn ich dieses Kloster errichte, von welcher Art werden die Schüler und die Handlungen sein?»

Sie streckte ihre Arme nach oben aus und antwortete: «Die Schüler ebenso wie die Handlungen werden groß sein.»

Er fragte: «Und wie wird der Name meines Klosters lauten?»

«Es wird als Mukhyuchen, das ‹Eingekreiste›, bekannt werden.»

«Wie kann es möglich sein, daß es einen so seltsamen Namen tragen wird?» fragte er.

«Du wirst die Bedeutung später erkennen», war ihre Entgegnung.

Durch diese Vision geleitet, entschloß sich Gedün Drub, ein Kloster zu errichten, wie Shridevi es ihm befohlen hatte. Während der Bauzeit schlief er in einem weißen Zelt. Da hörte er eines Nachts das Wort «Tashilhunpo» vom Himmel herab donnern und dachte: Das muß der Name sein, von dem erwartet wird, daß ich ihn meinem Kloster gebe. Er deutete dies als ein Vorzeichen dafür, daß der Name seines Klosters in allen Himmelsrichtungen gehört werden solle.

Nun verstand er auch die Prophezeiung von Shridevi, daß dieses Kloster als Mukhyuchen, «Das Eingekreiste», bekannt werden würde: Sie bedeutete, daß Tashilhunpo von einem Kreis aus sieben goldenen Bergen umgeben war. «Unser Kloster», erklärte er später, «ist besonders gesegnet, weil es von Shridevi selbst seinen Namen erhielt.»

Das Kloster Tashilhunpo

Der Bau des Klosters Tashilhunpo, eines der bedeutsamsten Werke Gedün Drubs, wurde im Feuer-Hasen-Jahr (17.1.1447–4.2.1448) begonnen. 15 Jahre später, im Wasser-Pferd-Jahr (31.1.1462–19.1.1463), als das gewaltige Gebäude fertig war, lud der Lama nepalesische Künstler ein. Sie schmückten das Kloster aus und errichteten die 26 Meter große Maitreya-Statue, die im Wasser-Schaf-Jahr (20.1.1463–7.2.1464) vollendet war. Im Alter von 73 Jahren leitete Gedün Drub die Zeremonie, mit der die prachtvolle Statue dieses «Buddhas der Zukunft» geweiht wurde.

Hinter Gedün Drub lag zu diesem Zeitpunkt bereits ein langes Leben, das von rastlosem Reisen und unermüdlicher Studien- und Lehrtätigkeit geprägt war. Doch der heilige Mann hatte sich weitere Ziele gesetzt, deren Verwirklichung er sogleich energisch in die Wege leitete: Um eine noch größere Zahl von Menschen mit der buddhistischen Lehre zu erreichen, ließ er in Tashilhunpo eine Druckerwerkstatt einrichten. Die Mönche fertigten Blockdruckstöcke an, mit denen der «Kanjur» gedruckt werden sollte, der tibetische Kanon. Währenddessen arbeiteten auch die nepalesischen Künstler weiter an der Ausschmückung des Klosters und an Kunstwerken zur Verherrlichung der heiligen Mächte. Als im Feuer-Hunde-Jahr (17.1.1466–4.2.1467) die berühmte Statue der Tara Chittachakra[4] vollendet war, wurde behauptet, durch diese weitere fromme Tat habe sich das Leben von Gedün Drub nochmals um einige Jahre verlängert.

In den ersten zwölf Tagen des Holz-Pferd-Jahres (18.–29.1.1474) veranstaltete Gedün Drub noch einmal das große Gebetsfest. Unterstützt von zahlreichen Gläubigen, ohne deren großzügige Zuwendungen Tashilhunpo niemals hätte entstehen können, erfreute die Klostergemeinschaft durch unermeßlich große Opfer «die Buddhas und Bodhisattvas der zehn Himmelsrichtungen und pflanzte die Keime der Befreiung und Allwissenheit in die Gedankenströme unzähliger lebender Wesen ein».

Das Vermächtnis

Zu diesem Zeitpunkt zählte der heilige Mann schon 83 Jahre. Obwohl seine Gesundheit angegriffen war und er seine Lebenskräfte schwinden fühlte, reiste er noch einmal zum Kloster Narthang, wo sein Weg als Mönch und Schriftgelehrter begonnen hatte. Auf dem Rückweg mußte er bereits auf einer Sänfte getragen werden. Ein letztes Mal scharte Gedün Drub die bedeutendsten Lehrer von Tashilhunpo um sich und hielt eine Abschiedspredigt, in der er sagte:

«Übt euch in den spirituellen Tätigkeiten, die auf den Weg zur Erleuchtung führen. Gern wäre ich für immer bei euch geblieben, doch nun ist für mich die Zeit gekommen, euch zu verlassen. Aber das soll für euch kein Grund zum Bedauern sein: Es ist einfach der natürliche Lauf der Dinge. Wenn ich von euch gegangen bin, braucht ihr für mich keine Rituale zu veranstalten oder ein aufwendiges Grab für meine Überreste zu erbauen. Verbrennt einfach meinen Körper, vermischt die Asche mit Ton und formt daraus tausend kleine Abbilder des Unerschütterlichen Buddha. Es wäre gut, wenn ihr eine kleine Behausung bauen könntet, in der ihr diese Bilder aufstellt. Wenn nicht, genügt es, einige Gebete für die Erfüllung meiner Wünsche und Gelübde zu lesen. Bleibt ihr mir treu und spürt weiterhin, daß mein Werk für euch von Nutzen ist, so harrt nach meinem Hinscheiden hier in Tashilhunpo aus und wirkt für das Wohl des Klosters sowie für die Bewahrung und Verbreitung des heiligen Dharma.»

In der Morgendämmerung des achten Tages des zwölften Monats des Holz-Pferd-Jahres (15.1.1475) starb Gedün Drub in seinem 84. Lebensjahr. Sein Biograph Kun-ga Gyaltsen berichtet, daß nach seinem Tod 13 Tage lang, bis zum ersten Vollmond des neuen Jahres (20.2.1475), über dem Gebiet gänzliche Stille geherrscht habe. Die Erde und die Wasser erwärmten sich; die Blätter der Bäume hingen matt herab. Der Himmel blieb völlig klar, und nicht einmal der Gesang eines Vogels störte die Stille.

«Meditiert über die denkenden Wesen», so lautet eine der einprägsamen und mitleidvollen Lehren Gedün Drubs, «denn alle begehren das Gute und lehnen das Leiden ab.» Des weiteren ist überliefert, daß der Heilige seinen Schülern predigte:

«Die Liebe soll durch den individuellen Willen entstehen, das Wissen über die Leiden der denkenden Wesen zu erlangen, immer und immer wieder. Schließlich, wenn man sich mit Nachdruck und Festigkeit der Liebe hingegeben und sie auf diese Weise empfunden hat, soll man seinen Schwerpunkt auf eine bestimmte Art des Betrachtens anderer legen, zunächst auf das Mitleid.»

So ergreifend wie poetisch sind die folgenden Verse Gedün Drubs, das Vermächtnis eines überragenden Missionars und Lehrers, Predigers und Schriftstellers, der sein Land und den tibetischen Lamaismus vielleicht nachhaltiger prägte als jeder andere vor und nach ihm:

> Es ist unedel, nicht bewegt zu werden von dem Gedanken
> der Liebe, weiß wie der Planet Venus,
> der sich um alle elterngleichen denkenden Wesen kümmert,
> die hilflos im Reich des Samsara umherwandern.
> Man sollte danach streben, die höchste Erleuchtung zu
> erlangen,
> um dadurch für alle von höchstem Nutzen zu sein.

Gedün Gyatso, II. Dalai Lama

geb. am 31.12.1475 in Tanag Dorjedan, gest. am 23.3.1542 in Drepung; Oberhaupt der Gelugpa-Schule von 1487–1542, posthum zum II. Dalai Lama ernannt

Nach dem Tod Gedün Drubs erinnerte man sich, daß ihn mit seinem Lieblingsschüler Kalden Chenpo ein besonders enges Verhältnis verbunden hatte. Häufig hatten der heilige Mann und Kalden Chenpo davon gesprochen, daß sie sich bereits in vielen früheren Leben als Meister und Schüler, Vater und Sohn sowie als Freunde begegnet seien. Daher lag es nahe, diesen Jünger zum Nachfolger des Gedün Drub zu wählen, doch Kalden Chenpo lehnte dieses Ansinnen energisch ab. Daraufhin erwogen die Meister, Khyenrab Lama zum Oberhaupt der Gelugpa-Schule zu ernennen, aber auch dieser weigerte sich und war erst zehn Jahre später zu bewegen, zumindest die Abtwürde des Klosters Tashilhunpo anzunehmen. So groß war der Schatten Gedün Drubs, so überragend seine Gestalt noch in der Erinnerung seiner bedeutendsten Schüler, daß niemand es wagte, seine Nachfolge anzutreten.

Daher blieb die Position des Gyalwang, des Oberhauptes der reformierten Gelugpa-Schule, zunächst verwaist. Offenbar hielt man zu dieser Zeit noch nicht planmäßig nach einem neugeborenen Kind Ausschau, in dem sich der Verewigte reinkarniert hatte. Schließlich aber wurden die Lamas auf ein Kind aufmerksam, das im Holz-Schaf-Jahr in Tanag Dorjedan geboren worden war. Der Junge wurde zunächst nach Lhasa gebracht und im Alter von acht Jahren in Drepung als neuer Gyalwang installiert.

Die wunderbare Auffindungsgeschichte dieses zweiten Gyalwang hat erst Sangye Gyatso (1653–1705), der berühmte Regent (möglicherweise zugleich der Sohn) des großen V. Dalai Lama, in seinem Werk «Dukala'i Gozang» («Ein aus Seide gewobenes Kleid») aufgezeichnet und der Nachwelt überliefert. Auf diese ausführliche Sammlung aller damals greifbaren Zeugnisse zu Geburt und Kindheit des II. Dalai Lama werden wir uns bei der folgenden Schilderung hauptsächlich beziehen.

Die wundersame Auffindung Gedün Gyatsos

In zahlreichen Prophezeiungen war vorausgesagt worden, daß sich der Bodhisattva Avalokiteshvara nach dem Tod Gedün Drubs im Holz-Schaf-Jahr wiederverkörpern werde, und zwar in einem Jungen, der in dem Ort Tanag Dorjedan zur Welt kommen würde. Tatsächlich wurde Gedün Gyatso zur besagten Zeit und an der prophezeiten Stätte geboren. Sein Vater war der Nyingma-Yogi Dorje Chang Kun-ga Gyaltsen, ein berühmter Meister, der seinen Stammbaum auf zahlreiche Geschlechter sowohl der alten wie der neuen Schulen des tibetischen Buddhismus zurückführte. In der Nacht seiner Empfängnis träumte seine Mutter, die Yogini Machik Kun-ga Palmo, daß viele Bände der goldenen Schriften auf die Krone herabfielen, die sie auf ihrem Haupt trug, und sich in ihrem Körper auflösten.

Während das Kind im Leib der Yogini heranwuchs, träumte der Vater, daß er den allwissenden Gedün Drub an seiner Meditationsstätte in Yolkar besucht habe. Zu Beginn des Traums erschien ihm ein junger Mönch und bat ihn, ihm in den Tempel zu folgen. Dort aber verwandelte er sich in einen alten Mönch mit weißem Haar, den Kun-ga Gyaltsen als Gyalwa Gedün Drub erkannte. Der alte Mönch wandte sich ihm zu und sagte: «Ich verweile nun seit langem in der Abgeschiedenheit, doch ich wartete vergeblich auf deinen Besuch. Nun aber bist du gekommen, und darüber freue ich mich. Am dritten Tag des Monats Gyal werde ich meine Meditation in der Abgeschiedenheit beenden. Dann werde ich die Göttin Arya Tara bitten, mir meine Gewänder und die Almosenschale vom Kloster Tashilhunpo zu bringen.»

Kurz vor der Geburt träumte die Mutter, daß ihr ein Bodhisattva erschien und zu ihr sagte: «Das Kind in deinem Bauch ist etwas Besonderes. Du sollst es Sanggye Pel nennen, ‹Er entwickelt sich zur Buddhaschaft›, weil dies der Name ist, unter dem ihn die Erleuchteten der Vergangenheit, Gegenwart und Zukunft kennen. Gib ihm diesen Namen bei der Geburt und ändere ihn nicht.»

Am dritten Tag des Monats Gyal, dem 31.12.1475, kalkten die Eltern den Geburtsraum neu. Am selben Tag gebar die Mutter ohne Schmerzen einen Jungen. Der Körper des Kindes war rein wie Kristall und strahlend vor Licht, als ob er von einer Gloriole bedeckt sei.

Im Augenblick seiner Geburt wandte der Säugling sein Gesicht in die Richtung des Klosters Tashilhunpo, faltete die Hände zum Gebet und hob an, Silben zu murmeln, in welchen der Vater die Worte des Tara-Mantra erkannte. Da sprach Kun-ga Gyaltsen diese traditionellen Segensverse und -gebete zu Ende, damit das Kind des Schutzes der Tara teilhaftig werde.

Von diesem wundersamen Augenblick an setzte der Junge seine Eltern immer wieder durch übernatürliche Fähigkeiten in Erstaunen. Es war nur allzu offensichtlich, daß Sanggye Pel ein außergewöhnliches Wesen in der irdischen Hülle eines hilflosen Kleinkindes war. Doch da er sich aufgrund dieser Doppelnatur zuweilen auch wie ein unfolgsamer kleiner Junge benahm, geschah es einmal, als Sanggye Pel in seinem dritten Lebensjahr war, daß seine Mutter zornig auf ihn wurde und mit ihm schimpfte. Der Sohn antwortete ruhig: «Mutter, ich werde hier nicht mehr lange bleiben. Bald werde ich zum Kloster Tashilhunpo gehen. Dort habe ich eine weitaus erfreulichere Heimstatt als hier.» Immer wieder sprach er von seiner Verbindung mit dem Gelugpa-Kloster und seinen Erfahrungen aus seinem früheren Leben, da er als Gyalwa Gedün Drub in Tashilhunpo gewirkt habe.

Sanggye Pel hatte das vierte Lebensjahr noch nicht erreicht, da sagte er zu seinem Vater: «Damals, als ich gestorben war, balsamierte der Sangesmeister Sangtsulwa meinen Körper und mumifizierte ihn. Dann kam der Weisheitsschützer Mahakala, öffnete die Kleidungsstücke, in die mein Körper gehüllt war, und wir gingen zusammen weg. Ich ging in das Tushita-Paradies, wo ich mit dem Buddha Maitreya, mit Atisha und seinen Schülern und dem Lama Tsong-kha-pa zusammentraf. Dort hörte ich ihnen zu, sprach über den heiligen Dharma und fragte sie um Rat, was ich zum Wohl der Lebewesen tun solle. Lama Tsong-kha-pa nahm einen Lotos und zwei Heilsteine in seine Hände und warf sie über Tibet ab. Er sagte zu mir: ‹Wo immer diese zur Erde fallen werden, werden deine Dharmahandlungen für die Welt von größtem Nutzen sein.› Der Lotos fiel bei Yolkar Dorjedan, einer der

Heilsteine im oberen Zentraltibet und der andere in Osttibet zu Boden.» In der Folge erzählte er noch viele weitere Geschichten von seinem Umgang mit den Heiligen und Erleuchteten und schilderte immer wieder Ereignisse aus seinem früheren Leben.

Inzwischen hatten die Oberen von Tashilhunpo begonnen, nach der Wiederverkörperung des dahingeschiedenen Gedün Drub zu forschen. Da auch die Geburt von Sanggye Pel von außergewöhnlichen Zeichen begleitet war und das Kind seither ein so ungewöhnliches Verhalten an den Tag legte, wurden die Führer der Gelugpa-Schule auf ihn aufmerksam. Sie luden die Eltern ein, ihn zu ihnen zu bringen, und so pilgerte die Familie nach Tashilhunpo.

Kaum im Kloster eingetroffen, ging der Junge auf verschiedene Mönche zu, die er aus seinem früheren Leben wiedererkannte, und nannte sie beim Namen. Als er den Thron sah, auf dem Gyalwa Gedün Drub so oft gesessen und den Dharma gelehrt hatte, lief er dorthin und sagte erregt: «Einst saß ich auf diesem Sitz und verkündete die heilige Lehre.»

Die beglückten Lamas unterzogen ihn weiteren Prüfungen, die der Junge ausnahmslos bestand. Daraufhin wurde er als Wiederverkörperung des Gyalwa Gedün Drub anerkannt, doch die Eltern waren nicht bereit, ihn bereits in so jungen Jahren der Obhut der Mönche anzuvertrauen. Sie kehrten mit dem Kind nach Tanag Dorjedan zurück, wo Sanggye Pel während der folgenden Jahre von seinem Vater die buddhistischen Strömungen der Belehrung und Initiation empfing, darunter die drei wichtigsten tantrischen Überlieferungen des indischen «Heruka Chakrasamvara», das Mandala der 13 Gottheiten des Vajrabhairava, das Mandala der 49 Gottheiten und viele weitere mehr. «Auf diese Weise», lesen wir bei Sangye Gyatso, «füllte der junge Lama durch die Mittel des Hörens, der Kontemplation und Meditation noch in seiner Kindheit die Kammer seines Herzens mit Wissen und Weisheit.»

Die Ordinationen des Gedün Gyatso

Als der Junge in seinem elften Lebensjahr war, erreichte ihn die Aufforderung, nach Tashilhunpo zu übersiedeln und seine Verantwortung als Reinkarnation des Gyalwa Gedün Drub zu übernehmen, der das Kloster Tashilhunpo gegründet hatte. Sanggye Pel willigte ein und unterzog sich am 5. Juli 1486, dem vierten Tag des sechsten Monats im Jahr des Pferdes, der traditionellen Haarschneidezeremonie. Am gleichen Tag wurde er von Panchen Lunrik Gyatso zum Novizen geweiht. Er nahm die Upashika-Gelübde auf sich und erhielt den Namen, unter dem er in die Geschichte eingehen sollte: Gedün Gyatso.

Noch im Winter desselben Jahres nahm er seine Ordination als Novizenmönch an. Nun empfing er zahlreiche Initiationen, darunter die des Mahakala und des Mandalas der Acht Gottheiten, die Tradition der Herzeinsaugung und der Bewußtseinsübertragung, die Langlebigkeits-Yogas der Weißen Tara, die von Gedün Drub stammen, und viele andere mehr. In seinem 16. Jahr empfing er die Initiationen des Weißen Manjushri[5] und der Weißen Sarasvati. Diese ließen seine Verstandeskräfte und sein Erinnerungsvermögens so stark anwachsen, daß er fortan in der Lage war, sich hundert Verse eines beliebigen Textes während einer Teepause einzuprägen. Auch vermochte er von da an im Handumdrehen Gedichte über jeden Gegenstand zu verfassen. So bewies er bereits als Jüngling, daß er über viele der überragenden Fähigkeiten verfügte, die auch den großen Gedün Drub ausgezeichnet hatten.

Um sein Wissen noch weiter zu vervollkommnen, lebte und studierte er während der folgenden Jahre im Kloster Drepung. Dort wurden die Schriften des heiligen Tsong-kha-pa aufbewahrt, der das Kloster 1416 errichten ließ, und dort befanden sich auch die Werke Milarepas, des berühmten Meditationsmeisters und Schriftgelehrten. Nachdem er die vollständige Weihe erhalten hatte, verbrachte er noch einige Zeit in meditativer Abgeschiedenheit, ehe seine eigene Lehrtätigkeit begann.

Das Kloster Chorkhorgyal am mystischen See Lamoi Latso

Nach dem Vorbild seines Vorgängers unternahm Gedün Gyatso ab dem Jahr 1498 ausgedehnte Reisen in andere Klöster des Gelugpa-Ordens. Über diesen Lebensabschnitt unterrichtet uns auch seine Autobiographie, die mit seiner Geburt beginnt und im Jahr

1528 unvermittelt abbricht. In dieser Chronik schilderte er seine Ausbildung, seine Lehrer, Klostergründungen, Wallfahrten, Reisen und viele weitere Aktivitäten.

Ebenso wie Gedün Drub empfing auch sein Nachfolger Visionen, die sein Handeln nachhaltig beeinflußten. So wurde ihm im Kloster Radeng die Prophezeiung zuteil, daß er am mystischen See Lamoi Latso, nahe dem Dorf Metok-tang, ein Kloster errichten werde. Tatsächlich gründete er dort, etwa 150 Kilometer südöstlich von Lhasa, im Jahr 1509 das Kloster Chorkhorgyal, das für die Gelugpa-Schule nicht weniger bedeutsam werden sollte als Tashilhunpo.

Wie wir weiter unten sehen werden, war auch in schriftlichen Prophezeiungen vorausgesagt worden, daß der II. Dalai Lama dieses Kloster gründen und vor allem den See Lamoi Latso erforschen werde. Von diesem See der Visionen hieß es, daß er dem, der zu lesen verstehe, in die Zukunft weisende Zeichen zu geben vermöge. Seit der Zeit Gedün Gyatsos müssen jene, die beauftragt sind, die neue Inkarnation des Dalai Lama aufzufinden, auch zum See Lamoi Latso pilgern, auf daß dieser die irdische Wiederverkörperung des Bodhisattva offenbare.

Prophezeiungen zum Leben des Gyalwa Gedün Gyatso

Das Leben des II. Dalai Lama wurde in etlichen alten Schriften vorhergesagt. Zahlreiche Prophezeiungen beziehen sich vor allem darauf, daß er das Kloster Chorkhorgyal gründen und die visionäre Kraft des mystischen Sees Lamoi Latso für die Tradition der Gelugpa-Schule nutzbar machen werde.

In dem Werk «Die Leben des Konchogbang» singen die Dakinis[6] im Abschnitt über ihre Begegnung mit Sangwa Yeshe folgendes Lied:

> Alle Sieger (Gyalwa) der zehn Himmelsrichtungen
> segneten eine Ebene (tang), die so flach wie der Teller
> einer Hand ist, die Beschaffenheit eines Lapislazuli hat,
> hochgelegen
> in den Bergen, ein Ort für einen goldenen Tempel ähnlich
> einem Mandala.

> Dieser Platz hat viele Vorzeichen, wie etwa
> eine Doppelreihe von dreizehn Blüten (metok)
> verschiedener Farben wie mystische Ornamente. Hier tanzen hunderttausend Dakinis
> in ständiger Fröhlichkeit.
> Dies ist ein von Avalokiteshvara gesegneter Ort,
> dem Beschützer der zehn Himmelsrichtungen,
> der für das Wohl der Welt wirkt.

Um den prophetischen Gehalt dieser Zeilen zu entschlüsseln, benötigt man zweifellos subtilere Kenntnisse sowohl in der buddhistischen Schrifttradition als auch allgemein in den Techniken zur Deutung von Voraussagen. Die tibetischen Gelehrten jedenfalls kamen nach einläßlichem Studium dieser Textstelle zu folgender Auslegung:

Im ersten Vers begegnet uns das Wort «Gyal (-wa)». Es deutet zum einen auf die Abfolge der Dalai Lamas, die allesamt diesen Ehrentitel tragen, zum anderen auf Chorkhor*gyal*. Folgerung: Die Textstelle muß sich mit hoher Wahrscheinlichkeit auf einen Gyal-wa oder Dalai Lama beziehen, der ein Kloster gründete, dessen Namen die Silben -gyal enthält. Der einzige Dalai Lama, auf den diese Bedingung zutrifft, ist Gedün Gyatso, der Begründer des Klosters Chorkhorgyal.

Wo aber würde er dieses Kloster errichten? Hierüber informieren uns der sechste und der zweite Vers, in welchen jeweils ein Teil des betreffenden Ortsnamens verborgen ist: «Metok» und «tang» ergeben zusammen «Metok-tang», wo Gedün Gyatso in der Tat das Kloster Chorkhorgyal erbaute.

Letzte Zweifel, ob mit dem in der ersten Zeile erwähnten «Gyal» wirklich ein Dalai Lama gemeint ist, räumt schließlich der zehnte Vers aus: Der dort gepriesene «Beschützer der zehn Himmelsrichtungen» ist niemand anderes als der Bodhisattva Avalokiteshvara, der sich in den Dalai Lamas verkörpert.

Ebenso lesen wir in den Prophezeiungen von Reting:

> Zahllose Dakinis von Oddiyana haben prophezeit:
> einen besonderen Platz, der von den Menschen nicht beansprucht wird
> und keinen eindeutigen Namen hat.

Er ist mit Wasser (chu) verbunden und gesegnet
durch einen Ozean von Siegern (Gyal-wa Gyatso).
Dies ist ein überaus heiliger Ort,
ein Berg (lhunpo) des Ruhmes (pal).

Diese Prophezeiung ist zum Teil stärker verschlüsselt, zum Teil aber auch noch eindeutiger auf den II. Dalai Lama bezogen. So erklären uns die tibetischen Exegeten, mit dem Wörtchen «Wasser» («chu») werde auf «chu-kye» angespielt, einen anderen Namen für «Lotos», der wiederum auf «Blüte» («metok») verweise. Der Bezug zur Klosterstätte Metoktang scheint somit hier weniger eindeutig zu sein; jedoch könnte man auch argumentieren, daß mit dem «Wasser» schlicht der mystische See Lamoi Latso gemeint sei, mit dem Chorkhorgyal ohne Zweifel eng «verbunden» ist.

Dagegen deuten die im sechsten Vers verwendeten Worte «Ozean der Sieger» («Gyalwa Gyatso») völlig unverschlüsselt auf einen Dalai Lama. Auf den ersten Blick könnte man sogar annehmen, daß sie speziell den II. Dalai Lama prophezeiten, der ja den Namen Gyalwa Gedün Gyatso trägt. Ganz so einfach sind die Verhältnisse allerdings nicht. Denn verwirrenderweise ist «Gyalwa Gyatso» zunächst ein Beiname des Lama Domtön, eines Weisen aus dem 11. Jahrhundert, der sich nach tibetischer Überzeugung auch seinerseits in den Dalai Lamas inkarniert. Streng genommen hätte man demnach Lama Domtön posthum zum I. Dalai Lama ernennen müssen, was jedoch nicht geschehen ist. Gleichwohl trägt jeder Dalai Lama den von Domtön vererbten Titel «Gyalwa» oder «Sieger», der seinem Namen vorangestellt wird, sowie (mit Ausnahme des I. Dalai Lama) in einem der beiden wichtigsten Ordinationsnamen auch den Namen Gyatso. Im Einklang mit den tibetischen Exegeten dürfen wir also folgern, daß die erwähnten Verse einen Dalai Lama prophezeiten, der sich Verdienste um einen mit Wasser verbundenen oder mit Blüten geschmückten Ort erwerben werde. So gesehen, deutet auch diese Textstelle auf Gedün Gyatso, den Begründer des Klosters Chorkhorgyal.

Im letzten Vers ist allerdings von einem «Berg» («lhunpo») die Rede, was sich in unserem Kontext wohl nur als Anspielung auf Tashilhunpo verstehen läßt. Dieses Kloster wurde jedoch nicht von Gedün Gyatso, sondern von seinem Vorgänger Gedün Drub errichtet, so daß man annehmen könnte, diese Textstelle stürze die Exegeten in einige Verlegenheit. Aber weit gefehlt: Das Kloster, versichern uns die Schriftgelehrten, wurde zwar vom I. Dalai Lama erbaut, doch auch Gedün Gyatso studierte dort viele Jahre lang, weshalb wir diesen Beleg als weiteren Hinweis auf den II. Dalai Lama verstehen dürfen.

Buchstäblich mit dem letzten Wort des Zitates werden auch hier etwa verbliebene Zweifel beseitigt, daß sich die gesamte Textstelle auf einen Dalai Lama bezieht: Die Silbe «Pal» («Ruhm»), erfahren wir, stehe für «Palzangpo», einen Titel, den seit Beginn dieser Tradition jeder Dalai Lama trägt.

Ohnehin wäre es nicht statthaft, den prophetischen Gehalt eines solchen Schriftstücks aus einzelnen, willkürlich ausgewählten Textstellen herauszulesen. Vielmehr ist es notwendig, das Dokument insgesamt zu würdigen und die Auslegung durch möglichst zahlreiche Belege abzusichern. Tatsächlich finden wir in den Radeng-Prophezeiungen auch folgende Zeilen:

> Dort liegt ein See, der hält die Wasser (chu)
> von hundert mystischen Strömen
> und ist geschmückt mit dreizehn Blüten (metok).
> Wer immer von diesen Wassern trinkt,
> wird die Samen eines Siegreichen (gyal) Buddha erlangen.

Es läßt sich schwerlich leugnen, daß auch diese Verse die bekannten Schlüsselwörter enthalten: «chu» und «metok» deuten abermals auf den See Lamoi Latso und den Ort Metoktang; «gyal» verweist neuerlich sowohl auf den Gyalwa oder Dalai Lama als auch auf das Kloster Chorkhorgyal, das Gedün Gyatso in der Tat errichten ließ.

Darüber hinaus existieren zahlreiche Prophezeiungen, die ohne besonderen Hinweis auf Gedün Gyatso oder das von ihm errichtete Kloster vorhersagen, daß sich dereinst die mystischen Kräfte des Sees der Visionen offenbaren würden. So lesen wir im «Schatz» des Rikdzinlastro Lingpa:

> Es gibt einen Ort, der von vielen Wissensträgern gesegnet ist,
> einen Ort, der zwischen Wol und Dvak liegt.

Er ist mit acht mystischen Eigenschaften geschmückt
und grenzt an drei Täler.
Die Kraft dieses Ortes wird offenbart
durch die Mittel der rituellen Segnung.
Obwohl es ein geheimer Ort ist,
der nicht in den Schriften genannt wird
hat Guru Padmasambhava über ihn geschrieben
zum Wohle der künftigen Generationen.

Während diese Zeilen lediglich von den geheimen Kräften des Ortes handeln, scheinen sich die folgenden Verse schon deutlicher auch auf Gedün Gyatso zu beziehen, der die mystische Macht des Sees Lamoi Latso erstmals erforschte:

Wenn die Lehre schon lange verbreitet worden ist,
wird dieser Ort die Lehre wiederbeleben.
Besonders wird er dienen als Quelle,
um die Stärke des Vajrayana anwachsen zu lassen.

Abschließend sei noch eine Prophezeiung zitiert, die sowohl die mystischen Kräfte des Sees Lamoi Latso hervorhebt als auch deutliche Anspielungen auf den Begründer des Klosters Chorkhorgyal enthält. Die Textstelle stammt aus dem «Schatztantra der Geheimen Versammlung» («Guhyasamajatantra») und lautet:

Am Nabel von Tibet, nahe dem Bikje-Tal,
ist ein Ort, der dient als Behälter für
die Mandalas des Guhyasamaja und Vajrabhairava.
Es ist ein Ort, der von den Dakinis gesegnet ist,
wo Palden Lhamo ihre Stärke offenbart
über böse Geister und Tirthikas[7].
Dies wird die Hauptstätte für die Anrufung
der Dharmaschützerin Palden Lhamo sein.
Der Ort hat die Form eines Dreiecks
und wird als «Gyal» bekannt werden,
die Wohnstätte des Sieges (Gyal) über die Dunkelheit.
Gewöhnliche Leute werden diesen Platz verehren
als eine mystische Stätte, die eine Pilgerfahrt wert ist.
Tatsächlich ist sie weit mehr als dies:

eine reine Wohnstätte, ein Buddhafeld, hervorgehoben
durch Zeichen,
welche die Gegenwart von Dakas und Dakinis anzeigen.

Ein Friedensstifter

Das Tibet des endenden 15. und beginnenden 16. Jahrhunderts war ein Land ohne weltliche oder geistliche Zentralgewalt. Die Regenten der einzelnen Fürstentümer lagen ebenso miteinander im Streit wie verschiedene religiöse Schulen, etwa die Sa-skya-pa und die Drigungpa, die sich in blutigen Fehden bekämpften. Wir müssen uns vergegenwärtigen, daß das damalige Oberhaupt der Gelugpa-Schule noch kein Dalai Lama im eigentlichen Sinn des Wortes war: Gedün Gyatso verfügte über keinerlei weltliche Macht, und keiner der konkurrierenden Orden war bereit, seiner Schule die geistliche Vorherrschaft über Tibet zuzugestehen.

Im Gegenteil rief die wachsende Verbreitung der Gelugpa-Schule, des jüngsten der lamaistischen Orden, den Argwohn der anderen Schulrichtungen hervor. Um Gedün Gyatsos Kult in die Schranken zu verweisen, gründete etwa die mächtige Karmapa-Schule mit Hilfe eines Gouverneurs östlich von Lhasa das große Kloster Nagmar Donpa («schwarzrotes Kloster»), das die aufstrebenden Gelugpa-Klöster Drepung und Sera überflügeln sollte. In der Folge kam es zu teilweise gewaltsamen Auseinandersetzungen, bei welchen die Karmapas einige kleinere Gelugpa-Klöster besetzten. Durch diese Querelen gerieten die Gelugpa-Mönche von Drepung und Sera zeitweise in erhebliche Bedrängnis. Zwischen 1498 und 1517 war es ihnen sogar untersagt, an dem großen Gebetsfest Mönlam Chenmo in Lhasa teilzunehmen. Dieses alljährlich veranstaltete Fest war von Tsong-kha-pa eingeführt worden, nun aber nahm der Karmapa-Orden diesen Ruhm für sich in Anspruch und erreichte, daß den Gelugpa-Jüngern die Teilnahme bei Androhung hoher Strafen verwehrt wurde.

Während dieser Zeit befand sich Gedün Gyatso ständig auf Reisen, meist in der Gegend östlich von Lhasa. Auch nahmen ihn die Errichtung des Klosters Chorkhorgyal und die Erforschung des heiligen Sees Lamoi Latso so sehr in Anspruch, daß er erst 1517 nach Drepung zurückkehrte. Dort jedoch traf er zur rechten

Zeit ein: Es gelang ihm, eine kriegerische Auseinandersetzung zwischen den formellen Oberherren Tibets, den Phagmogrupa, und dem Gouverneur von Ringpung zu schlichten – der erste historisch verbriefte Akt, mit dem ein Gelugpa-Oberhaupt maßgeblich in einen größeren politischen Konflikt eingriff.

Durch ihre feindselige Haltung konnten die älteren Orden den weiteren Aufstieg der «Gelbmützen» zwar verzögern, nicht aber verhindern: Viele Anhänger anderer Schulen, oftmals pauschal als «Rotmützen» bezeichnet, wanderten in den folgenden Jahrzehnten aus Zentraltibet in andere Himalaya-Länder aus und begannen dort zu missionieren. Währenddessen ließen «die Jünger Tsong-ka-pas und andere die Pauke des Denodsum (Tripitaka) mit durchdringendem Schall ertönen», wie der tibetische Historiker Jigme Rigpai Dorje im 19. Jahrhundert formulierte, «traten in den Provinzen Naris, Bus, Tsang und Kham usw. auf und erschienen unendlich wie des Himmels Sterne und der Staub der Erde». Auch wenn diese Angabe wiederum von schwärmerischer Übertreibung zeugt, kann als gesichert gelten, daß sich der Gelugpa-Orden seit dem 15. Jahrhundert in ganz Tibet ausbreitete: Bereits 1437 gründete er selbst im osttibetischen Chabdo ein weiteres Kloster.

Der Palast der Dalai Lamas

Im Jahr 1517, nachdem Gedün Gyatso dauerhaft nach Drepung zurückgekehrt war, ließ er dort für sich und seine Nachfolger einen Palast erbauen. Dieses Bauwerk, das im 17. Jahrhundert zeitweise als Regierungssitz des V. Dalai Lama dienen sollte, nannte er Ganden Phobrang («Tushita-Palast», eine Anspielung auf den buddhistischen Tushita-Himmel). Zudem führte er in allen wichtigen Klöstern das sogenannte Tulku-System ein, nach dem vakant gewordene Abtstühle jeweils durch inkarnierte Würdenträger neu besetzt wurden. So konnten Erbstreitigkeiten vermieden werden, und die Frage der Nachfolge ließ sich fortan reibungslos regeln.

Zu dieser Zeit genoß Tibet eine Phase relativer politischer Ruhe. Allmählich wurden auch die Kontakte zum chinesischen Kaiserhof der Ming-Dynastie wieder intensiviert. Bereits unter der mongolischen Yuan-Dynastie hatte es enge Beziehungen zwischen dem Kaiserhof und den Sa-skya-pa-Hierarchen gegeben. An diese Tradition knüpften nun die tibetische Ming-Schule, aber auch Vertreter anderer Schulrichtungen wieder an, darunter auch etliche Gelugpa-Mönche.

Allerdings zeigte der Orden der künftigen Dalai Lamas zu Zeiten Gedün Gyatsos noch auffällig wenig Interesse an weltlichen Angelegenheiten. Bereits der chinesische Kaiser Zhu Jianshen (Regierungszeit 1464–1487) hatte den Oberhäuptern der Gelugpa-Schule per Sendschreiben und Siegel den höchsten geistlichen Rang zuerkannt. Doch nach einigen Quellen scheinen die geistlichen Herren diese Huldigung ignoriert zu haben. Diese hartnäckige Mißachtung erzürnte Kaiser Zhu Houzhao (Regierungszeit 1505–1521) so sehr, daß er ein kleines Heer nach Tibet entsandte, da sich Gedün Gyatso angeblich geweigert hatte, einer kaiserlichen Einladung nach Peking Folge zu leisten. Doch die chinesische Ming-Dynastie jener Zeit war nur ein Schatten einstiger kaiserlicher Macht. Die Historiker vermelden einige kleine Scharmützel im chinesisch-tibetischen Grenzgebiet, die jedoch weder den chinesischen Einfluß sonderlich zu stärken noch die weltlichen Phagmogrupa-Herrscher Tibets in Bedrängnis zu bringen vermochten.

Ebenso wie sein Vorgänger Gedün Drub war Gedün Gyatso oft jahrelang fern von Drepung auf Reisen gewesen, worunter die Verwaltung der wachsenden Ordensgemeinschaft nicht selten gelitten hatte. Daher beschloß der II. Dalai Lama gegen Ende seines Lebens, das Amt eines Verwalters (Depa) einzuführen, der bei Abwesenheit des Oberhauptes die Stellung eines Regenten einnahm. Später sollte sich diese Institution zuweilen eher unheilvoll auswirken, Gedün Gyatso aber hielt sie für unbedingt geboten, damit die Geistlichkeit sich mehr ihren eigentlichen Aufgaben widmen konnte.

Der Überlieferung nach hat Gedün Gyatso den Zeitpunkt seines Todes vorausgesagt. Er starb am 23. März 1542, in seinem 68. Lebensjahr. Ähnlich seinem Vorgänger sah er die geistliche Unterweisung als seine wichtigste Aufgabe an, und so verfaßte auch er zahlreiche Werke in Prosa und Versform, in denen er die Wahrheiten der buddhistischen Lehre verkündete. Im folgenden stellen wir eine kleine Auswahl aus den Schriften des II. Dalai Lama vor.

Aus den Werken des Gedün Gyatso

Leerheit, Meditation, Handlung und Erlangen der Erleuchtung

Ich knie beständig zu Füßen meines heiligen Lehrers nieder,
und ich beuge mich nieder zu den Füßen des großen Meisters Lama Tsong-kha-pa.
Ein Gedanke von ihm zerstört die Schrecken des Samsara
und gewährt in einem einzigen Augenblick alles Notwendige, das endgültige und das weltliche.

Die Einsicht, welche die Dinge versteht, wie sie wirklich sind,
die innerste Eigenschaft des Seins,
ist eine meditative Erfahrung, getrennt von gedanklicher Trägheit oder Erregung.
Beim Handeln vereint sie Weisheit und Methode auf vollkommene Weise
und bringt spontan die Frucht der drei vollkommenen Körper der Buddhaschaft hervor.

Der Gegenstand der Betrachtung
Ist nicht durch Bedingtheiten künstlich hergestellt; in seinem Kern ist er unwandelbar.
Vom Wesen her ist er rein und übersteigt die Vorstellungen von Gut und Böse.
Er ist die alles durchdringende, letztendliche Natur von allem,
und er ist der Inbegriff des innersten Wesens,
und wenn man ihn verstanden hat,
geht man über die Bindungen und Verstrickungen hinaus.

Die Welt, die wir sehen, ist ein Gemälde,
entstanden durch den Pinsel des diskursiven Denkens.
In oder auf ihm kann man nichts wirklich Existierendes finden.
Alle im Samsara oder Nirwana sind nur geistige Aufschriften und Projektionen.
Wenn man dies erkennt, erkennt man die Wirklichkeit; sieht man dies eine, sieht man die höchste Wahrheit.

Verstehe in Klarheit das Wesen
von beidem: die grenzenlose Mannigfaltigkeit und das Wesen der einzigen Geschmacklichkeit der Dinge,
und mache dieses Verstehen so fest wie den wirklichen König der Berge.
Dies ist der Schlüssel, der das Tor zu hundert Samadhis öffnet.

Geistige Ruhe, die in Festigkeit und ohne Bewegung verharrt,
und die Einsicht, welche Ursachen dem Wesen aller Dinge zugrunde liegen:
Durch die Verbindung dieser beiden sind die Samen der beiden Verdunkelungen für immer beseitigt.
Denjenigen, der genau so handelt, kennt man als einen großen Meditationsübenden.

Im Kern, vom Uranfang an,
kann man keinen Unterschied zwischen Samsara und Nirwana finden:
Denn gute wie böse Taten bringen ohne Unterschied Früchte hervor.
Das Mahayana des Handelns ist die Praxis der sechs Vollkommenheiten
auf der Grundlage dieses Verständnisses.
Die Untrennbarkeit von Leerheit und dem Augenscheinlichen
ist die Grundlage dieser Anschauung,
der Weg, der beschritten werden soll, ist die zweifache Sammlung von Güte und Weisheit,
das Ergebnis ist das spontane Entstehen der beiden Körper der Buddhaschaft.
Dies sind die Ansicht, die Meditation, die Handlung und das Erlangen,
welche die Erleuchteten am meisten erfreuen.

Meditation über die zwei Erleuchtungsgedanken

Verehrung den Lotosfüßen des Atisha,
der nicht zu trennen ist vom unvergleichlichen Tsong-kha-pa.
Im folgenden rühme ich ein einfaches Band von Worten,

erkläre kurz, wie man meditiert
über die zwei Arten des Erleuchtungsgedankens –
den herkömmlichen und den endgültigen –,
den Kern ihrer Lehre.

Wie man über den herkömmlichen Erleuchtungsgedanken meditiert

Meditation über den herkömmlichen Erleuchtungsgedanken – den Wunsch, die Buddhaschaft selbst als das beste Mittel für das Wohl aller Menschen zu erlangen – beginnt mit der Meditation über Liebe und Mitleid. Diese bilden die Grundlage der als «Geben und Nehmen» bekannten Meditation, die Haupttechnik, die in der Atisha/Tsong-kha-pa-Tradition benutzt wird, um den herkömmlichen Erleuchtungsgedanken hervorzubringen.

Nimm auf deinem Meditationssitz eine bequeme Haltung ein und rufe dir das Bild, daß deine Mutter aus diesem Leben vor dir sitzt, vor Augen. Betrachte, wie sie dich in ihrem Bauch für insgesamt zehn Monate trug und während dieser Zeit manches Leid und manche Unbequemlichkeit für dich auf sich nahm. Bei deiner letzten Geburt war ihr Schmerz so groß wie der eines Menschen, der zu Tode gequetscht wird, und dennoch ertrug sie all dieses Elend für dich, ohne zu klagen, ganz gleich, wie groß es war. Und als du schließlich aus ihrem Bauch herauskamst, anzusehen wie ein nackter und hilfloser mit Blut und Schleim bedeckter Wurm, da nahm sie dich liebevoll in ihre Arme und drückte dich an ihre zarte Haut, um dir Wärme zu geben; sie gab dir Milch von ihrer eigenen Brust und bereitete das Essen für dich vor, entfernte den Schleim von deiner Nase und die Exkremente von deinem Körper, blickte mit lächelndem Gesicht auf dich und opferte des Nachts ihre Bequemlichkeit und ihren Schlaf für dich. Während deiner Kindheit wäre sie eher selbst krank geworden als zu erlauben, daß du erkranktest, und lieber gestorben als zu gestatten, daß dich Leid traf. Als du herangewachsen warst, gab sie dir die Dinge, die sie so liebevoll gesammelt hatte, um sie für sich zu verwenden oder anderen zu schenken: Sie gab dir das Beste von den Speisen, ebenso hielt sie es bei der Kleidung, die warm und weich war. Sie war bereit, alles für dich zu tun, auch wenn sie selbst dafür öffentlich scheel angesehen worden wäre. Sie kümmerte sich nicht um ihr eigenes Glück in diesem Leben und auch nicht um die Ursachen für ihr Glück in ihren künftigen Leben; sie dachte nur daran, wie sie für deine Bequemlichkeit, dein Glück und dein Wohlbefinden sorgen konnte.

Aber ihre Freundlichkeit endete damit noch nicht. Daß du die geistlichen Führer getroffen und nun die Gelegenheit bekommen hast, den heiligen Dharma zu studieren und zu praktizieren – und damit Frieden und Glück für dieses Leben und darüber hinaus zu erlangen –, ist einzig und allein das Ergebnis ihrer Güte.

Meditiere auf diese Weise, bis du sie mehr als alles andere schätzt, bis sich dein Herz zu ihr in Liebe geöffnet hat und der bloße Gedanke an sie in deinem Geist Freude hervorruft.

Dann denke darüber nach, wie diese Mutter die Lasten der Geburtsschmerzen, Alter, Krankheit und Tod auf ihren Körper und ihren Geist geladen hat und daß sie, wenn sie stirbt, hilflos in ihr zukünftiges Leben wandern muß, vielleicht sogar zu den unteren Bereichen der Existenz[8]. Wenn du auf diese Weise lange genug und mit ausreichender Konzentration meditierst, wird in dir spontan das Gefühl des Mitleids für sie entstehen und so groß sein wie das Mitleid, welches Eltern fühlen, die mitansehen müssen, wie ihr einziges Kind in einer Feuergrube gemartert wird.

Du magst dann denken: Wenn nicht ich die Verantwortung dafür übernehme, für meine eigene Mutter Wohltaten hervorzubringen und das Schädliche zu beseitigen, wer sonst wird sie auf sich nehmen? Wenn nicht ich irgend etwas unternehme, wer sonst?

Aber was genau fügt ihr Leid zu? Leiden und Negativismus. Mehr noch, Leiden ist die unmittelbare Ursache dessen, was ihr Leid zufügt, während Negativismus die mittelbare Ursache ist. Denke: Deshalb soll ich sie davon trennen. Denke so, und wenn du einatmest, führe dir vor Augen, daß du zusammen mit deinem Atem alle ihre gegenwärtigen Leiden und unbefriedigenden Lebensumstände sowie auch das schlechte Karman und die zerrütteten geistigen Bedingungen mit einatmest, welche die Ursachen all ihrer künftigen Leiden sind. Schäle diese von ihrem Körper und Geist ab und führe sie zu deinem Herzen in der Gestalt einer schwarzen Wolke, die du mit deinem Atem eingesogen hast. Rufe in dir die Überzeugung hervor, daß sie so vom Leiden und seinen Ursachen befreit ist.

Und ähnlich: Was genau ist nützlich für sie? Glück und Güte. Glück stellt sie unmittelbar zufrieden, während Güte eine mittelbare Wirkung hat. Denke: Deshalb sollte ich ihr dies geben.

Meditiere auf diese Weise, und wenn du ausatmest, führe dir vor Augen, daß du zusammen mit deinem Atem eine weiße Wolke des Glücks und der Güte ausatmest. Diese tritt in ihr Herz ein und stellt sie zufrieden mit einer wunderbaren Menge von Glück, Tugend und Güte und veranlaßt sie, auf dem Weg zur Buddhaschaft voranzuschreiten.

Genauso, wie du es oben gemacht hast, als du deine Mutter zum Gegenstand deiner Meditation machtest, betrachte nun, wie alle Freunde und Verwandte, die in früheren Leben immer und immer wieder deine Mutter waren, dir dieselbe Freundlichkeit zuteil werden ließen, wie dies deine gegenwärtige Mutter tat. In einem früheren Leben bewiesen sie, wie deine Mutter in diesem Leben, die ganze Freundlichkeit einer Mutter. Unter diesem Gesichtspunkt verdienen sie in jeder Beziehung wie die Mutter in diesem Leben deine Liebe und Aufmerksamkeit. Denke immer und immer wieder, daß sie freundliche Mütter waren, bis ihr bloßer Anblick dein Herz mit Freude und Zuneigung erfüllt.

Dann beobachte, wie sie, verstrickt im Leiden, des wahren Glücks entbehren. Fahre fort, auf diese Weise zu meditieren, bis Mitleid entsteht, das außerstande ist, ihren beklagenswerten Zustand zu ertragen.

Wenn beide, Liebe und Mitleid, erzeugt sind, beginne die «Geben und Nehmen» genannte Meditationstechnik, wie vorhin erklärt.

Wenn dies ausgeführt ist, führe dir drei Leute vor Augen: eine Person, die du nicht magst, einen Freund und einen Fremden[9]. Obwohl ihre Erinnerungen durch die fortgesetzte Erfahrung des Todes, des Zwischenstadiums[10] und der Wiedergeburt verdunkelt sein mögen, war tatsächlich jeder von ihnen in zahllosen früheren Leben deine Mutter. Bei diesen Gelegenheiten hat jeder von ihnen dir dieselben Freundlichkeiten erwiesen wie deine Mutter in deinem jetzigen Leben, zu deinem Wohl auf unendlich vielfache Weise beigetragen und dich vor allem beschützt, was dein Wohlbefinden bedrohte.

Erzeuge Liebe und Mitleid für sie wie zuvor und mache sie zum Gegenstand deiner Meditation «Geben und Nehmen».

Als nächstes meditiere darüber, daß alle Wesen der sechs Bereiche mehrmals von einer Lebenszeit zur anderen deine Mutter waren. Erzeuge Liebe und Mitleid für sie und wende die Praxis von «Geben und Nehmen» an. Nimm durch Einatmen all ihre Leiden weg – die Hitze der heißen Höllen, die Kälte der kalten Höllen, den Hungertod von den Hungergeistern, die erbarmungslose Brutalität und so weiter von der Tierwelt, die Leiden von Geburt, Krankheit, Alter und so weiter von der Menschheit, die Gewalt von den Dämonengöttern, das Elend von Tod und Wiedergeburt von den kleineren Göttern und das feine, alles umfassende Leiden von den großen Göttern. Dann meditiere durch Einatmen darüber, ihnen alles zu geben, das sie glücklich und freundlich macht – kühle Brisen für die heißen Höllen, Wärme für die kalten, Speise für die Hungergeister und so weiter.

Führe dir schließlich alle Feinde oder Leute, die dir Leid zugefügt haben, vor Augen. Denke darüber nach, daß sie, verdunkelt durch Unwissenheit und die Auswirkungen von wiederholter Geburt, Tod und Seelenwanderung, nicht erkennen, daß sie viele Male deine Mutter waren und du ihre; überwältigt von karmischen Bedingtheiten und geistiger Verdunkelung, streben sie blindwütig danach, dir in diesem Leben Leid zuzufügen. Wie auch immer, wenn deine freundliche Mutter aus diesem Leben plötzlich verrückt würde, dich beschimpfen und körperlich angreifen würde, würdest du nur, wenn du völlig gefühllos wärest, anders als mit Mitleid reagieren. Daher ist auch die einzig richtige Antwort an jene, die dir in diesem Leben Leid zufügen oder dich mißbrauchen, das Mitleid.

Meditiere, bis Liebe und Mitleid entstehen, und dann meditiere über «Geben und Nehmen» – nimm die unmittelbaren und indirekten Ursachen ihres Zorns, ihrer Verwirrung, ihres Unglücks hinweg, und gib ihnen die Ursachen von Frieden und Freude.

Kurzgefaßt: Mit Ausnahme der Buddhas und des eigenen persönlichen Lehrers soll man über «Geben und Nehmen» meditieren mit allen Lebewesen, sogar mit Bodhisattvas der zehnten Stufe, Shravakas[11], Arhants und Pratyekabuddhas, welche die Fehler der feinen Befleckungen der verzerrten und begrenzten Wahrnehmung noch beseitigen müssen. Aber es gibt keine Veranlassung, «Geben und Nehmen» mit den Buddhas zu visualisieren, weil sie alle Fehler erschöpft haben und von ihnen keine Unzulänglichkeiten genommen oder Qualitäten erlangt werden müssen. Was die persönlichen Lehrer anbelangt, so ist es falsch, die Meditation des «Gebens und Nehmens» auf sie anzuwenden, weil es für einen Schüler ungehörig ist, bei seinen Lehrern eine Verfehlung festzustellen. Sogar wenn einer der Lehrer tatsächlich Fehler zu haben scheint, sollte der Schüler nicht visualisieren, diese hinwegzunehmen. Den Buddhas und den eigenen Lehrern kann man nur Opfer der eigenen Güte und Freude anbieten.

An diesem Punkt der Meditation sollte man sich fragen: Habe ich tatsächlich die Fähigkeit, die Bedürfnisse aller lebenden Wesen völlig zu erfüllen?

Antwort: Nicht nur ein gewöhnliches Wesen besitzt diese Fähigkeit nicht, sogar ein Bodhisattva der zehnten Stufe hat sie nicht.

Frage: Wer besitzt sie dann?

Antwort: Nur ein völlig und vollkommen erleuchtetes Wesen: ein Buddha.

Denke tiefsinnig darüber nach, bis du eine unverfälschte Erfahrung des Wunsches erlangt hast, den Zustand der völligen Buddhaschaft als die höchste Methode zum Wohl aller Lebewesen zu erreichen.

Wie man über den endgültigen Erleuchtungsgedanken meditiert

Bisweilen entsteht der Gedanke des «Ich» plötzlich mit großer Macht. Wenn wir uns in diesen Augenblicken ganz nahe ansehen, wie dieser entsteht, werden wir in der Lage sein zu verstehen, daß dieses augenscheinliche «Ich», obwohl es von Anfang an in der Ansammlung von Körper und Geist diesen innewohnend zu existieren scheint, tatsächlich überhaupt nicht existiert, daß es nur scheinbar ist, weil es eine bloße geistige Vorstellung ist.

Die Situation gleicht der eines Felsens oder Baums, den man von der Spitze eines Berges am Horizont aufragen sieht. Aus der Entfernung kann er irrtümlich für ein menschliches Wesen gehalten werden, doch die Existenz eines Menschens in diesem Fels oder Baum ist nur eine Illusion. Bei näherem Nachforschen kann man kein menschliches Wesen in irgendeinem Teil der hervorschauenden Wesenheit sehen noch in ihrer Ansammlung von Teilen noch in irgendeinem anderen Aspekt von ihr. Nichts in dem hervorspringenden Teil kann als gültige Grundlage für die Bezeichnung «menschliches Wesen» dienen.

Ähnlich ist das feste «Ich», das irgendwo in Körper und Geist zu existieren scheint, eine bloße Vorstellung. Körper und Geist werden sowenig durch den Begriff «Ich» repräsentiert wie der hervorspringende Fels durch das Wort «Mensch». Dieses «Ich» kann nirgendwo in einem individuellen Teil von Körper und Geist gefunden werden, noch findet man es innerhalb von Körper und Geist als einer Ansammlung, noch gibt es einen Ort außerhalb von ihnen, der als substantielle Grundlage des Gegenstandes betrachtet werden kann, welcher durch den Namen «Ich» bezeichnet wird.

Meditiere auf diese Weise, bis offensichtlich wird, daß das «Ich» nicht in der Art existiert, wie es sich den Anschein gibt.

Ähnlich sind alle Phänomene innerhalb einer zyklischen Existenz und darüber hinaus bloße Vorstellungen von «diesem» und «jenem» Namen, den der Geist ihrer Grundlage zugeschrieben hat. Anders als auf diese Weise gibt es keine Form der Existenz eines wie auch immer definierten Wesens.

Meditiere lange über dieses Konzept der Leerheit. Dann werde dir nach den Zeiten der Meditation bewußt, daß man selbst, Samsara und Nirwana wie eine Illusion und ein Traum sind. Obwohl sie im Verstand erscheinen, sind sie bar jeglicher eigenen Existenz.

Aufgrund dieser nichteigenen Natur der Dinge ist es möglich, daß schöpferische und zerstörerische Handlungen ihre karmischen Ergebnisse von Glück und Schmerz hervorbringen. Diejenigen, die dies verstehen, werden zu Weisen, die im Wissen von der untrennbaren Natur, dem gemeinsamen Urgrund, von Leerheit und gegenseitig bedingtem Entstehen leben.

Dies ist eine leicht zu verstehende Erklärung
der herrlichen Praktiken der höheren Wesen,
die den Eindruck der beiden Buddhakayas einprägen.
Ich dränge dich, dies zu praktizieren,
den reinen Kern des großen Mahayana.

Eine Meditation über den Lehrer als eine Methode, den Geist auf den Tod vorzubereiten

Der große Geshe Potowa schrieb: «Der Schlüssel zum Erfolg bei allen Übungen ist es, dem Rat des Lehrers zu folgen.» Potowa fügte hinzu, daß die Wurzel jeder spirituellen Verwirklichung und die Quelle alles Wertvollen und aller Freude allein in den Händen der heiligen Lehrer liegen und wir deshalb unseren persönlichen geistlichen Lehrer als eine Emanation aller Buddhas betrachten und uns ihm entsprechend nähern sollen.

Um diese Art der Haltung zu erzeugen, ist es von Nutzen, eine tägliche Lehrer-Yoga-Meditation auszuführen. Es gibt viele dieser Techniken, einige gehören zum Sutrayana und andere zum Vajrayana. Die folgenden Methoden stehen in Verbindung mit dem Höchsten Yoga-Tantra.

Eine tägliche Meditation

Vergegenwärtige dir, daß sich über deinem Kopf ein sehr großer Thron befindet, getragen von acht Löwen. Darauf befindet sich ein Lotos und auf ihm eine Mondscheibe. Dort sitzt der freundliche Lehrer in Gestalt des Buddha Vajradhara. Sein Körper ist von blauer Farbe, und seine beiden Hände halten einen Vajra und eine Glocke, die er an sein Herz preßt. Er ist geschmückt mit allem Zierat und verschiedenen seidenen Gewändern, und seine Füße sind fest in der Vajra-Haltung. Sein Körper ist geschmückt mit allen Merkmalen und Zeichen der Vollkommenheit, seine Rede ist begabt mit den sechzig Qualitäten der Vorzüglichkeit, und sein Geist sieht unmittelbar alle Gegenstände des Wissens. Wenn er einen wohlgefällig mit festem Blick betrachtet, zeigt sein Gesicht ein fröhliches Lächeln. Die Silbe *om* befindet sich auf der Krone seines Kopfes, *ah* an seiner Kehle und *hum* an seinem Herzen.

Lichtstrahlen kommen von dem *hum* an seinem Herzen, laden die Wurzellehrer und die traditionellen Gurus, die Buddhas und ihre Söhne sowie die Myriaden von Mandala-Gottheiten ein. All diese lösen sich in ihm auf, und er wird zur Verkörperung aller Erleuchtungswesen, aller Meditierenden Gottheiten und aller Schützer des Dharma.

Wenn du auf diese Weise bis in die Tiefe deines Geistes meditierst, rezitiere den Vers:

Verehrung dem heiligen Lehrer,
Verkörperung aller Buddhas,
dem Wesen nach der Vajraträger,
die Wurzel aller Drei Juwelen.

Auch die «Fünf Stufen» mahnen:

Gib auf alle gewöhnlichen Formen der Verehrung
und richte deine Verehrung auf den Lehrer,
weil man durch Erfreuen des geistlichen Meisters
die heilige, allwissende Weisheit erlangt.

Wie hier gesagt wird, ist es besser, eine einzelne Pore des Vajra-Meisters zu verehren als die Buddhas der zehn Richtungen. Dies wurde häufig durch den Buddha Vajradhara selbst festgestellt. Übe deshalb symbolische Opfer des Universums für ihn aus. Und weil es kein größeres Gebiet gibt, in dem man Verdienst anhäufen und sich selbst von negativen Strömungen reinigen kann, meditiere über das Opfer des siebengliedrigen Gebets. Denke: Von jetzt an bis zum Erreichen der Erleuchtung soll niemand anderes als mein Lehrer der wahre Aufbewahrungsort meines Strebens sein. Durch solches Nachdenken wird ein tiefes Gefühl des Vertrauens erzeugt. Dies verursacht weiße Lichter und Nektar, die dem Buchstaben *om* am Kopf des Lehrers entströmen. Diese lösen sich in der Krone des eigenen Kopfes auf, reinigen von körperlichen schlechten Eigenschaften und Verdunkelungen und gewähren die Gefäßinitiation. Rote Lichter und Nektar entströmen dann dem *ah* an der Kehle des Lehrers und verschmelzen in der eigenen Kehle, reinigen von tönenden schlechten Eigenschaften und Verdunkelungen und gewähren die Geheime Initiation. Blaue Lichter und Nektar entströmen dann aus dem *hum* am Herzen des Lehrers. Sie verschmelzen im eigenen Herzen, reinigen von geistigen schlechten Eigenschaften und Verdunkelungen und gewähren die Weisheitsinitiation.

Dann entströmen von allen Teilen des Körpers des Lehrers und aus all seinen Poren gleichzeitig ständig weiße, rote und blaue Lichter zusammen mit den Nektaren. Sie verschmelzen in den drei Teilen des Körpers und beseitigen gleichzeitig alle Makel des

Körpers, der Rede und des Geistes, verleihen die Segnungen der Vollkommenheit von Körper, Rede und Geist und gewähren die Vierte Initiation.

Dann ruft man zum Lehrer hin: «O kostbarer Lehrer, segne meinen Geist, damit er auf den Wegen des Dharma reise. Segne mich mit schnellem Voranschreiten auf dem Dharmapfad. Segne mich mit einer schnellen Geburt innerhalb meines Kontinuums mit den spirituellen Qualitäten wie Weltentsagung, dem mitleidvollen Erleuchtungsgedanken und der vollkommenen Sicht der Leerheit. Segne mich mit einer schnellen Geburt innerhalb meines Kontinuums, damit mir die tiefe Einsicht sowohl in das Sutrayana als auch in das Vajrayana zuteil wird.»

Meditiere, daß der Lehrer über deine Wünsche erfreut ist. Um die Segen auf dich zu übertragen, löst er sich sofort in Licht auf und verschmilzt mit dir durch die Krone auf deinem Kopf. Das Strahlen erfüllt dein ganzes Wesen. Dein Körper, deine Rede und dein Geist werden untrennbar eins mit denen des Lehrers.

Übung zum Bewußtseinsübergang beim Tod

Wenn diese Praxis benutzt wird, um für den Bewußtseinsübergang zur Zeit des Todes zu üben, beginne wie oben mit dem Meditieren über den Lehrer, der über der Krone auf deinem Kopf sitzt. Vergegenwärtige dir, daß dein Körper durchscheinend ist, und der Hauptenergiekanal läuft zum Zentrum seines Rumpfes hoch. Dieser Kanal hat die Dicke eines Pfeils und endet an der Brahmaöffnung an deiner Krone.

An deinem Herzen befindet sich dein eigener Geist in einem weißen Tropfen von der Größe einer Erbse. Rufe den Lehrer an: «O kostbarer Lehrer, führe mich zum Reinen Land der Dakinis. Laß meinen Geist die große Seligkeit der Dharmadhatu-Weisheit schmecken.»

Wenn er auf diese Weise gebeten wird, strömen Lichter in der Form von Haken aus dem Herz des Lehrers und treten durch die Krone auf deinem Kopf in dein Herz ein. Sie stoßen den Tropfen an, der deinen Geist symbolisiert, den man sich an deinem Herz sitzend vergegenwärtigt, und ziehen an ihm aufwärts. Gleichzeitig leuchten von unten die mystischen Feuer glühend auf und veranlassen den Tropfen aufzusteigen. Rufe dann die Silbe *hik* aus. Der Tropfen bewegt sich die zentrale Nadi[12] hoch und macht auf der Spitze des Herzens des Lehrers halt. Meditiere darüber, daß dein Geist auf diese Weise einen Geschmack erhält, der mit der Dharmakaya-Natur des heiligen Geistes des Lehrers untrennbar verbunden ist. Dies ist die Wirkung der Praxis von der Bewußtseinsübertragung.

Ein Gebet für den Genuß der Tugendhaftigkeit

In diesem Zeitalter der Dunkelheit verlassen die meisten Lebewesen
die Wege, die zur Weisheit führen,
und erwählen statt dessen weltliche Ziele.
Sogar jene, die geistliche Wege beschreiten,
finden es schwierig, die rechte Einsicht zu erlangen.
Ihr Fortschritt ist langsam und wird erreicht
nur mit großer persönlicher Anstrengung,
und viele stürzen auf dem Weg.

Doch die Lehren des Buddha sind wie das Gebrüll eines Löwen
und veranlassen die Schakale der Verblendung zu fliehen
und vertreiben aus dem Innersten des Herzens
das Verhalten, sich an die Dualität zu klammern.
Sie sind wie eine Trommel, die auffordert
alle Kräfte der Tugend,
und Bedingungen hervorruft, die günstig sind,
das Wissen von der Wahrheit zu erlangen.

Deshalb spreche ich dieses Gebet,
damit alle Wesen, die vergiftet wurden
vom Wein der fünf Verblendungen
das Löwengebrüll der Wahrheit hören mögen und ihm antworten.
Mögen sie sich in den Besitz der Sichel der Selbstverantwortung bringen
und durch Anwendung der geistlichen Methoden
einen höheren Zustand und Befreiung erreichen.
In allen Leben bis zur Erlangung der Erleuchtung

mögen sie unter dem Dach des Dharma bleiben,
das getragen wird von den starken Säulen
der Lehren des Atisha und seiner Schüler
und auch vom heiligen Lama Tsong-kha-pa und seinen Nachfolgern.
Indem sie auf diese Weise studieren und praktizieren
Mögen sie den Zustand des vollkommenen Wissens erlangen
und Träger des Rades der Wahrheit werden.
So bete ich dafür, daß die Welt erfüllt wird
mit jeder Stufe von Glück und Freude.

Sonam Gyatso, III. Dalai Lama

geb. am 30.3.1543 in Khangsar, gest. am 20.4.1588 in der Mongolei; Oberhaupt der Gelugpa-Schule von 1546–1588; vom Mongolenfürsten Altan Khan 1578 mit dem Ehrentitel «Dalai Lama» versehen und somit dessen erster tatsächlicher Träger

Erst im 19. Jahrhundert hat der Mönch Yongdzin Yeshe Gyaltsen, Betreuer des VIII. Dalai Lama, die Biographie des Gyalwa Sonam Gyatso niedergeschrieben, des ersten Dalai Lama, der diesen Titel bereits zu Lebzeiten trug. Mit erschöpfender Ausführlichkeit unterrichtet uns der Biograph nicht allein über die wunderbare Auffindungsgeschichte, sondern ebenso über die umfassenden Studien der buddhistischen Wissenschaften, denen sich auch Sonam Gyatso von jungen Jahren an unterzog. Nicht wenige der gelehrten Werke, die Yongdzin Yeshe Gyaltsen erwähnt, sind heute allerdings verschollen, da die chinesischen Besatzer seit 1959 zahlreiche lamaistische Klöster und Bibliotheken geplündert haben.

Die wundersame Auffindung Sonam Gyatsos

«Der allwissende Sonam Gyatso», so hebt der Chronist verehrungsvoll an, «wurde unter unbegreiflichen, wunderbaren Omen im Dorf Khangsar im Tolung-Tal am 25. Tag des Monats Chi des Wasser-Hasen-Jahrs geboren. Depa Namgyal Drakpa war der Name seines Vaters und Paldzom Butri der seiner Mutter. Er trat aus dem Bauch hervor, während er sich noch in der schützenden Fruchtblase befand, wie ein weißes Kristalljuwel strahlte er in seinem Glanz. Die Fruchtblase öffnete sich wie ein weißer Lotos bei Sonnenaufgang und zeigte einen kleinen Körper, der so unbefleckt und klar wie Kristall war und den zahllose Merkmale und Zeichen der Vollkommenheit schmückten.»

Wunderbare Omen zeigten sich indes nicht nur am Leib des Erwählten, der Himmel selbst tat seine Freude über das Ereignis kund: Während der Geburt bedeckte sich das Firmament mit Regenbögen, und ein Schauer von Blüten fiel wie Millionen bunter Regentropfen zur Erde nieder. Die Eltern aber, vom ersten Augenblick an gewiß, daß ihnen ein ganz besonderes Kind geschenkt worden sei, rezitierten Verse und Gebete des Glücks. Ihrem Sohn gaben sie den Namen Ranu Shicho Palzangpo.

Als er zum ersten Mal den Mund öffnete, schrie er nicht etwa, wie gewöhnliche Säuglinge dies zu tun pflegen, sondern murmelte das Mantra *Om Mani Padme hum.* Auch als er heranwuchs, legte er ein höchst ungewöhnliches Verhalten an den Tag. Statt nach der Art normaler Kinder zu spielen, verbrachte er seine Zeit mit mystischen Handgesten. Bevorzugt saß der kleine Junge in Meditationshaltung, wobei er vorgab, für längere Zeiträume in den Samadhi einzutreten.

Auch als Ranu Shicho sprechen gelernt hatte, nutzte er diese (wieder-)gewonnene Fähigkeit auf wunderbare Weise: Andauernd nannte er den Namen des verstorbenen Gyalwa Gedün Gyatso und beschrieb mit unheimlicher Genauigkeit Ereignisse aus dessen Leben und Zeit. Obwohl ein Knabe von nicht einmal drei Jahren, gebärdete er sich in vielem wie der verstorbene Lama.

Dies alles konnte natürlich nicht unbemerkt bleiben, zumal die Gelugpa-Oberen bereits begonnen hatten, nach der Reinkarnation Gedün Gyatsos zu forschen. Bald schon traf eine Delegation von Mönchen und Beamten aus Drepung ein, um den Jungen zu prüfen. Rasch gelangten alle zu der Überzeugung, daß Ranu Shicho niemand anderes als der reinkarnierte Meister sein könne.

Im Feuer-Pferd-Jahr erhielt der Junge formelle Geschenke von der gesamten Versammlung von Drepung. Der Einladung, in das Kloster zu kommen und dort zu leben, folgte er im selben Jahr. Dort nahm er Platz auf dem Großen Löwenthron der Residenz Ganden Podrang, die sein Vorgänger Gyalwa Gedün Gyatso erbaut hatte.

Panchen Sonam Drakpa, ein Schüler des II. Dalai Lama, sollte den jungen Lama in den folgenden Jahren unterweisen. Von ihm erhielt er auch die grundlegende Upashika-Ordination und den Namen, unter dem er das Geschick seines Ordens und seines

Landes nachhaltig prägen würde: Sonam Gyatso Palzangpo Tenpai Nyima Choklenamgyal.

Am 1. Juni 1546 verließ der Dreijährige Drepung, um zum Kloster Chorkhorgyal zu pilgern. Tausende von Gläubigen standen an der Straße, als er vorüberging, in der Hoffnung, ihn zu sehen oder womöglich gar von den heiligen Händen des Knaben berührt zu werden. So groß war das Gedränge entlang seines Weges, daß der kindliche Lama erst mehr als einen Monat später das Kloster bei Metoktang erreichte. Wie uns der Chronist versichert, sprach der Junge dort lange Gebete für den Erfolg der Lehre und das Wohl der Lebewesen und hielt der Versammlung der Mönche eine Predigt über den heiligen Dharma.

«Am Vollmondtag des glückverheißenden vierten Monats des Erd-Vogel-Jahres», fährt der Biograph fort, «wurde der Junge zum Novizenmönch ordiniert, wobei Panchen Sonam als Zeremonienabt wirkte und Sanpu Choje Lekpa Dondrub als assisitierender Abt.» Die folgenden Jahre standen im Zeichen umfassender Studien der buddhistischen Mystik und Philosophie. Der Junge empfing zahlreiche tantrische Initiationen und wechselte unter Anleitung seiner Lehrer stetig zwischen Studium und Meditation.

Schon während seiner Kinder- und Jugendjahre war auch der III. Dalai Lama, nicht anders als seine beiden Vorgänger, häufig auf Reisen. Längere Zeit lebte er abwechselnd in Drepung und Chorkhorgyal, und wenn er zwischen diesen beiden Orten hin und her reiste, pflegte er auch die Klöster entlang des Weges zu besuchen, um seine Ordensbrüder zu segnen, zu unterweisen und in den Tempeln zu beten.

«Im Wasser-Maus-Jahr[13] nahm er seinen Wohnsitz im Palast Ganden Phobrang und wurde auf den Goldenen Thron von Drepung gesetzt. Damit übernahm er die Verantwortung, nicht allein für das spirituelle, sondern auch für das materielle Wohlbefinden des Klosters zu sorgen. Im Wasser-Ochsen-Jahr[14] leitete er das Große Gebetsfest in Lhasa, hielt am Morgen die traditionelle Predigt über ‹Aryashuras Jatakamala›[15] und leitete am Nachmittag die Gebetssitzung. Auf diese Weise ehrte er die Tradition. Zahlreiche wundersame Zeichen erschienen an diesem Tag, um die Freude der guten Mächte anzuzeigen.»

Doch diese Freude währte wohl nur kurz: Schon im folgenden Jahr mußte das Gebetsfest von Lhasa wegen der unsicheren politischen Lage einmal mehr ausfallen. In Tibet selbst wetteiferten nach wie vor zahlreiche Fürsten um die weltliche Macht, und auch verschiedene Mönchsgemeinschaften rivalisierten noch immer um die geistliche Vorherrschaft. Außenpolitisch waren überdies die Beziehungen zu der erstarkenden chinesischen Ming-Dynastie weiterhin angespannt. In dieser heiklen Situation sollte sich Sonam Gyatso auf spirituellem wie auf politischem Gebiet als Friedensstifter bewähren.

Nach Vollendung seiner Studien wurde er am 7. Mai 1563, dem Vollmondtag im vierten Monat des Holz-Maus-Jahres, zum Vollmönch geweiht. Zur gleichen Zeit begann eine Phase großer politischer Umwälzungen: Der weltliche Fürst von Ganden erhob sich gegen die Phagmogru-Dynastie, die formal über ganz Tibet herrschte. Seit langem verfügten König Ngawang Tashi Drakpa und seine Vorgänger indes über keine wirkliche Macht mehr, und als er 1564 starb, war das Ende seiner Dynastie besiegelt. Zu neuen Herrschern von Zentraltibet schwangen sich die Gouverneure von Tsang auf, die 1565 die Hauptstadt Samdrubtse (heute Shigatse) besetzten. Wie sich in der Folgezeit zeigen sollte, waren die neuen Regenten Anhänger des Karmapa-Ordens und folglich der Gelugpa-Schule keineswegs wohlgesonnen. Sonam Gyatso, als Kirchenfürst auf Friedensstiftung bedacht, trat mehrfach als Mittler bei Streitigkeiten auf. Im Erde-Schlangen-Jahr (18.1.1569–5.2.1570) folgte er einer Einladung von Mönchen nach Tsang, wo er in zahlreichen Klöstern weihend und predigend verweilte.

Während sein Vorgänger Gedün Gyatso noch keinerlei Interesse gezeigt hatte, der Einladung des chinesischen Kaisers zu folgen, bewies Sonam Gyatso ein ausgeprägtes Gespür auch für weltliche Angelegenheiten. Nachdem ihm zu Ohren gekommen war, daß der Ming-Kaiser Zhu Houzong (Regierungszeit 1521–1567) nahe seinem Palast einen tibetischen Tempel hatte zerstören lassen, schickte der Lama einen Gesandten nach Peking, um die darniederliegenden Beziehungen zum chinesischen Kaiserhof zu beleben.

Sonam Gyatso,
der III. Dalai Lama

Der Emissär des Gelugpa-Oberhauptes war kein Geringerer als Lobzang Dondrub (1505–1569), der Abt von Tashilhunpo. Zu dieser Zeit kam bereits die Überzeugung auf, daß auch die Äbte dieses Klosters inkarnierte Lamas seien. Sie galten als Verkörperung des Buddha Amitabha und tragen seit 1569 den Titel Panchen Rinpoche oder Panchen Lama. Weisungsgemäß begab sich Lobzang Dondrub an den Kaiserhof von Peking, wo er ehrenvoll aufgenommen wurde. Dennoch war diese erste außenpolitische Initiative eines Dalai Lama nicht von Erfolg gekrönt: Die Beziehungen zur Ming-Dynastie blieben frostig.

Als Missionar bei den Mongolen

Dagegen sollten die Missionsbemühungen der Gelugpa-Schule bei einem Volk Früchte tragen, das sich Chinesen wie Tibetern weniger durch spirituelle Interessen als durch seine mörderische Sitten eingeprägt hatte: bei den Mongolen. Auch in der zweiten Hälfte des 16. Jahrhunderts versetzten deren berittene Armeen

Der I. Panchen Lama

die ganze Region durch kriegerische Einfälle in Angst und Schrecken. Einer ihrer mächtigsten Fürsten, Altan Khan (Regierungszeit 1542–1582), der Herrscher der Tümed-Mongolen, bekriegte in ausgedehnten Feldzügen sowohl rivalisierende mongolische Stämme als auch das chinesische Kaiserreich. Bei einer dieser Expeditionen an den Oberlauf des Huanghe kam er 1566 erstmals mit zwei Lamas in Berührung. Während eines Feldzugs gegen die Tanguten im Jahr 1573 fielen ihm abermals zwei Lamas in die Hände. Jedoch gelang es den beiden erleuchteten Lehrern, den wilden Reiterfürsten zu missionieren.

Daraufhin sandte Altan Khan Boten zu Sonam Gyatso. Diese wurden in Drepung vorstellig und überbrachten dem Lama ein ungewöhnliches Begehren: Der Mongolenfürst wünsche, mitsamt seinem Volk zum tibetischen Buddhismus überzutreten. Begreiflicherweise zögerte Sonam Gyatso, dieser Aufforderung Folge zu leisten, zumal sowohl Abgesandte aus anderen Klöstern als auch die weltlichen Fürsten ihn regelrecht anflehten, ihnen weiterhin in Tibet beizustehen, anstatt sich auf eine höchst ungewisse Reise zu einem der übel beleumdetsten Völker Asiens zu begeben.

Als die erhoffte Antwort ausblieb, schickte Altan Khan eine zweite Delegation, die seinen Wunsch in gebieterischem Ton wiederholte. Doch inzwischen hatte sich das Gelugpa-Oberhaupt entschlossen, trotz aller Bedenken seitens geistlicher wie weltlicher Würdenträger die Einladung anzunehmen. Beflügelt von dem Bewußtsein, daß er zu dieser einzigartigen Mission berufen sei, machte sich Sonam Gyatso im Herbst 1576, nach dem Großen Gebetsfest von Lhasa, in die Mongolei auf. Unter vielen Wunderzeichen und nach Bannung einheimischer Dämonen und Geister überquerte er den Huanghe und betrat als erstes Oberhaupt seines Ordens das Heimatland des Reformators Tsongkha-pa.

Altan Khan hatte währenddessen einen Tempel am See Kukunor («Blauer See») nahe seiner Hauptstadt errichten lassen, um die tibetischen Würdenträger geziemend empfangen zu können. Als Sonam Gyatso Anfang 1578 dort eintraf, wurde er von Altan Khan mit großem Gepränge, in Anwesenheit mehrerer tausend mongolischer Reiter, begrüßt. Farbig schildert Yongdzin Yeshe

Gyaltsen die Begegnung zwischen dem göttlichen Lama und dem geläuterten Mongolenherrscher:

«Schließlich erreichten die Tibeter das Lager des mächtigen Altan Khan, dessen Macht dem eines Chakravartin[16] des gegenwärtigen Zeitalters (Kaliyuga) gleichkam. Zum Zeichen seines Willens, sein im Dunkel befangenes Land mit dem Licht der buddhistischen Zivilisation zu erleuchten, trug Altan Khan eine weiße Robe. Mehr als tausend seiner Leute begleiteten ihn, darunter seine Gemahlin und deren gesamter Hofstaat.

Während der ausgedehnten Empfangszeremonie für Gyalwa Sonam Gyatso wurden ihm Geschenke von ausgesuchter Qualität überreicht. Als erstes schenkte man ihm ein Mandala aus fünfhundert Silbermünzen sowie eine große goldene Schale, gefüllt mit wertvollen Edelsteinen. Sodann wurden ihm hundert Ballen Seidenbrokat vermacht, je zwanzig in den glückverheißenden Farben Weiß, Gelb, Rot, Grün und Blau. Dann schenkten die Mongolen ihm hundert Pferde, geschmückt mit erlesenen Sätteln und ebensolchem Zaumzeug. Sie schenkten ihm auch zehn Ballen Seide in den fünf Farben, tausend Silbermünzen, Dutzende von Ballen mit Baumwollkleidern und unzählige andere Gaben.

Nach dem Empfang gingen Gyalwa Sonam Gyatso und Altan Khan zusammen in ein Zelt, das für den Meister besonders hergerichtet worden war. Die beiden glänzten wie Sonne und Mond, und die Tausende von Gläubigen ringsum schienen wie die Sterne am Himmel. Der Lama wurde auf einen goldenen Thron gebeten und ersucht, den heiligen Dharma zu lehren.»

Zwei Jahrhunderte zuvor war bereits ein Versuch gescheitert, den Mongolen die buddhistische Weisheit näherzubringen. Der mächtige Kubilai Khan (Regierungszeit 1260–1294), Herrscher über die ganze Mongolei, China und Tibet, hatte sich der Lehre des Sas-kya-pa-Lama Phagpa gegenüber aufgeschlossen gezeigt. Aber unter Kubilais Nachfolger Temür Khan (Regierungszeit 1294–1307) kehrte die Mongolei «zu ihrer alten Religion», wie Sonam Gyatsos Biograph tadelnd vermerkt, «und zu dem blutdürstigen Verhalten zurück, das diese empfahl. Wieder einmal war die Mongolei zu einem Land der Finsternis geworden, das seine Freude an bösen Sitten fand und sich am Anblick von Blut und zerfetztem Fleisch ergötzte. Sie wurde zu einer Insel in einem Meer von Blut, das sie selbst vergossen hatte.»

Doch nun, da das Oberhaupt des Gelugpa-Ordens diesen Ozean durchquert hatte, konnte ein zweiter Versuch unternommen werden, das rauhe Kriegervolk zu buddhistischer Friedensliebe zu bekehren. «Dank der Güte und der gemeinsamen Anstrengungen von Gyalwa Sonam Gyatso und Altan Khan, die wie Sonne und Mond in einem Zeitalter der Finsternis schienen, wurde das Meer von Blut in Milch umgewandelt, und es begann ein Zeitalter des Friedens und Wohlstands.»

Wie die ekstatischen Metaphern bereits erahnen lassen, steigert sich Sonam Gyatsos Biograph nun in einen wahren Rausch der Verehrung: Glauben wir Yongdzin Yeshe Gyaltsen, so hat der heilige Mann persönlich und mittels einer einzigen Predigt sämtlich schändlichen Bräuche der Mongolen hinweggefegt und an ihrer Stelle die tugendhaften Sitten des Buddhismus installiert:

«In seiner ersten Predigt verkündete Gyalwa Sonam Gyatso allen Anwesenden – den Mongolen, Chinesen und auch den tibetischen Stammesangehörigen des Grenzlandes – das neue Gesetz. Er sagte ihnen, sie müßten lernen, das Böse aufzugeben, und den von Buddha vorgeschriebenen zehn Wegen des Guten folgen. Mord, Diebstahl oder Frauenraub seien zu verbieten, und statt dessen müßten sie lernen, die Leben, das Eigentum und die Rechte anderer zu achten.

Insbesondere ermahnte er die Chachar-Mongolen, ihren Blutdurst zu bezwingen. Es war Tradition in der Mongolei, daß beim Tod eines Mannes Lebewesen als Opfer für die Götter getötet wurden; die Zahl der Blutopfer hing von der Stellung des Verstorbenen ab. Häufig wurden seine sämtlichen Frauen, Sklaven, Pferde und Herdentiere als Opfer getötet. Gyalwa Sonam Gyatso wies sie an, diese schrecklichen Bräuche aufzugeben, statt dessen einfache Opfer aus einem Teil der Besitztümer des Verstorbenen für religiöse Zwecke zu verwenden, sowie tugendhafte Gebete und segensreiche Wünsche zu sprechen. Er ordnete an, daß der Brauch des Blutopfers völlig aufzugeben sei. Wer diesem Gebot zuwiderhandle, solle mit dem Tode bestraft werden, wenn er bei einem Menschenopfer ertappt worden sei, und mit der Enteignung seines gesamten Besitzes, wenn er ein Tier geopfert habe. Wer aber gegen diese Anordnungen verstoße, indem er den Mönchen Leid zufüge oder Tempel zerstöre, der sei mit der staatlichen Beschlagnahme seines Hauses und seiner Felder zu bestrafen.»

Nach der Art aller gründlichen Missionare ordnete Sonam Gyatso des weiteren an, sämtliche Bildnisse der mongolischen Götter zu zerstören. Insbesondere befahl er, den bösen Gott Ongghon zu ächten, der den Mongolen in bezwingenden Visionen zu erscheinen und ihnen mitzuteilen pflegte, welche Blutopfer er begehrte. Diese schändlichen Statuen sollten nach dem Willen des Gyalwa Sonam Gyatso durch Bilder des Weisheitsbeschützers Mahakala, der schrecklichen sechsarmigen Emanation des Bodhisattva des Mitleids, ersetzt werden, da Mahakala fortan als nationale Schutzgottheit der Bekehrten anzusehen sei. «Alle Blutopfer wurden aufgegeben», faßt Yongdzin Yeshe Gyaltsen den scheinbar sofortigen Erfolg dieser Gebote zusammen, «die Opfer wurden auf einfache Nahrungsmittel wie die drei weißen[17] und die drei süßen[18] Substanzen eingeschränkt.»

Natürlich ermahnte der Lama seine Zuhörer auch, ihre verheerenden Überfälle auf China, Tibet und andere Gebiete der Mongolei einzustellen sowie sich eines friedlichen Miteinanders zu befleißigen. «Mit einem Wort, sie sollten danach streben, den edlen Wegen von Zentraltibet nachzueifern und sich die Lehren des Buddha zu eigen zu machen.»

Abschließend empfingen die Mongolen eine Übermittlung der Avalokiteshvara-Tradition. Sonam Gyatso empfahl den Bekehrten, das sechssilbige Mantra des Mitleids so oft wie irgend möglich zu rezitieren. Während seiner gesamten Predigt funkelten überall am Firmament Regenbögen, und abermals, wie schon bei der Geburt des Erleuchteten, fielen Blumen wie ein bunter Regenschauer vom Himmel. «Alle Anwesenden waren tief beeindruckt von den Lehren Buddhas, dem erhabenen Wesen der von Tsong-kha-pa zusammengeführten und vermittelten Traditionslinien und der Macht von Gyalwa Sonam Gyatso. Zahllose Wunder und glückverheißende Zeichen traten damals in diesem Gebiet auf und zeigten das Wohlwollen der Mächte des Guten an.»

Der «Weltmeerlehrer»

Im Gegensatz zu mönchischen Biographen heiliger Männer neigen die meisten Historiker zu skeptischer Beurteilung kultureller

Umwälzungen. Insbesondere pflegen sie auf das Beharrungsvermögen etablierter Bräuche und Traditionen hinzuweisen, das es unwahrscheinlich mache, daß ein einziger Auftritt wie etwa der Sonam Gyatsos zur grundstürzenden Umwandlung der gesamten Rechts- und Religionsordnung eines Landes führen könne. In der Tat dürfte es selbst in einem eher wilden Landstrich einer Reihe mühseliger Machtkämpfe und langwieriger Verwaltungsakte bedurft haben, ehe auch nur ein Bruchteil der Verfügungen umgesetzt werden konnte, die der Biograph Sonam Gyatso zuspricht; ganz zu schweigen von der Zähigkeit, mit der Menschen an vertrauten religiösen Ritualen, und seien diese noch so roh und blutig, festzuhalten pflegen.

Unsere nüchternen Geschichtswissenschaftler führen daher auch weniger ekstatische historische Zeugnisse an, aus denen hervorgeht, daß wohl eher Tümen Sasaqtu (Regierungszeit 1558–1592), Khan der östlichen Mongolen, die neuen buddhistischen Gesetze erstmals im Mongolenreich einführte, und zwar bereits 1576, also zwei Jahre, bevor Sonam Gyatso im Land des Altan Khan eintraf. Das Oberhaupt der Gelugpa-Schule betrat demnach keine «Insel der Finsternis», die von einem «Ozean aus Blut» umtost wurde, sondern einen Landstrich, in dem das Licht der buddhistischen Lehre bereits begonnen hatte, mehr als nur zaghaft zu leuchten. Anders gesagt: Da sich Khan Tümen Sasaqtu nach anfänglichen Kontakten mit den Karmapa-Lamas der Gelugpa-Schule zugewandt hatte, begehrte Altan Khan, dieselbe Lehre auch in seinem Land einzuführen und seinen Rivalen noch zu übertrumpfen, indem er das heilige Oberhaupt dieses Ordens persönlich an seinem Hof empfing. Trotz all dieser Relativierungen dürfen wir aber annehmen, daß die charismatische Persönlichkeit des Gelugpa-Lamas und seine flammende Predigt den Mongolenherrscher nachhaltig beeindruckten. Sicherlich wurde das neue Rechtssystem im Machtbereich Altan Khans nicht in der Nacht nach Sonam Gyatso Rede eingeführt, doch ebenso sicher ist, daß dieser Besuch einen dramatischen Wendepunkt in der kulturellen Entwicklung der kriegerischen Mongolen darstellte.

Wie sehr der Mongolenfürst auch seinerseits – zumindest auf einer symbolischen Ebene – die Tradition der Gelugpa-Schule geprägt hat, beweist der Ehrentitel, den Altan Khan seinem hohen Gast im Jahr 1578 verlieh: Vor dem Tempel am Blauen See ernannte er Sonam Gyatso feierlich zum «Weltmeerlehrer» oder – mongolisch gesprochen – zum «Dalai Lama». So erklärt sich der bizarre Umstand, daß die Oberhäupter der tibetischen Gelugpa-Schule seither einen mongolischen Titel tragen, unter dem sie weltweit bekannt wurden, während die tibetische Version «Gyatso» («Ozean» als Weisheitssymbol) zumindest im Westen kaum geläufig ist.

Seinen weiteren tibetischen Titel «Gyalwa» («Sieger») behielt Sonam Gyatso bei. Der zusätzliche mongolische Ehrenname dokumentierte somit die Machterweiterung des Gelugpa-Ordens, dessen Einflußgebiet sich durch die kühne Mission ihres Oberhauptes gewaltig vergrößert hatte. So ging Sonam Gyatso zu Recht in die Geschichte ein als erster Dalai Lama, der diesen Titel bereits zu Lebzeiten trug. Auch in den folgenden Jahrhunderten sollten die Oberen des Ordens in offiziellen Sendschreiben und Siegeln den neuen Titel «Dalai Lama» ständig verwenden zum Zeichen ihrer Macht, die schon zuzeiten Sonam Gyatsos vom geistlichen auf den weltlichen Bereich auszustrahlen begann.

So wie Sonam Gyatso das Reich des Altan Khan unter seinen geistlichen Schutz stellte, übernahm der Mongolenfürst seinerseits die Funktion eines weltlichen Schützers der buddhistischen Religion, insbesondere aber der Gelugpa-Schule. Für die Verleihung des Titels «Dalai Lama» revanchierte sich Sonam Gyatso, indem er Altan Khan zum «tausend goldene Räder drehenden Weltenherrscher» sowie zum «Gesetzesherrscher» ernannte.

Dieses Bündnis zwischen tibetischem Buddhismus und mongolischen Mächtigen sollte sich im folgenden Jahrhundert hervorragend bewähren und weit über diese historische Periode hinaus auch die politische Richtung Tibets im Schatten seines mächtigen chinesischen Nachbarn bestimmen. Wenngleich Sonam Gyatso sicher weit davon entfernt war, in modernen macht- und staatspolitischen Kategorien zu denken, handelte er doch im Einklang mit bis heute gängigen Lehrsätzen der Politik. Indem er sich der Unterstützung der Mongolen vergewisserte, erreichte er drei Ziele auf einmal, die für sein Land wie für die Gelugpa-Schule von größter Bedeutung waren: So sicherte er die Vorherrschaft seines Ordens über die rivalisierenden lamaistischen Schulen, wirkte dem Zerfall Tibets entgegen und hielt durch Ausspielen der mongolischen Karte die expansionslüsternen Chinesen in Schach.

Zumindest dieser letztere Aspekt seiner mongolischen Mission dürfte dem III. Dalai Lama durchaus bewußt gewesen sein. Nach dem Empfang durch Altan Khan hielt er sich 1578 noch für einige Monate im Land auf, wo er predigte und Geistliche weihte. Im Spätsommer desselben Jahres trafen Gesandte des Ming-Kaisers Zhu Yijun (Regierungszeit 1572–1620) bei ihm ein, die ihm mit einem Sendschreiben, einem Siegel und einem hohen Titel huldigten und ihn zu einem Besuch am Kaiserhof von Peking einluden.

Offenbar war dies die Reaktion des chinesischen Kaisers auf die tibetisch-mongolische Annäherung, die Zhu Yijun mit äußerstem Argwohn beobachtet haben wird. Wollte er nicht unvermittelt einer Front von Mongolen und Tibetern gegenüberstehen, mußte er versuchen, auch seinerseits Einfluß auf den Dalai Lama und die Gelugpa-Schule zu gewinnen. In dieser heiklen Situation bewährte sich Sonam Gyatso einmal mehr als umsichtiger Diplomat: Um den chinesischen Kaiser nicht vollends zu verprellen, verzichtete er darauf, über den Machtbereich des Altan Khan hinaus auch die eigentliche Mongolei zu besuchen. Doch weitaus wichtiger war es ihm, das neue Bündnis mit den Mongolen nicht zu gefährden. Daher ließ er dem chinesischen Kaiser ausrichten, seine missionarischen Pflichten in Tibet gestatteten ihm nicht, noch länger außer Landes zu verweilen. Als er wenig später wieder gen Tibet aufbrach, ließ er als seinen Stellvertreter den Mönch Yöntan Gyatso zurück, der als Verkörperung des Bodhisattva Manjushri galt.

In den folgenden Jahren missionierte Sonam Gyatso im Osten und Norden Tibets, doch im Jahr 1583, nach dem Tod Altan Khans, wurde er abermals gebeten, den mongolischen Fürstenhof zu besuchen. Der Dalai Lama, mittlerweile vierzig Jahre alt und körperlich weniger rüstig als seine Vorgänger, scheute die Strapazen einer neuerlichen monatelangen Reise durch unwegsame und gefahrvolle Gebiete. Aber die Nachrichten, die ihn vom Hof Dügüreng Khans, des Sohnes und Nachfolgers von Altan Khan, erreichten, klangen immer alarmierender: Adel und Volk versänken nach dem Tod des Herrschers in Zweifeln an der neuen Lehre – eine Entwicklung, die jahrelange Missionstätigkeit in der Mongolei zunichte zu machen und damit auch das Bündnis zwischen Mongolen und Tibetern zu erschüttern drohte.

Daher blieb dem III. Dalai Lama nichts anderes übrig, als die beschwerliche Reise nochmals auf sich zu nehmen. Diesmal allerdings wählte er den Weg über die chinesische Provinz Gansu, wo ihn auch die Chinesen ehrenvoll empfingen. Während seiner weiteren Reise stiftete er ein Friedensbündnis zwischen verschiedenen mongolischen Fürsten und traf schließlich im Jahr 1587 ein zweites Mal bei den Tümed-Mongolen ein, wo er für den verstorbenen Herrscher eine Totenfeier abhielt und seine Missionsarbeit erneuerte. Während seiner Anwesenheit in der Mongolei sandten zahlreiche mongolische Fürsten, darunter auch Tümen Sasaqtu, Boten mit Geschenken und Einladungen zu ihm. Auch der chinesische Kaiser versuchte abermals Sonam Gyatso zu einem Besuch in Peking zu bewegen: Er schickte reiche Geschenke, einen Thronsessel, eine kostbare Sänfte sowie ein Handschreiben mit goldenen Lettern, das Sonam Gyatso einen weiteren hohen Titel verlieh.

Tatsächlich erwog er, dieses Mal der Einladung des chinesischen Kaisers zu folgen. Doch noch während er sich am Hof des Dügüreng Khan aufhielt, erkrankte er ernsthaft. Sonam Gyatso, kraft dessen Fürsprache auch seine beiden Vorgänger Gedün Drub und Gedün Gyatso postum zu Dalai Lamas ernannt wurden, starb am 20. April 1588 im Alter von 45 Jahren am Hof des mongolischen Khan. Mit seinem Missionswerk und seinem diplomatischen Geschick hat er die Verbreitung des Buddhismus entscheidend gefördert und seinem Land eine Richtung aufgewiesen, welche die politische und kulturelle Entwicklung Tibets bis in unsere Zeit nachhaltig prägt.

Da der III. Dalai Lama fast unablässig als Missionar auf Reisen war und überdies in vergleichsweise jungen Jahren starb, blieb ihm weniger Zeit als seinen Vorgängern, auch als Verfasser philosophischer und poetischer Schriften hervorzutreten. Jedoch vernachlässigte auch er niemals seine geistlichen Studien, und sein Werk «Die Essenz des gereinigten Goldes» wird bis heute als herausragende Einführung in die buddhistische Erleuchtungslehre gerühmt. Aus dieser Schrift wollen wir im folgenden seine Reflexionen über den Tod und die Erweckung des Bodhisattva-Gedankens vorstellen.

Aus dem Werk «Die Essenz des gereinigten Goldes» von Sonam Gyatso

Der Tod und die unteren Bereiche

Endlich ist die kostbare menschliche Gestalt, die so schwer zu erlangen und, wenn ihre Grundlagen gelegt sind, außerordentlich wichtig ist, erreicht worden; jetzt ist man ein menschliches Wesen. Aber dieses Leben wird nicht ewig fortdauern, und es ist unabwendbar, daß man schließlich stirbt. Aber wie lange der Tod auf sich warten läßt, bevor er zuschlägt, ist unbekannt. Deshalb soll man sich unmittelbar selbst darum bemühen, die Essenz des Lebens zu gewinnen. Jeder hatte unzählige frühere Leben in höheren, niedrigeren und mittleren Bereichen, aber der Herr des Todes hat sie, wie ein Dieb auf einem reichen Marktplatz, ohne Unterschied alle gestohlen. Welch ein Glück, daß er Leben so lange existieren ließ! Erzeuge in dir einen Geist, der so angefüllt ist mit dem Bewußtsein des Todes, daß du wie ein Mann dasitzt, der von einem verzweifelten Mörder gejagt wird.

In der Stunde des Todes können dir weder Geld oder Besitz noch Freunde oder Diener folgen, aber die Spuren eines jeglichen schlechten Karman, das aufgrund dieser Gegenstände entstanden ist, werden dir wie ein Schatten folgen. So ist es, wenn du das Leben verlassen mußt. Denke darüber nach. Im Augenblick ist man damit zufrieden, zu essen und zu genießen, aber das Leben, der Reichtum, die Sinnesobjekte und die Nahrung werden wieder und wieder vernichtet, und nichts bleibt bestehen. Man soll sich mit dem, was immer vom Leben übrig bleibt, völlig dem wahrhaftigen Praktizieren des Dharma zuwenden. Darüber hinaus sollte man daran denken, von jetzt an so zu handeln, nicht von morgen an, weil der Tod über Nacht zuschlagen kann.

Du wirst fragen: Wenn mit Ausnahme des Dharma nichts zur Stunde des Todes hilft, wie hilft aber dann der Dharma? Und wie fügt der Nicht-Dharma Schaden zu?

Beim Tod verschwindet man nicht einfach. Dem Tod folgt die Wiedergeburt, und ob meine Wiedergeburt glücklich oder fürchterlich, hoch oder niedrig ist, hängt vom Zustand meines Geistes zur Zeit des Todes ab. Nun verfügen die gewöhnlichen Leute über keinerlei Macht, ausgenommen die des Karman. Sie müssen ihre Wiedergeburt auf sich nehmen, in die sie durch ihre schwarzen und weißen Karmans oder seelische Eindrücke, die durch frühere Taten von Körper, Rede und Geist hinterlassen wurden, hineingeworfen wurden. Wenn zur Zeit des Todes ein positives Denken vorherrscht, folgt eine glückliche Wiedergeburt. Wenn negatives Denken vorherrscht, wird man in einer entsprechenden Abteilung der drei unteren Bereiche wiedergeboren, wo man ausgedehnte Qualen erleiden muß.

Welches sind die Qualen der drei unteren Bereiche? Ich zitiere Acharya Nagarjuna:

> Erinnere dich, daß man in den unteren Höllen
> brennt wie Sonne.
> In den oberen Höllen friert man.
> Erinnere dich, wie Dämonen und Geister
> durch Hunger, Durst und Temperatur leiden.
> Erinnere dich, wie die Tiere leiden,
> als Folgen der Dummheit.
> Beseitige die karmischen Ursachen dieses Elends
> und pflege die Ursachen der Freude.
> Das menschliche Leben ist selten und kostbar,
> mache es nicht zu einer Ursache des Leidens.
> Gib acht und nutze es gut.

Wie Nagarjuna darlegt, sind die Leiden der heißen und kalten Höllen ohne Ende, die Leiden der Dämonen und Geister sind schrecklich, und vernichtend sind die Leiden der Tiere, die sich gegenseitig auffressen, vom Menschen gezähmt und beherrscht werden, dumm sind und so weiter. Gegenwärtig können wir unsere Hand noch nicht einmal für ein paar Sekunden ins Feuer halten. Wir können nicht mehr als ein paar Minuten im Winter nackt auf dem Eis sitzen. Es ist sogar außerordentlich schwierig, nur einen einzigen Tag ohne Essen und Trinken zu verbringen, und auch ein kleiner Stich einer Biene scheint fürchterlich zu sein. Wie willst du dann in der Lage sein, die Hitze und Kälte der Höllen zu ertragen, den Schmerz eines Geistes oder die Schrekken einer tierischen Existenz? Meditiere über die Leiden der unteren Bereiche, bis du mit Schrecken und Furcht erfüllt bist. Nun, da du die glückverheißende menschliche Form angenommen hast, gib die Ursachen einer niedrigen Wiedergeburt auf und pflege die Ursachen für eine glückliche Wiedergeburt. Lege dich auf die Mittel fest, die dir den Weg zu den unteren Bereichen abschneiden.

Die Erweckung des Bodhisattva-Gedankens

Obwohl man durch die Mittel der höheren Übungen in Ethik, Konzentration und Weisheit das Nirwana oder die Befreiung von der zyklischen Wiedergeburt erlangen kann, ist dieses Erlangen in sich selbst nicht befriedigend. Natürlich besteht für den, der das Nirwana erlangt hat, niemals mehr die Notwendigkeit, im Samsara umherzuwandern, doch weil man nur einen Teil seiner Fehler besiegt hat und nur ein Abschnitt der Vollkommenheit erlangt wurde, hat man sich von seinem eigenen Standpunkt aus nicht wirklich vervollkommnet. Deshalb besteht die Notwendigkeit, das Ziel der vollkommenen Buddhaschaft zu betrachten, welche die endgültige Erfüllung ist, sowohl vom eigenen als auch vom Standpunkt eines anderen. Denn man sollte nicht daran denken, die Buddhaschaft nur für sein eigenes Wohl zu erlangen. Weil man aber weder allwissend noch allmächtig ist, hat man vom Standpunkt eines anderen nicht die Erfüllung erreicht. Man sollte sie in reiner Form wollen, um in der Lage zu sein, wirkungsvoller und tiefer für die denkenden Wesen zu wirken. Genauso wie du in den Ozean des Samsara-Elends gefallen bist, so auch alle anderen; und sie kennen wie du nur Frustration und Elend. Es gibt keinen einzigen unter ihnen, der früher nicht immer und immer wieder dein Vater und deine Mutter war, und sie alle haben dir ihre unnachahmliche Freundlichkeit gezeigt. Wenn du Befreiung und Allwissenheit erlangst, ist es nur gerecht, daß auch sie von Furcht befreit werden. Es dient hauptsächlich ihrem Wohl, daß du selbst den Zustand des unvergleichlichen, nichtverweilenden Nirwana erlangst, und deshalb mußt du den höchsten Erleuchtungsgedanken, die erleuchtete Haltung, erzeugen.

Yöntan Gyatso, IV. Dalai Lama

geb. am 19.2.1589 nahe dem See Kuku-nor, gest. 21.2.1617 in Drepung; IV. Dalai Lama von 1601–1617

Der IV. Dalai Lama war bis auf den heutigen Tag das einzige nichttibetische Oberhaupt der Gelugpa-Schule. Der günstige Umstand, daß der Dalai Lama es vorgezogen hatte, sich in einem mongolischen Kind zu reinkarnieren, stimmte so hervorragend mit den politischen Erfordernissen überein, daß man in diesem Fall auf sofortige und strenge Durchführung der Prüfungsrituale gern verzichtete. So sandten die Oberen der Gelugpa-Schule erst viele Jahre nach der wundersamen Wiedergeburt den Schatzmeister des Ordens gen Norden, auf daß dieser das längst erwartete Ergebnis der Prüfung bestätige: Die Wiederverkörperung Soman Gyatsos, des großen Mongolenbekehrers, war niemand anderes als der Ururenkel des Mongolenfürsten Altan Khan.

Im Unterschied zu Soman Gyatso, der bereits als Dreijähriger predigend durch die Lande gewandelt war, verbrachte der IV. Dalai Lama seine ersten 13 Lebensjahre fernab von Tibet in seiner mongolischen Heimat. Da er bereits mit 28 Jahren starb, ist die Überlieferung über sein Wirken als Oberhaupt des Gelugpa-Ordens naturgemäß spärlich. Doch die wenigen Zeugnisse, die auf uns gekommen sind, lassen erahnen, daß die Bekehrung der Mongolen zu buddhistischer Askese und Friedensliebe wohl selbst zu jener Zeit noch nicht allzu weit fortgeschritten war. Mit Yöntan Gyatso jedenfalls hielten nicht nur Scharen mongolischer Reiter in den Gelugpa-Klöstern Einzug, sondern auch einige mongolische Gewohnheiten, die man durch das Wirken des III. Dalai Lama überwunden gewähnt hatte.

Auffindung und Initiation

Die Geschichte der wunderbaren Geburt und Auffindung des IV. Dalai Lama hat der mongolische Historiker Sagang Sechen im 17. Jahrhundert in seinem Geschichtswerk «Kostbare Zusammenfassung» aufgezeichnet. Die übernatürlichen Omen, die sich bei der Geburt des Knaben ereigneten, glichen im wesentlichen jenen himmlischen Zeichen, die bereits bei den vorherigen Wiederverkörperungen aufgetreten waren. Das ist nicht weiter erstaunlich, da möglichst getreue Wiederholung der Mirakel am ehesten gewährleisten konnte, daß der betreffende Knabe tatsächlich als Reinkarnation des Dalai Lama identifiziert wurde. Neben den erwarteten Regenbögen und Blütenschauern vermerkt der Biograph allerdings noch ein spezielles Wunder, das bis dahin bei keiner Geburt eines Dalai Lama beobachtet worden war: Statt in einer gewöhnlichen Fruchtblase war das Kind in einer Aureole aus Kristallrosen herangewachsen, in welcher es auch zur Welt kam.

Seine Mutter war die Prinzessin Dara Khatun, sein Vater der Urenkel Altan Khans, Sümer Daiching mit Namen. Obwohl beide hocherfreut waren, daß der Bodhisattva Avalokiteshvara geruht hatte, sich in ihrem Sohn zu reinkarnieren, wollten sie ihm das karge Leben eines Heiligen nicht von Kindesbeinen an zumuten. «Das Volk der Mongolen», heißt es in der «Kostbaren Zusammenfassung» mit mildem Tadel, sei «an Erkenntnis klein, jedoch groß an Stolz» und habe daher den Prinzen für lange Jahre zurückbehalten mit den Worten: «Unser Kind ist noch zu klein. Wie können wir es abschicken! Vor seinem dreizehnten Jahre kann es nicht abgegeben werden.»

Wie wir von Jigme Ripai Dorje erfahren, einem Historiker aus dem 19. Jahrhundert, erregte auch dieser auserwählte Knabe schon als kleines Kind Aufsehen, indem er Visionen verschiedener Gottheiten schilderte und versicherte, daß der III. Lama sein Vorgänger sei. Der mongolische Adel und der Khan der Tümed-Mongolen huldigten ihm 1591, und ab seinem vierten Jahr erhielt der Junge eine geistliche Ausbildung im mongolischen Kloster Kuku-Khoto.

Doch erst 1601 wurde der Schatzmeister der Gelugpa-Schule in die Mongolei entsandt, um den Jungen durch eine Kommission förmlich zu identifizieren und nach Tibet zu bringen. Da die

Mongolen ihn nur ungern ziehen ließen, setzte man in seiner Heimat einen Stellvertreter ein, den sogenannten Maidari Khutuktu, eine Verkörperung des zukünftigen Buddha Maitreya. Diese Inkarnationslinie der Maidari Khutuktus wurde in der Mongolei bis zur kommunistischen Machtübernahme im Jahr 1921 fortgesetzt.

Eine große Menschenmenge erwartete den IV. Dalai Lama in Lhasa und geleitete ihn in feierlicher Prozession nach Drepung. Dort erfüllte schließlich auch Yöntan Gyatso seine geistlichen Pflichten, indem er sich den umfassenden Studien des Lamaismus unterzog und vor seiner Inthronisation zum Vollmönch weihen ließ.

Die Abwendung Buddhas

Visionen und Prophezeiungen scheinen ihn, anders als vor allem die beiden ersten Dalai Lamas, in seinen Jugend- und Erwachsenenjahren nur in geringem Umfang geleitet zu haben. Jedoch vermerkt Sagang Sechen einige Wundertaten, die sich nach seiner Inthronisation ereigneten und ihn folglich als rechtmäßigen Nachfolger der so wundertätigen früheren Dalai Lamas auswiesen.

Auch Yöntan Gyatso war ein reisefreudiges Oberhaupt, wenngleich er die weite und unwegsame Strecke von der Mongolei nach Tibet in seinem Leben nur einmal bewältigte. Zumindest besuchte er zahlreiche Klöster seines Ordens, darunter auch ein «Kloster im Lande Rong», wo sich nach den Worten Sagang Sechens folgendes Mirakel ereignete:

«In diesem Kloster hatte einer namens Rong Samtsen das Abbild des Maitreya in freudevoller Herrlichkeit, aus Kupfer gegossen und stark vergoldet, aufgerichtet. Dieses Bild war von einer solchen Größe, daß das Antlitz desselben ohne den Kopfschmuck darüber, die Länge einer Klafter hatte. Es hatte aber dieses Buddhabild plötzlich eine schiefe und stark auf die Seite neigende Stellung angenommen, und alle Bemühung, das Bild geradezurichten, war vergeblich.»

Yöntan Gyatso verrichtete seine Andacht vor diesem Bild, und nachdem er es eine Weile angesehen hatte, sprach er: «‹Außerhalb der Mauern dieses Tempels, dem Antlitz des Buddha gegenüber, liegen die Gebeine eines zauberischen Acharya[19]; von diesem widrigen Anblick wendet er das Gesicht, und daher ist das Bild schief geworden.› Alsbald untersuchte man die bezeichnete Stelle und fand in der Tat den Leichnam eines Menschen. Nachdem man diesen Leichnam weggeschafft und in das Wasser des großen Stromes geworfen hatte, streute der Allwissende Blumen vor dem Bilde, worauf es sogleich von selbst die ehemalige gerade Stellung annahm. Dieses und viele andere Zeichen und Wunder verrichtete er ...»[20]

Dichterstreit und Mongolenzorn

Sowohl die Rivalität der weltlichen Fürsten Tibets als auch der Konflikt zwischen den verschiedenen lamaistischen Schulen harrten zu dieser Zeit noch weiterhin einer dauerhaften Lösung. Insbesondere der Karmapa-Orden neidete der viel jüngeren Gelugpa-Schule ihren Aufstieg zu geistlicher Vorherrschaft, die allerdings dank mongolischer Unterstützung kaum zu erschüttern war. Anscheinend war den Karmapa-Mönchen der neue mongolische Kirchenfürst besonders zuwider, und so beschlossen sie, diesen Sohn eines «barbarischen Volkes» mit dichterischem Hintersinn zu blamieren.

Ein Karmapa-Lama verfaßte ein Gedicht an den Dalai Lama, das dessen Gefolge feierlich überreicht wurde. Yöntan Gyatsos Begleiter, welche die gelehrten Zeilen erwartungsgemäß nicht zu übersetzen vermochten, fühlten sich bloßgestellt und reagierten mit einer scharfen Antwort. Daraufhin gaben sich wiederum die Karmapa-Mönche beleidigt und verbreiteten, die Begleiter des Yöntan Gyatso seien unfähig, Gedichte zu verstehen, was bei gelehrten Persönlichkeiten als schwerwiegender Mangel galt.

Kurz darauf wurde durch ein Karmapa-Poem ein weiterer Konflikt zwischen den beiden Orden entfacht. Ob es sich hierbei um das Gedicht handelt, das Yöntan Gyatsos Gefolge nicht zu entziffern vermochte, oder um ein zweites polemisches Produkt aus der Feder eines Karmapa-Lama, geht aus der Überlieferung nicht hervor. Jedenfalls betrat besagter Lama den Jokhang-Tempel in Lhasa und überreichte der dortigen Buddhastatue einen

Schal, auf den er nach üblicher Sitte seine Gebete in Gedichtform geschrieben hatte. Als dieser Schal später den Beratern des Dalai Lama gezeigt wurde, deuteten sie das Gebet als eine Beleidigung des Gelugpa-Oberhaupts. Die empörende Nachricht sprach sich nur allzu rasch herum, unglücklicherweise auch im Kreis der mongolischen Reiter Yöntan Gyatsos. Die heißblütigen Krieger vergaßen im Handumdrehen alles, was ihnen über buddhistische Friedensliebe beigebracht worden war, sprangen auf ihre Rösser und bliesen zum Angriff auf die Stallungen und Häuser der Karmapas.

Nachdem sie diverse Gebäude der Rotmützen niedergebrannt hatten, drohte der Konflikt, der so vergeistigt mit einem Gedicht begonnen hatte, vollends zur kriegerischen Auseinandersetzung zu eskalieren. 1605 verlegte Karma Tensung Wangpo, Herrscher von Tsang und Anhänger der Karmapas, etliche Bataillone nach Lhasa, welche die mongolische Eskorte des Dalai Lama außer Landes jagten. Anschließend ließ der Tsang-Regent mehrere Ortschaften in der Provinz Ü, der Domäne der Gelugpa, besetzen. Als Yöntan Gyatso 1607 die Gelugpa-Klöster in Tsang besuchte, ließ ihn der Provinzregent zwar gewähren, weigerte sich jedoch, den Dalai Lama offiziell willkommen zu heißen.

Anders als sein Vorgänger Soman Gyatso, der Friedensbündnisse stiftete, wo immer sich ihm die Gelegenheit bot, scheint Yöntan Gyatso allenfalls halbherzige Anstrengungen unternommen zu haben, um die wachsende Spannung zwischen seinem Orden und den Rotmützen-Schulen sowie den Tsang-Herrschern zu entschärfen. Es kam zwar zu Gesprächen zwischen dem Dalai Lama und dem Oberhaupt der Karmapas, aber diese Treffen verliefen ergebnislos, da beide Seiten sich unnachgiebig zeigten. Zur Entspannung dürfte auch nicht sonderlich beigetragen haben, daß die Karmapa-Mönche gleichfalls einen mongolischen Fürsten zu ihrem Oberhaupt wählten, Ligdan Khan vom Stamm der Chakhar.

Doch die Rotmützen haderten nicht allein aus Eifersucht mit ihren erfolgreichen geistlichen Rivalen. Auch der alles andere als mönchische Lebensstil, dem sich etliche Gelbmützen während der Regentschaft des IV. Dalai Lama ergaben, erregte ihren Zorn. Anstatt die reichlich fließenden Spenden der Gläubigen für fromme Werke zu verwenden, huldigten nicht wenige Gelugpa-Mönche sündigem Wohlleben und frevlerischer Habsucht. Doch Yöntan Gyatso zeigte sich «nachsichtig», wie Jigme Ripai Dorje mit kaum geringerer Zurückhaltung erklärt.

Kurz vor seinem frühen Lebensende erhielt der IV. Dalai Lama noch einmal die Gelegenheit, seinen Orden mit dem Herrscher von Tsang und der Karmapa-Schule zu versöhnen. Doch auch diese Chance vergab er, diesmal unter dem Einfluß seines Beraters Sonam Drakpa. Mittlerweile war in Tsang ein neuer Herrscher an die Macht gelangt, Karma Phuntsok Namgyal (Regierungszeit 1611–1621), der den Dalai Lama anläßlich eines Besuchs in Lhasa um ein religiöses Gespräch bat. Ob aus Hoffart oder Mißtrauen, ist schwer zu entscheiden, jedenfalls hielten es die Gelugpa-Oberen für richtig, den Herrscher mit dürren Worten abzuweisen: Der Dalai Lama sei tief in Meditation versunken und dürfe nicht gestört werden. Dieser Affront empörte nicht nur Karma Phuntsok Namgyal, sondern auch große Teile der tibetischen Gläubigen: Allzu offensichtlich hatte der Kirchenfürst sein Desinteresse gezeigt, den Regenten auf friedliche Weise für sich zu gewinnen.

Auch der chinesische Kaiser bemühte sich unverdrossen noch immer um die Gunst der vorherrschenden tibetischen Schule. Aber er hatte mit seinen Einladungen an Dalai Lamas weiterhin kein Glück: 1616 traf eine Gesandtschaft in Lhasa ein, die Yöntan Gyatso mit allen Ehren nach Peking einlud. Doch kaum hatte er das prachtvolle Schreiben des Kaisers erhalten, da erkrankte auch der IV. Dalai Lama – wie sein Vorgänger – tödlich und verstarb kurz darauf, noch nicht einmal 28 Jahre alt. Die zu seinen Ehren veranstaltete Totenfeier dauerte 49 Tage, denn nach buddhistischer Überzeugung löst sich in diesem Zeitraum die Seele vom Körper des Verstorbenen und verharrt in einem Zwischenstadium zwischen Tod und Wiedergeburt. Daher kann sich auch eine neue Inkarnation erst frühestens nach sieben mal sieben Tagen in einem neugeborenen Kind wiederverkörpern.

Alles in allem hat der IV. Dalai Lama in der Gelugpa-Tradition nur wenige Spuren hinterlassen, und selbst diese scheinen in eher unwillkommene Richtungen zu deuten. Unter seiner Regentschaft eskalierte der Konflikt zwischen den rivalisierenden lamaistischen Schulen und deren weltlichen Schutzherren, und in den Gelugpa-Klöstern machten sich Besitzgier und Verschwendungssucht breit. Da ihm jedoch nur ein kurzes Leben beschieden war, vermochte er seinen Orden weder in positivem noch in negativem Sinn sonderlich zu beeinflussen. Auch schriftliche Zeugnisse seiner Erleuchtung hat uns der mongolische Dalai Lama nicht hinterlassen, weshalb wir an dieser Stelle das Kapitel vom Leben und Wirken des Yöntan Gyatso beschließen.

Ngawang Lobzang Gyatso, V. Dalai Lama

geb. am 22.10.1617 in Chingwar Taktse, gest. am 2.4.1682 in Lhasa; V. Dalai Lama von 1622–1682, Souverän von Tibet vom 3.5.1642–2.4.1682

Viele Tibeter gedenken insbesondere des V. Dalai Lama bis heute mit tiefer Ehrfurcht, die nicht allein religiös, sondern mehr noch patriotisch begründet ist: Durch großes diplomatisches Geschick, allerdings auch durch nicht immer skrupulösen Einsatz machtpolitischer und selbst militärischer Mittel gelang es Ngawang Lobzang Gyatso, dem «Großen Fünften», Tibet nach Jahrhunderten des Niedergangs wieder zu einen und in den Rang einer bedeutenden Regionalmacht zurückzuführen. Als erster Dalai Lama wurde er auch zum weltlichen Herrscher Tibets proklamiert. Unter seiner Ägide errang der Gelugpa-Orden endgültig die Vorherrschaft über die rivalisierenden lamaistischen Schulen, die teilweise durch blutigen Bürgerkrieg und inquisitorische Verfolgung unterworfen oder außer Landes getrieben wurden.

Jedoch kehrte der Dalai Lama in seiner zweiten Lebenshälfte, nach Festigung seiner Macht und des tibetischen Staates, zu einer Politik der Mäßigung und Toleranz zurück, die seinem Charakter eher entsprach als die drastischen Maßnahmen, durch die er zur Herrschaft gelangte. Denn Ngawang Lobzang Gyatso war nicht nur ein Machtpolitiker und überragender Staatsmann, sondern ebenso ein spiritueller Meister mit ausgeprägter Neigung zu tantrischer Magie und lebhaftem Interesse auch an den Lehren anderer lamaistischer Orden. Zeitlebens empfing er, wie die meisten seiner Vorgänger, gebieterische Gesichte, die er gegen Ende seines Lebens in seinen «Geheimen Visionen» niederlegte. Sein persönlicher Hang zum Mysteriösen, aber auch die Fragilität des neu geformten Staates werden durch die bizarre Inszenierung seines Ablebens illustriert: Auf seinen ausdrücklichen Wunsch hin hielt man seinen Tod volle 13 Jahre lang geheim und behalf sich in dieser Zeit mit einem mönchischen Double auf dem Königsthron.

Die wundersame Auffindung Lobzang Gyatsos

Nach dem Tod Yöntan Gyatsos erhielt der Schatzmeister des Klosters Drepung den Auftrag, nach dessen Reinkarnation zu suchen. Seit sich der IV. Dalai Lama geweigert hatte, den Tsang-Herrscher zu empfangen, war die innenpolitische Lage aufs äußerste gespannt, und Sonam Chöpel hatte gute Gründe, bei seiner Mission mit größter Umsicht vorzugehen. Immerhin war er selbst Yöntan Gyatsos Hauptberater gewesen und wußte daher nur zu genau, wie sehr der mongolische Dalai Lama – durch seine Abstammung ebenso wie durch zuweilen ungestüme Handlungen – zur Eskalation des Konflikts mit den weltlichen Herrschern Tibets und den geistlichen Rivalen der Gelbmützen beigetragen hatte. Vorsichtshalber beschränkte er seine Suche nach dem V. Dalai Lama daher auf Tibet und ließ überdies eine gewisse Gemächlichkeit walten.

Zwar erhielt er bereits 1619, zwei Jahre nach dem Tod Yöntan Gyatsos, Kunde von einem im Feuer-Schlangen-Jahr (1617) geborenen Jungen, der außerordentliche Zeichen aufwies. Aber die Abstammung dieses Kindes ließ erahnen, daß dem Gelugpa-Orden neue innertibetische Verwicklungen drohten, sobald man sich entschloß, den Knaben offiziell als Reinkarnation Yöntan Gyatsos anzuerkennen: Das Kind stammte väterlicherseits von einer Familie ab, die schon zu Zeiten der alten Yarlung-Dynastie eine bedeutende Rolle bei Hofe gespielt hatte. Noch bedenklicher war, daß die Kindsmutter dem Jonangpa-Orden angehörte, dessen Oberhaupt Taranatha (1575–1634) persönlich den Jungen unter seine geistliche Obhut genommen hatte.

Daher beschloß Sonam Chöpel, die rituelle Prüfung und förmliche Anerkennung des Kindes als Reinkarnation Yöntan Gyatsos hinauszuzögern, bis sich die nahezu chaotische Lage in Tibet wieder beruhigt hätte und vor allem der Gelugpa-Orden der Bedrängnis entronnen wäre, in der man sich damals bereits seit einem Jahr befand.

Über die Zurückweisung seiner Bitte, vom IV. Dalai Lama zu einer Audienz empfangen zu werden, war der Tsang-König Karma Phuntsok Namgyal so empört, daß er auf drastische Maßnahmen sann, um die Gelbmützen ein für allemal zu unterwerfen. Gedeckt durch seinen mongolischen Schutzherrn, stellte der Gelugpa-Orden die weltliche Macht des Königs ebenso in Frage wie den geistlichen Rang des Karmapa-Ordens, dem der Herrscher anhing. Daher befahl der König, eine Armee zu formieren, die im Jahr 1618 Lhasa angriff. Die Soldaten stießen jedoch auf den Widerstand von Mönchen aus Drepung und Sera sowie von Laienanhängern, die zum Schutz der Klöster herbeieilten. Mehrere hundert Menschen wurden in diesem bürgerkriegsähnlichen Scharmützel getötet, und der Berg, auf dem Drepung stand, war mit den Leichen erschlagener Mönche übersät.

In der Kriegskunst weniger erfahren als in Predigt und Meditation, gerieten die Gelbmützen indes bald schon in die Defensive. Die Klöster von Drepung und Sera wurden von den königlichen Truppen überrannt, woraufhin viele Mönche zu ihren Brüdern in den nördlichen Klöstern Reting und Taklung flohen. Der siegreiche Tsang-Herrscher befahl, etliche kleinere Gelugpa-Klöster dem Karmapa-Orden zu übereignen, der sie in Klöster für seine Bruderschaft umwandelte. Um jeden weiteren Widerstand der gedemütigten Gelbmützen im Keim zu ersticken, ließ König Karma Phuntsok Namgyal vor den Toren Lhasas zwei Militärlager aufschlagen, welche die Klöster Sera und Drepung von Lhasa abschnitten und das Gebiet von der Außenwelt abriegelten.

Doch es sollte für den Gelugpa-Orden noch ärger kommen. In Shigatse ließ der Tsang-Herrscher oberhalb von Tashilhunpo ein gewaltiges neues Karmapa-Kloster erbauen, dessen Name die feindselige Absicht unverhohlen zur Schau stellte. Die Arbeiter, die Tashi Zilnon («Unterdrücker von Tashilhunpo») errichteten, wurden angewiesen, große Steinbrocken hügelab gen Tashilunpo zu wälzen, wodurch weitere Gelugpa-Mönche in ihren Wohnquartieren getötet wurden.

Man schrieb das Jahr 1619 (und in Europa tobte der Dreißigjährige Krieg). Doch obwohl sich der künftige V. Dalai Lama schon in seinem dritten Lebensjahr befand, konnte es Sonam Chöpel nicht wagen, den Jungen dem offiziellen Prüfungsritual zu unterziehen. Denn ein Jahr nach dem Angriff auf Lhasa waren die wichtigsten Klöster des Gelugpa-Ordens noch immer von Regierungssoldaten belagert. Wenn die Gelbmützen überhaupt noch auf Hilfe hoffen konnten, dann mußte diese von den Mongolen kommen, und zwar heimlich, durch einen Überraschungsangriff. Kein guter Zeitpunkt also, um einen kleinen Jungen als Wiederverkörperung des Mongolen Yöntan Gyatsos förmlich anzuerkennen und so die Aufmerksamkeit der Belagerer auf die mongolische Schutzmacht zu lenken, die zur selben Zeit ihre ersten Späher gen Lhasa aussandte.

Im selben Jahr 1619 kehrten die mongolischen Soldaten, die 1605 vertrieben worden waren, als Pilger verkleidet nach Tibet zurück. Doch die Hoffnung, die daraufhin in den Klöstern von Sera und Drepung keimte, wurde auf eine harte Probe gestellt: Anstatt die Tsang-Armee anzugreifen, schlug der zahlenmäßig unterlegene Mongolentrupp bloß in einiger Entfernung von Lhasa ein Lager auf.

Ein weiteres Jahr verstrich, in dem die Widersacher einander belauerten, ohne daß es zu offenen Kämpfen oder einer politischen Lösung kam. Aus Sorge um das Leben des Jungen ließ ihn der Abt des belagerten Klosters Drepung insgeheim nach Nankartse bringen, wo das Kind gleichsam im Untergrund aufwuchs. Dann endlich, im Jahr 1620, trat die kaum mehr erwartete Wende ein:

Im Schutz der Nacht überfielen die mongolischen Truppen das Heerlager des Königs und töteten Tausende von Tsang-Soldaten. Da Karma Phuntsok Namgyal unverzüglich eine neue Armee gen Lhasa marschieren ließ, drohte der Bürgerkrieg zu einem allgemeinen Krieg zu eskalieren – mit der Folge, daß größere mongolische Armeen in Tibet eingefallen wären und das Land abermals zerfallen und unter fremde Herrschaft geraten wäre. Angesichts dieser Gefahr besannen sich die Würdenträger der feindlichen tibetischen Fraktionen, insbesondere des Karmapa- und des Gelugpa-Ordens, und versuchten, zwischen den Kriegsparteien zu vermitteln. Schließlich erklärten sich die Mongolen ebenso wie die Tsang-Truppen zum Rückzug bereit, und die vom Karmapa-Orden okkupierten Klöster wurden an die Gelugpa-Mönche zurückgegeben. Möglicherweise hätte sich die Lage nicht so rasch – wenn auch nur vorübergehend – entspannt, wäre nicht 1621 der kriegerische König Karma Phuntsok Namgyal gestorben. Dadurch verloren die Rotmützen ihren mächtigsten weltlichen Parteigänger, und die Gelugpa-Oberen nutzten diese Phase eines trügerischen Friedens, indem sie 1622 den V. Dalai Lama endlich nach Drepung holten.

Der mongolische Historiker Sagang Sechen schildert die so heitere wie ergreifende Szene der ersten Begegnung zwischen dem Panchen Lama und dem kleinen Jungen, der so lange Zeit in der gefährlichen Rolle eines Dalai Lamas im Wartestand gelebt hatte:

«Als der Qubilghan[21] das sechste Jahr erreicht hatte, begab sich Bogda Banchin Erdeni[22], begleitet von der ganzen Geistlichkeit des Klosters Drepung und in vollständigem geistlichen Ornat, in die Behausung des Guruba Noyan; auch versammelte sich daselbst eine große Menge Zuschauer. Als Bogda Banchin Erdeni in das Haus trat, rief ihm der Knabe sogleich entgegen: ‹Bulub Banchin! Warum hast du so lange gezögert?› Bogda Banchin nahm hierauf Zucker aus seiner Tasche, überreichte ihn dem Knaben und sprach: ‹Mein Sohn, ist dir die Zeit lange geworden?› Hierauf nahm Bogda Banchin den Knaben auf seinen Schoß, herzte und liebkoste ihn und unterhielt sich mit ihm über die gründlichsten und zartesten Gegenstände der Religion, so daß alle Anwesenden von Erstaunen hingerissen waren. In demselben Shim-Hunde-Jahr (1622) brachte ihn Bogda Banchin Erdeni nach Drepung, und nachdem er ihm die Haare geschoren, eine gelbe Mütze aufgesetzt und ihn mit der geistlichen Kleidung bekleidet hatte, erteilte er ihm Unterricht in allen nötigen Wissenschaften, welche er ohne die geringste Schwierigkeit erlernte. Da sprach Bogda Banchin: ‹Es leidet keinen Zweifel, daß er es in dieser Geburt bis an das Ziel aller Verdienste und Vorzüge bringen werde›, und nannte deswegen seinen geistlichen Namen Lobzang Gyatso.»[23]

Ein Mönchsnovize am Vorabend des großen Krieges

Zum Nachfolger des verstorbenen Tsang-Königs wurde Karma Tenkyong Wangpo (Regierungszeit 1621–1642) ernannt. In nüchterner Einschätzung der aktuellen Kräfteverhältnisse entschloß sich dieser letzte weltliche Herrscher Tibets, den V. Dalai Lama anzuerkennen, auch wenn die Sympathien der Tsang-Dynastie unverändert der Karmapa-Schule galten. Wenngleich nun äußerlich eine Periode relativen Friedens eintrat, formierten sich die Mächtigen hinter den Kulissen bereits zum entscheidenden Kampf. Erneut begann eine Phase des Umbruchs, in der überkommene Machtstrukturen in blutigen Kämpfen zerfallen und neue Dynastien entstehen sollten – in Tibet wie auch in der Mongolei.

Da die kleine mongolische Schutztruppe dem mühsam ausgehandelten Minimalfrieden nicht traute, bot sie an, Lobzang Gyatso in die Mongolei zu eskortieren. Doch die Gelugpa-Oberen zogen es vor, den jungen Dalai Lama nach Südtibet zu bringen, zumal auch die verschiedenen Mongolenstämme in Machtkämpfe verwickelt waren. Aufgrund dieser weiteren Verzögerung konnte Lobzang Gyatso erst 1625 in Drepung zum Mönch ordiniert werden.

In den folgenden Jahren wurde der Junge in den buddhistischen Disziplinen unterwiesen, in Philosophie und Dichtkunst ebenso wie in Heil- und Sternenkunde. Obwohl der V. Dalai Lama in späteren Jahren ein ausgeprägtes Machtgespür beweisen sollte, scheint er seinem Wesen nach eher ein Visionär und *homme de lettres* gewesen zu sein, begierig, sich das gesamte Wissen seiner Zeit anzueignen, und tolerant gegenüber abweichenden Lehren. Zum Zeichen dieser universellen Interessen scharte er neben den bedeutendsten Lehrern des Gelugpa-Ordens auch Meister anderer Schulen um sich – Angehörige von Bruderschaften, welche die Gelbmützen bald schon rücksichtslos verfolgen und außer Landes jagen würden.

Währenddessen schwelte der Konflikt zwischen der Gelugpa- und der Karmapa-Schule sowie ihren weltlichen Anhängern weiter. Nach wenigen Jahren äußerlicher Ruhe brach abermals ein offener Machtkampf aus, bei dem es längst nicht mehr allein um die geistliche, sondern unverhohlen auch um die weltliche Herrschaft über Tibet ging. Um ein Gegengewicht zu der mongolischen Schutzmacht des Gelugpa-Ordens zu schaffen, verbündete sich der Tsang-König Tenkyong Wangpo mit den Choghtu-Mongolen, die in der Gegend des Kuku-nor siedelten. Überdies war er mit Donyo Dorje alliiert, dem König des osttibetischen Beri, obwohl dieser durchaus nicht dem Karmapa-Orden anhing, sondern der alten Bön-Religion treu geblieben war. Aber so wie sich auch christliche Herrscher niemals scheuten, selbst bei Kreuzzügen sich mit «heidnischen» Potentaten zu verbünden, ermutigte nun auch

Gushri Khan, der Führer der Qoshoten

der Tsang-König den Herrscher von Beri, die Gelugpa-Mönche zu verfolgen, die in seinem Gebiet im Kloster Lithang lebten.

Daraufhin suchte Sonam Chöpel seinerseits den Beistand der Oiraten und Dsungaren. Auch diese westmongolischen Stämme hatten sich nach dem Niedergang der alten Dynastien neu formiert: Mit Gushri Khan, dem erst 28jährigen Fürsten der Qoshoten, gewannen sie einen starken Anführer, der mit der Lehre des Gelugpa-Ordens sympathisierte. Seine Loyalität bewies er so eindrucksvoll wie ungestüm, indem er gegen die Choghtu-Mongolen in die Schlacht zog, da diese sich angeblich für den Karmapa-Orden ausgesprochen hatten.

Einen derart mächtigen Verbündeten hatten die Gelugpa-Mönche indes auch bitter nötig. Denn das Blatt drohte sich bereits wieder gegen sie zu wenden, da es dem Tsang-König gelungen war, seinen mongolischen Verbündeten zu einem massiven Angriff aufzustacheln: 1635 setzte der Herrscher der Choghtu-Mongolen eine zehntausend Mann starke Armee, angeführt von seinem Sohn Arsalang, gen Tibet in Marsch. Ihr erklärtes Ziel: die vollständige Vernichtung der Gelugpa-Schule.

Doch noch ehe diese Armee in Tibet eintraf, eilte auch Gushri Khan, als Pilger verkleidet, nach Tibet. Am See Tengri-nor gelang es ihm, Arsalang aufzuhalten und durch eine Unterredung von seinem mörderischen Plan abzubringen. Der offenbar geläuterte Königssohn ließ seine Truppen zurück und reiste, nur von einer kleinen Leibgarde begleitet, nach Lhasa, wo er sich vor dem Dalai Lama niederwarf.

Mit bitterem Zorn nahm König Tenkyong Wangpo die Kunde entgegen: Arsalang, der ausgezogen war, die Gelugpa-Mönche auszurotten, hatte im Gegenteil geschworen, ihnen keinerlei Leid anzutun. Flugs unterrichtete der König den Vater des Verräters, woraufhin dieser anordnete, seinen ungetreuen Sohn ermorden zu lassen. Noch immer lagerte die Armee der Choghtu-Mongolen am See Tengri-nor, und nachdem Arsalang gemeuchelt und ein neuer Heerführer ernannt worden war, setzte sich die Truppe abermals gen Lhasa in Bewegung.

Hätte der Dalai Lama nicht mit Gushri Khan über einen mächtigen Verbündeten verfügt, das Ende der Gelbmützen wäre kaum mehr abzuwenden gewesen. Doch der Herrscher der Westmongolen verbündete sich nun seinerseits mit dem Dsungaren-Für-

Lobzang Gyatso,
der V. Dalai Lama

sten Qungtaiji Baghatur (Regierungszeit 1634–1653), und die blutige Schlacht, welche die beiden Armeen 1636 in der Kukunor-Region ausfochten, endete mit der völligen Niederlage der Choghtu-Mongolen. Beide Hauptwidersacher im innertibetischen Machtkampf hatten ihre mongolische Karte ausgespielt, und wieder hatte der Trumpf der Gelugpa das mongolische As der Karmapa ausgestochen.

Im Jahr darauf reiste Gushri Khan mit großem Gefolge als Pilger nach Lhasa und empfing vom Dalai Lama geistliche Unterweisungen. Lobzang Gyatsos Berater hatten ihren erst zwanzigjährigen Schützling hervorragend auf diese so wichtige Begegnung vorbereitet. Als erster weltlicher Würdenträger durfte der Mongolenfürst während der feierlichen Zeremonie im Jokhang-Tempel auf einem Thron Platz nehmen, wo der Dalai Lama ihm Titel und Siegel eines Tenzin Chökyi Gyalpo («Religionskönig und Beschützer der Lehre») verlieh.

In der nun eintretenden kurzen Ruhe vor dem Sturm des großen Krieges empfing Lobzang Gyatso 1638 im Jokhang-Tempel zu Lhasa die feierliche Weihe nach dem Ritual der Gelugpa.

Der Krieg der Mönche

Wie vereinbart sich die blutige Fehde rivalisierender Mönchsorden mit den buddhistischen Geboten der Friedensliebe und Gewaltfreiheit? Als Abendländer sind wir zweifellos gut beraten, solche Fragen ohne selbstgerechten Unterton zu stellen.

Bedauerlicherweise ist jedoch die buddhistische Lehre sowenig wie die christliche Botschaft des Erbarmens gegen machtpolitisch inspirierte Verdrehungen gefeit. Scheinbar im Einklang mit ihrer Religion, verwandelten sich nicht wenige tibetische Geistliche jener Zeit in Mönchssoldaten. Kriegsstrategen im Rang ehrwürdiger Lamas heckten blutige Pläne zur Vernichtung ihrer Mitbrüder aus und riefen im Namen Buddhas gleichsam zum heiligen Krieg auf.

Zwar hatte der Buddha, nicht anders als Jesus Christus, jegliche Gewalt gegen Mitmenschen als schwere Sünden geächtet. Die Gegner solcher Verirrungen konnten sich demnach auf den Religionsstifter berufen, der den Soldaten prophezeit hatte, als Lohn für das Töten von Gegnern im Krieg sei ihnen eine bestimmte Hölle zugedacht. Doch es gab auch mächtige Strömungen, welche die Lehre in ganz anderem Sinn auslegten:

Insbesondere der Mahayana-Buddhismus forderte im «Mahaparinirvanasutra», dem Lehrtext vom Eingehen des Buddha ins endgültige Nirwana, die Laienanhänger ausdrücklich auf, die wahre buddhistische Lehre notfalls mit Waffengewalt zu beschützen. Wer eine falsche Einstellung zur Lehre habe, lesen wir in einem Vajrayana-Text, oder die Meister der Vajrayana-Lehre verunglimpfe, habe sein Leben verwirkt und dürfe getötet werden; ja, wer solche Übeltäter töte, handle sogar in zweifacher Hinsicht barmherzig: Weitere potentielle Opfer würden so vor Leid bewahrt, und dem Sünder selbst erspare man lange Höllenstrafen. Und war nicht diese ganze irdische Welt nur leere Illusion? Wie konnte es Sünde sein, unter gewissen Umständen eine Person zu töten, da doch gerade deren «Ich», das man scheinbar auslöschte, sogar die Quelle allen irdischen Wirrsals war?

In den folgenden Jahren teilweise blutiger Machtkämpfe zwischen Gelb- und Rotmützen sollte sich auch der Gelugpa-Orden zuweilen derart fragwürdiger Rechtfertigungen bedienen. Doch glücklicherweise besann sich die Schule des Dalai Lama wieder auf die buddhistische Friedensbotschaft, sobald sie die Macht im Land errungen und ihre religiösen Rivalen ein für allemal unterworfen hatte.

Zurück in das Jahr 1637: Kaum war Gushri Khan in das von seinen Truppen eroberte Gebiet am Kuku-nor zurückgekehrt, da erreichte ihn die Nachricht, daß Karma Tenkyong Wangpo und sein bislang passiver Verbündeter, der Herrscher von Beri, bereits neue Kriegspläne schmiedeten. Auch wenn wir annehmen dürfen, daß der Mongolenfürst ein aufrichtiger Anhänger des Dalai Lama und der Gelugpa-Lehre war, scheint er ebenso ein kriegs- und expansionslüsterner Potentat gewesen zu sein, der sich von dem Bündnis mit Lobzang Gyatso auch handfeste Vorteile versprach. Die neuen Kriegspläne der Feinde des Dalai Lama jedenfalls verschafften ihm einen willkommenen Vorwand, nach dem Gebiet am Kuku-nor weitere Landstriche Tibets zu erobern. Donyo Dorje von Beri nämlich hatte dem Tsang-König eine Botschaft gesandt, die Gushri Khan in die Hände geraten war, und der Mongolenfürst dürfte die folgenden Zeilen des Verschwörers mit einigem Wohlgefallen gelesen haben:

«Es ist eine große Enttäuschung», schrieb der Herrscher von Beri, «daß unsere Verbündeten, die Choghtu, vernichtet wurden. Dennoch werde ich nächstes Jahr in Kham eine Armee ausheben und mit ihr nach Ü ziehen. Zur gleichen Zeit mußt Du Deine Armee aus Tsang heranführen. Zusammen werden wir die Gelugpa-Sekte so vollständig ausrotten, daß man von ihr niemals mehr eine Spur finden wird. Das Bildnis des Buddha im Tsuklakhang-Tempel, das anscheinend all diese Kriege verursacht hat, soll in den Fluß geworfen werden. Wir werden allen religiösen Gruppen die Freiheit der Religionsausübung gewähren, einschließlich den Bön und ausgenommen nur die Gelugpa.»

Diese Ankündigung war für die Gelbmützen beunruhigend genug. Doch Gushri Khan hatte sich in Lhasa und Drepung ausführlich mit dem Dalai Lama unterhalten und scheint aufgrund dieser Gespräche geahnt zu haben, daß Lobzang Gyatso seine Pläne nicht ohne weiteres gutheißen würde. In seinem Lagebericht, den er nach Drepung sandte, dramatisierte der Mongolen-Khan daher die Absichten Donyo Dorjes noch ein wenig mehr: Der Herrscher von Beri, behauptete er, wolle nicht nur die Gelbmützen vernichten, sondern den alten Bön-Kult wiedereinführen und folglich den Buddhismus jeglicher Spielart in ganz Tibet ausrotten. Um diese Greuel zu verhindern, bleibe ihm, Gushri Khan, nichts anderes übrig, als Beri vorbeugend anzugreifen.

Doch trotz dieser alarmierenden Nachrichten und gegen die Empfehlung seines weniger skrupulösen Beraters Sonam Chöpel sprach sich der Dalai Lama gegen die neuerlichen Kriegspläne des Mongolen aus. Seine Antwort an Gushri Khan lautete:

«Ich werde für einen Lama gehalten. Meine Aufgabe ist es, die Religion zu studieren und anderen zu predigen. Das ist das beste Verhalten für mich, während ich noch jung bin. Es scheint mir nicht nötig zu sein, für noch mehr Unruhe im Land zu sorgen, weil dies nur zur Kritik an uns beim Volk führt. Unsere Beziehung mit der Partei von Tsang ist nicht so schlecht wie im letzten Jahr. Derzeit verfolgen sie die Gelugpa nicht, und der Schaden, den sie in den Klöstern Sera und Drepung angerichtet haben, geschah nur durch den Fehler der Gelugpa, dem Herrscher von Tsang keine Audienz mit dem vierten Dalai Lama zu gewähren. Ich sehe keinen Grund, mit den Nedong-Gongma-, den Kagyüpa- und den Jonang-Sekten zu wetteifern. Was wir, die Gelugpa und der Ganden Phodrang, besitzen, ist mehr als ausreichend. Zu viele Leute haben in der Vergangenheit gelitten oder wurden sogar aufgrund dieser Art von politischen Aktivitäten getötet. Ich fühle, daß wir uns im Fall eines überflüssigen Engagements in derselben mißlichen Lage wiederfinden werden.»

Aber der junge Dalai Lama vermochte sich gegen seine Berater nicht zu behaupten, vor allem nicht gegen Sonam Chöpel, die graue Eminenz der Gelugpa. Und so setzte Gushri Khan seine Krieger gen Beri in Marsch, wo er sich mit Donyo Dorje fast ein Jahr lang blutige Schlachten lieferte. Erst im Winter 1640 gelang es ihm, den Herrscher von Beri gefangenzunehmen. Daß Donyo Dorje augenblicklich hingerichtet wurde, ließ sich allenfalls noch mit der Notwendigkeit erklären, die Anhänger des Bön-Kultes entscheidend zu schwächen. Doch der Mongolenfürst, der sich mehr und mehr als Herr über ganz Tibet gebärdete, ging noch einen entscheidenden Schritt weiter. Kaum hatte er Beri erobert, da rüstete er zu einem neuen Feldzug: Gushri Khan bereitete sich auf die Eroberung der Provinzen Ü und Tsang vor, die zwar von Karmapa-Gefolgsleuten beherrscht wurden, aber damit auch von Buddhisten wie den Gelugpa selbst.

Wie sich der Dalai Lama zu diesen Plänen stellte, läßt sich nicht mit Sicherheit entscheiden. Angeblich war er über diese Wendung bestürzt und mahnte neuerlich, weiteres Blutvergießen zu vermeiden. Doch allem Anschein nach fügte er sich ohne größeren Protest und sah tatenlos mit an, wie sich Gushri Khan zum Sturm auf die Karmapa-Provinz Tsang anschickte.

Der junge Dalai Lama wirkt in dieser Phase eskalierender Kämpfe weniger wie ein tatkräftiges Oberhaupt, das die Fäden in der Hand hält, als wie eine Marionette seiner Berater, die womöglich sogar hinter Lobzang Gyatsos Rücken mit Gushri Khan weitreichende Absprachen trafen. Zumindest aber stimmte Sonam Chöpel den Plänen des Mongolenfürsten unverzüglich zu. Indes scheint er nicht minder als der Mongole durch den erbitterten Widerstand überrascht worden zu sein, den das Karmapa-Kloster Tashi Zil-non und Shigatse den mongolischen Invasoren entgegensetzten. Vom Dalai Lama wegen dieses neuerlichen Blutvergießens getadelt, entschloß sich der Schatzmeister des Gelugpa-Ordens zu einer Aktion, die sich mit unserem heutigen Bild von den sanften Ordensbrüdern des Dalai Lamas schwerlich vereinbaren läßt: Sonam Chöpel stellte seinerseits eine Truppe auf. Mit diesen Soldaten sowie mit Nahrungsmitteln und Waffen für die Armee Gushri Khans eilte er in die Schlacht und setzte sogar schwere Katapulte ein, um den Widerstand der Karmapa zu brechen.

Am 7.2.1642 nahmen die vereinigten Truppen Gushri Khans und der Gelugpa-Mönche die Stadt Shigatse und das Karmapa-Kloster Tashi Zil-non ein. König Tenkyong Wangpo und zwei seiner engsten Berater wurden in einer Festung nahe Lhasa inhaftiert. Das war das Ende der letzten bedeutenden weltlichen Macht in Zentraltibet – allerdings auch das Ende der unschuldigen Opferrolle der Gelugpa: An ihren Händen klebte das Blut der Karmapa.

Ein Theokrat von Gnaden der Mongolen

Mit seiner überlegenen Streitmacht hatte Gushri Khan erst Beri, dann die Provinzen Tsang und Ü erobert. Die Macht der Karmapa war gebrochen, das Ende der Tsang-Dynastie besiegelt. War aber Gushri Khans Triumph zugleich ein Sieg der Gelugpa-

Mönche, die ihn um Hilfe gerufen hatten? Würde der Mongolenfürst bereit sein, die errungene Herrschaft an den Dalai Lama abzutreten? Zunächst sah es keineswegs so aus: Anfang 1642 proklamierte sich der Mongole selbst zum Herrscher Tibets.

Damals wie heute geht, wer fremde Interventionstruppen ins Land holt, um innere Machtkämpfe zu entscheiden, ein hohes Risiko ein. Und so dürfte auch Sonam Chöpel am 10.4.1642 mit bangen Gefühlen nach Tsang aufgebrochen sein, an der Seite des Dalai Lama, der einer Einladung Gushri Khans nach Shigatse folgte.

Am 3.5.1642 zog Lobzang Gyatso in die eroberte Karmapa-Stadt ein, wo er feierlich zu einem Thron in der Audienzhalle des Palastes geleitet wurde. Auf zwei niedrigeren Thronen zu seinen Seiten nahmen Gushri Khan und Sonam Chöpel Platz. In einer pompösen Zeremonie erklärte der Mongolenherrscher den Dalai Lama zur obersten Autorität ganz Tibets, von Dajianlu im Osten bis nach Ladakh im Westen. Die politische Gewalt aber sollte nach dem Willen Gushri Khans nicht der Dalai Lama, sondern Sonam Chöpel ausüben: Der Mongole ernannte ihn zum Desi (Regenten) und stattete ihn mit den Befugnissen eines Premierministers aus. Diese Proklamation zu Shigatse war der Beginn der weltlichen und geistlichen Herrschaft der Dalai Lamas über Tibet.

Zehn Tage später kehrte Lobzang Gyatso nach Drepung zurück, wo er Lhasa zur Hauptstadt Tibets erklärte. Seine Regierung erhielt, nach seinem Palast in Drepung, die Bezeichnung «Ganden Phodrang». Doch der Dalai Lama sollte noch längere Zeit ein Herrscher von Gnaden der Mongolen bleiben. Als Oberbefehlshaber aller Truppen im neuen Tibet behielt Gushri Khan die militärische Gewalt in der Hand – eine Gewalt, die nach wie vor weniger dem Schutz Tibets vor äußeren Feinden als der Unterdrückung innerer Widersacher diente.

Das zeigte sich schon wenige Monate später, als sich die Karmapa im ganzen Land gegen die ihnen verhaßten neuen Herrscher erhoben. Gushri Khan und Sonam Chöpel schlugen den Aufstand mit großer Härte nieder. Um zu verhindern, daß sich die Rotmützen jemals wieder mit der gestürzten Tsang-Dynastie verbünden konnten, befahl der Desi überdies, den eingekerkerten Karma Tenkyong Wangpo und seine beiden Berater in Fellsäcke einzunähen und im Fluß Zangpo zu ertränken.

Glauben wir den Gelugpa-Geschichtsschreibern, so lebten die Tibeter fortan glücklich in Frieden und Wohlstand. Dem widerspricht jedoch eine Chronik aus Bhutan, einem den Karmapa zugetanen Land, in der es heißt, Ü und Tsang seien unter Gushri Khan in Gefilde «hungriger Geister» verwandelt worden.

1643, im noch immer jungen Alter von 26 Jahren, begann Lobzang Gyatso, eine Geschichte Tibets niederzuschreiben. Die Initiative hierzu dürfte von Gushri Khan ausgegangen sein, jedoch kam diese Arbeit den Neigungen des V. Dalai Lama sehr entgegen. Als Historienschreiber forschte er in der Vergangenheit seines Landes immer wieder auch nach Hinweisen auf die aktuelle Situation und die Maßnahmen, die es in seiner Gegenwart zu ergreifen galt.

Anscheinend zog er aus dieser Spurensuche nicht zuletzt den Schluß, daß zur Festigung seiner Herrschaft rigorose Zentralisierungs- und Säuberungsmaßnahmen erforderlich seien. Jedenfalls schwärmten nun im ganzen Land Gelugpa-Funktionäre aus, die Anhänger anderer Schulen rücksichtslos verfolgten. Zugleich ordnete der Dalai Lama an, in der Hauptstadt Lhasa einen neuen Regierungspalast zu errichten, dessen Größe und Pracht den Machtanspruch der neuen Herrscher wie auch des geeinten Landes unmißverständlich zur Schau stellten. Am 21. April 1645 wurde mit dem Bau des Palastes begonnen, auf einem Hügel neben den Ruinen der Residenz, die König Songtsen Gampo im 7. Jahrhundert hatte errichten lassen. Nach der paradiesischen Residenz Patala des Bodhisattva Avalokiteshvara wurde dieser Palast «Potala» genannt. Europäische Zeitgenossen, die zu jener Zeit in Tibet weilten, bezeichneten die gigantische und prunkvolle Residenz des lamaistischen Theokraten dagegen als «tibetischen Vatikan». Dieser Vergleich war durchaus auch kritisch gemeint, da die Machtpolitik des jungen Dalai Lama an gewisse unrühmliche Epochen päpstlicher Häretikerverfolgung erinnerte.

Tatsächlich ging Lobzang Gyatsos Regierung in den ersten Jahren rücksichtslos gegen die Klöster anderer Schulen vor. Man begnügte sich nicht damit, von Rotmützen okkupierte Klöster wieder der eigenen Schule zuzuführen, sondern eignete sich auch eine Reihe von Stammklöstern anderer Orden an. Auch wenn diese rigorosen Maßnahmen nicht vom Dalai Lama persönlich, sondern von seinem Desi angeordnet wurden, können sie

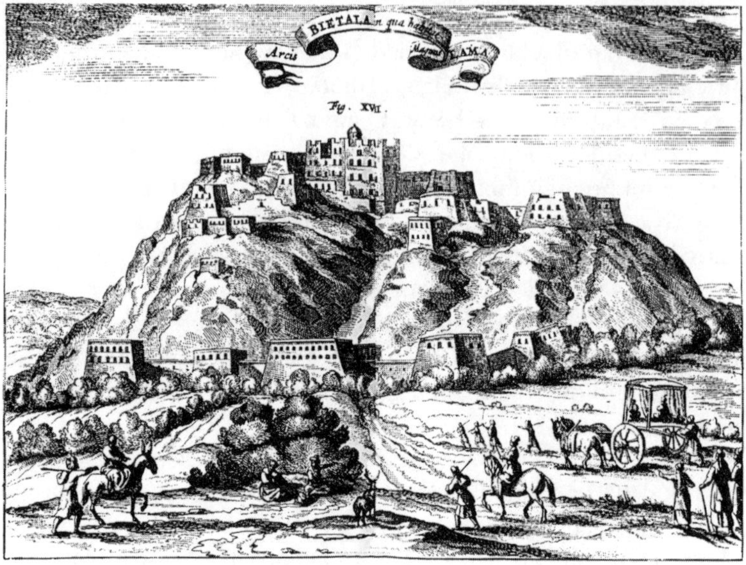

Der Potala-Palast, 1661 gezeichnet von dem Kupferstecher Johannes Grueber

schwerlich ohne Billigung des Souveräns beschlossen worden sein. Selbst befreundete Schulen wie die Kadampa wurden dem neuen Machtgefüge einverleibt und mußten sich den absolutistisch herrschenden Gelbmützen unterwerfen. Im ganzen Land wurden Anhänger der Rotmützen-Orden verfolgt und gewaltsam bekehrt, ihre Schriften wurden verbrannt, ihre Prediger eingekerkert oder verjagt; in Massen flohen die Rotmützenmönche vor ihren Häschern aus Zentraltibet.

Auf Staatsbesuch in China

Nicht anders als Tibet und die Mongolei wurde auch China in der ersten Hälfte des 17. Jahrhunderts von Umwälzungen erschüttert. Das tungusische Volk der Mandschu, welches das Reich der Mitte schon seit der Wende vom 16. zum 17. Jahrhundert bedrängt hatte, stürzte die Ming und proklamierte die Qing-Dynastie zum neuen chinesischen Herrscherhaus. 1644 eroberten die

Mandschu-Machthaber Nordchina (bis 1659 konnten sich die Ming noch im Süden behaupten); damit begann ein neues Kapitel in der heiklen Dreieckskonstellation zwischen Tibet, China und der Mongolei. Auch Aisin Gioro Fulin (Regierungszeit 1643–1661), der neue Kaiser von China, bemühte sich lebhaft, die seit langem gespannten Beziehungen zu Tibet zu verbessern: Zwischen 1649 und 1651 wurden mehrere Gesandtschaften in Lhasa vorstellig, um den Dalai Lama nach Peking einzuladen. Dieser mußte einerseits auf Empfindlichkeiten seines mongolischen Schutzherrn und Besatzers Gushri Khan Rücksicht nehmen. Andererseits aber kamen ihm die kaiserlichen Avancen gerade deshalb gelegen, da er nur mit chinesischer Unterstützung hoffen konnte, die Abhängigkeit seines Landes von den Mongolen zumindest zu mildern. Und so spielte der Dalai Lama, nachdem der mongolische Trumpf ihm die Macht über Tibet eingetragen hatte, behutsam die chinesische Karte aus.

1652 nahm er die Einladung des chinesischen Kaisers an und stellte lediglich die Bedingung, seiner Heimat nicht zu lange fern bleiben zu müssen. Seinen mongolischen Schutzherrn beschwichtigte er zuvor noch, indem er zusammen mit Gushri Khan und Sonam Chöpel das Kloster Chorkhorgyal traditionsgemäß besuchte. Den Argwohn des Khans gegenüber seiner Pekingreise konnte der Dalai Lama im übrigen auch durch den Hinweis beschwichtigen, daß die in China herrschenden Mandschu mit den Mongolen eng verwandt seien, das Reich der Mitte also ohnehin von seinen Stammesbrüdern beherrscht werde.

Schon 1578 hatte der III. Dalai Lama prophezeit, daß die Nachkommen Altan Khans binnen achtzig Jahren sowohl die Mongolei als auch China beherrschen würden. Nach tibetischer Überlieferung soll Aisin Gioro Fulin nicht zuletzt deshalb so beharrlich um die Gunst Lobzang Gyatsos geworben haben, weil sich mit dem Sieg der Mandschu-Dynastie diese Prophezeiung erfüllt habe. Von kaum geringerem Gewicht dürfte allerdings seine Absicht gewesen sein, über den Dalai Lama mäßigend auf die Mongolen einzuwirken, die nach wie vor regelmäßig in die chinesischen Grenzgebiete einfielen.

Bereits in einem Sendschreiben an Kaiser Aisin Gioro Hong Taiji (Regierungszeit 1626–1643), den Vater und Vorgänger Aisin Gioro Fulins, hatten der Dalai Lama und der Panchen Lama erklärt, daß der Gelugpa-Orden die Mandschu-Herrscher als Inkarnationen des Bodhisattva Manjushri ansehe. Das Schreiben lautet:

«Im allgemeinen, wenn man auf die zahlreichen übrigen die drei Reiche durchwandernden Wesen blickt, sind diejenigen, welche das Kleinod eines mit den spezifisch menschlichen Segnungen ausgestatteten Menschenleibes erlangen, noch viel seltener als ein bei Tage sichtbarer Stern; unter diesen aber ist einer, der ein die ganze Menschheit unterwerfender Khan geworden ist, so schwer zu finden wie jener Edelstein, der das Denken erhebt und die Wünsche erfüllt. Darum also wäre es dem Sinne des Namens Bogda Khan entsprechend, wenn Du jetzt, da Du Herrscher und Großkhan der Wesen des Kaliyuga geworden bist, alle Wesen recht nach den Geboten der Religion regiertest. Mögest Du vor allem, indem Du die Wurzel des Heils und Segens, den Edelstein der Jina-Lehre, von Herzen beachtest, gut regieren!»[24]

Nachdem der politischen und religiösen Annäherung durch dieses Huldigungsschreiben der Weg gebahnt war, konnten sich beide Seiten vom Besuch des Dalai Lamas eine wirkliche Verbesserung der Beziehungen erhoffen. Wie sehr den chinesischen Herrschern an dieser Begegnung gelegen war, zeigt sich auch an der symbolischen Geste, mit welcher der Kaiser seinem Gast buchstäblich entgegenkam: Am 15. Januar 1653 trafen die beiden Staatsoberhäupter vor den Toren Pekings zusammen, in der befestigten Stadt Khothor, von wo aus der Dalai Lama feierlich in die Hauptstadt geleitet wurde. Dort stellte der erst 14jährige Kaiser dem Dalai Lama einen eigenen Palast zur Verfügung.

Zum offiziellen Treffen der Souveräne am 9.2.1653 war die ganze Stadt festlich geschmückt. In der Audienzhalle saß auch Lobzang Gyatso, rechts neben dem Kaiser, auf einem Thron. Der Mandschu-Herrscher überreichte ihm eine goldene Tafel, auf der in Mandschu, Tibetisch und Chinesisch «Dalai Lama, Träger des Donnerkeils» stand (des Symbols für Wissen). Der Tibeter revanchierte sich, indem er auch seinerseits dem Kaiser eine goldene Tafel schenkte, auf der dieser als «Großer Meister, Allerhöchster, Gott des Himmels und Bodhisattva» bezeichnet wurde. Am 16.3.1653 beendete ein Bankett den prunkvollen Staatsempfang für den Dalai Lama, der zwei Tage später die chinesische Hauptstadt verließ und am 14.11. des gleichen Jahres wieder in Lhasa eintraf.

Der chinesische Kaiser Aisin Gioro Fulin empfängt den V. Dalai Lama

Mit diesem Besuch begann eine Phase intensiver Beziehungen zwischen dem chinesischen Kaiserreich und der tibetischen Theokratie. Zwar hatte Aisin Gioro Fulin dem universellen Herrschaftsanspruch Pekings nicht abgeschworen, was mit der chinesischen Doktrin unvereinbar gewesen wäre. Doch in einem komplizierten politischen Dokument erkannte er den Dalai Lama als geistlichen Führer an, der auf religiöser Ebene dieselben hehren Ziele wie er selbst verfolge. Im Ergebnis bedeutete dies, daß China darauf verzichtete, sich das tibetische Nachbarland einzuverleiben; statt dessen förderten der junge Kaiser wie auch seine Nachfolger den Lamaismus durch Tempelstiftungen und Hinwendung zur Lehre der Gelugpa in ihrem gesamten Reich. Als 1660 die zweite Gemahlin des Kaisers und ihr gemeinsamer kleiner Sohn starben, zog der trauernde Kaiser Mönchskleidung an und umgab sich im Palast mit Lamas und anderen buddhistischen Geistlichen, bis am 5.2.1661 auch ihn ein Fieber hinwegraffte.

Auf dem Höhepunkt der Macht

Nachdem Gushri Khan 1655 gestorben war, wurde seine Herrschaft unter seinen beiden Söhnen aufgeteilt: Tashi Baghatur regierte die Kuku-nor-Region, während Zentraltibet Dayan Khan (Regierungszeit 1655–1668) unterstellt wurde. Als am 5.4.1658 auch der Desi Sonam Chöpel starb, hielt der Dalai Lama dies für eine Weile geheim und führte selbst die Staatsgeschäfte, ehe er am 18.8.1660 mit Trinle Gyatso einen neuen Desi ernannte. Erst durch den Tod dieser beiden machtbewußten Männer – Gushri Khan und Sonam Chöpel –, die den jugendlichen Dalai Lama als Herrscher Tibets inthronisiert hatten, gelangte auch die weltliche Macht in die Hände Lobzang Gyatsos. Sowenig wie der neue Desi erlangten die Söhne des Khans jemals die Stärke und den politischen Einfluß ihrer Vorgänger.

Mittlerweile waren auch Teile des noch immer im Bau befindlichen Potala-Palastes bezugsfertig geworden. Einen authentischen Eindruck von diesem pompösen Bauwerk verdanken wir den Jesuitenpatern Johannes Grueber und Albert d'Orville, die sich auf ihrer Reise von Peking nach Indien 1661 für einen Monat in Lhasa aufhielten. Aufgrund einer Zeichnung Gruebers entstand später ein Kupferstich, der in dem berühmten Werk «China illustrata» von Athanasius Kircher veröffentlicht wurde. Grueber wie auch andere katholische Missionare, die mit dem Lamaismus in Berührung kamen, geißelten diese Religion als teuflisches Zerrbild des Christentums, das durch die buddhistischen Klöster und den gesamten Kultus frevlerisch nachgeäfft werde. Dagegen erklärte der Jesuit Antonio de Andrade (1580–1634), die buddhistischen Trikaya- oder Dreikörperlehre sei nichts anderes als die christliche Lehre von der heiligen Dreifaltigkeit. Daher sei der Lamaismus als Häresie zu verurteilen, biete aber christlichen Missionaren zugleich ein ergiebiges Fundament. Grueber jedoch urteilte skeptischer: «Die Aussicht auf eine Bekehrung dieser Heiden wäre gewiß sehr groß, wenn nicht dieser teuflische Gottvater das verwehrte, der diejenigen, die ihn nicht anbeten wollen, unverzüglich töten läßt.» Aus diesen Worten können wir unschwer folgern, daß der Dalai Lama auch nach seiner Rückkehr aus China mit unverminderter Härte gegen die Rotmützen-Schulen vorging.

Jedoch stand in dieser Phase seiner Herrschaft die blutige Verfolgung Andersdenkender nicht mehr im Vordergrund. Da die rivalisierenden Orden mehr oder minder besiegt waren, konnte er nun daran gehen, die gewonnene Macht zu konsolidieren. Hierbei ging der Dalai Lama so pragmatisch wie weitsichtig vor: Er veranlaßte eine Bodenreform, welche die Anteile der Klöster am Grundbesitz genau festlegte. Um der Lehre der Gelugpa breite Zustimmung in der Bevölkerung zu sichern, begann er überdies, älteres tibetisches Brauchtum in den Kultus der Gelbmützen zu integrieren. So ordnete er an, daß das Mönlam-Beten in Lhasa fortan mit den großen Cham-Maskentänzen einzuleiten sei. Zudem verleibte er dem Gelugpa-Ritus ein uraltes Orakel ein und erhob es förmlich zum Staatsorakel. Ursprünglich war es im Kloster Samye ansässig gewesen; bei seiner Anrufung fielen die Medien in Trance und wurden von dem alttibetischen Gott Pekar besessen, der Ratschläge für die Zukunft zu erteilen pflegte oder sich auch dazu herabließ, das Wetter günstig zu beeinflussen. Lobzang Gyatso überführte dieses Orakel in das Kloster Drepung und ordnete an, es fortan auch bei der Identifizierung von Reinkarnationen, insbesondere der Dalai Lamas, zu befragen.

Auch der Institution der Panchen Lamas verlieh erst Lobzang Gyatso offiziellen Rang. Nachdem sein alter Lehrer Lobzang Chökyi Gyaltsen 1662 mit 93 Jahren gestorben war, forschte man nach dessen Wiederverkörperung und ersuchte 1665 den Dalai Lama, einen damals drei Jahre alten Jungen aus der Provinz Tsang anzuerkennen. Dies geschah; der Knabe wurde nach Tashilhunpo gebracht und erhielt den Namen Lobzang Yeshe. Historisch gesehen ist er somit der II. Panchen Lama, denn auch in dieser Tradition wurden drei Vorgänger Lobzang Chökyi Gyaltsens erst posthum zu Panchen Lamas ernannt.

Als im Jahr 1668 sowohl der Desi Trinle Gyatso als auch Dayan Khan starben, vermochten diese Todesfälle die Herrschaft des Dalai Lamas nicht mehr zu erschüttern: Längst war er weit über die Grenzen Tibets hinaus auch als weltlicher Herrscher anerkannt, und seine einstigen Widersacher waren außer Landes gejagt, eingekerkert oder tot. Lobzang Thuthop (Regierungszeit 1669–1675) wurde zum neuen Desi ernannt, und der Mongole Tenzin Dalai Khan (Regierungszeit 1668–1696) ersetzte den verstorbenen Sohn Gushri Khan als militärischen Oberbefehlshaber.

In welchem Ansehen der V. Dalai Lama stand, zeigen die Bündnisersuchen verschiedener Machthaber an ihn. Der alte chinesische General Wu Sangui (1612–1678) hatte einst die Mandschus herbeigerufen und war von diesen mit der Herrschaft über die Provinzen Yunnan und Sichuan belohnt worden. Aus Sorge, von den mittlerweile mächtigen Herrschern gestürzt zu werden, erhob er sich 1673 gegen die Mandschu und machte dem Dalai Lama den westlichen Teil der Provinz Sichuan zum Geschenk, möglicherweise in der Hoffnung, auf diese Weise die Mongolen als Verbündete zu gewinnen. Doch auch der chinesische Kaiser Aisin Gioro Xuanye (Regierungszeit 1661-1722) bat den Dalai Lama in demselben Konflikt um Unterstützung durch tibetische und mongolische Truppen. In dieser heiklen Situation bewährte sich Lobzang Gyatso als geschickter Diplomat, der vor allem das Ziel verfolgte, nicht Partei zu ergreifen und keine der verfeindeten Seiten vor den Kopf zu stoßen.

«Es bestand bereits», schrieb er an den chinesischen Kaiser, «eine Beziehung religiösen Schutzes zwischen dem Mandschu-Kaiser und dem Dalai Lama. Dein Vater, der Shunzhi-Kaiser, war zu mir besonders freundlich und huldvoll, als ich China besuchte, und ich habe immer für den Frieden und den Wohlstand Deines Landes gebetet. Aber bedenke, daß tibetische Soldaten in China nicht besonders wirkungsvoll wären, weil sie es nicht gewöhnt sind, in Eurem Klima zu kämpfen. Die Mongolen sind ausgezeichnete Kämpfer, aber schwer unter Kontrolle zu halten, und Du würdest sie eher als Belastung denn als Hilfe empfinden. Sowohl Mongolen wie Tibeter sind die Hitze nicht gewohnt und könnten leicht den Pocken erliegen, die jetzt in China grassieren. Ich glaube nicht, daß sie für Dich eine große Hilfe wären, und denke, es wäre unklug, sie nach China zu entsenden.»

Zugleich empfing er gegen den Rat seiner Beamten zwar Gesandte Wu Sanguis, doch auch der General erhielt keine militärische Unterstützung. Statt dessen ließ der Dalai Lama beiden Seiten mitteilen, er werde für eine friedliche Lösung des Konfliktes beten.

Ein mysteriöses Ende

In einer Theokratie sollten sich die geistlichen Regierungsmitglieder vor allem bei einem nicht ertappen lassen: bei Verstößen gegen den Zölibat. Just dieser Sünde aber wurde im Frühjahr 1675 der Desi Lobzang Thuthop überführt, der mit einer Saskya-Nonne intimen Umgang pflegte. Er wurde augenblicklich entlassen, allerdings mit dem Titel eines Ex-Regenten (Desi Zurpa) versehen und erhielt sogar ein Lehen in Zangri, wohin er im Februar 1676 mit seiner Geliebten abreiste.

Zu seinem Nachfolger wurde am 15.10.1675 der Lama Lobzang Jinpa ernannt, der aber bereits am 20.6.1679 wieder abdankte, da er der weltlichen Geschäfte überdrüssig war und sich in die Meditation zurückziehen wollte. In den Jahren zuvor, als der Dalai Lama die Macht tatkräftig selbst ausgeübt hatte, war es weniger bedeutsam gewesen, über welche politischen Qualitäten seine Regenten verfügten. Doch nun drängte es auch den alternden Souverän, sich in die Meditation zurückziehen, und so benötigten er und das Land einen energischen und umsichtigen Desi, der weder für amouröse Skandale anfällig war noch sich nach dem Klosterleben verzehren würde. Seine Wahl fiel auf den jungen Sangye Gyatso, der am 13.7.1679 zum neuen Regenten ernannt wurde. Er war ein Neffe des früheren Regenten Trinle Gyatso und möglicherweise sogar ein Sohn des V. Dalai Lama. Für diese skandalöse These gibt es zwar keine sicheren Beweise, sie könnte allerdings erklären, weshalb der Dalai Lama seinen über eine Liebschaft gestrauchelten Regenten Lobzang Thuthop so nachsichtig behandelte.

Sangye Gyatso jedenfalls übte in den folgenden Jahren die uneingeschränkte Macht aus. Der Dalai Lama zog sich in Meditation zurück, und der Qoshoten-Khan Tenzin Dalai war eine schwache Herrscherpersönlichkeit, die der Tatkraft und dem Ansehen des jungen Desi nur wenig entgegenzusetzen vermochte. Im Namen des Dalai Lama sandte der neue Regent eine Botschaft an den chinesischen Kaiser, damit dieser dem aufständischen Wu Sangui, der sich im März 1678 selbst zum Kaiser ausgerufen hatte, Pardon gewähre. Diese Bitte kam allerdings zu spät, da der alte General bereits am 2.10.1678 gestorben war. Durch die mandschurischen Truppen bedrängt, bot sein Sohn Wu

Shiban dem Dalai Lama 1680 die beiden Distrikte Zhongtian und Weixi im westlichen Yunnan an, wenn die tibetische Regierung ihm gestatte, in das Gebiet des Kuku-nor auszuweichen. Unglücklicherweise geriet dieser Brief in die Hände der Mandschu-Administration, was nach Jahren lebhafter chinesisch-tibetischer Beziehungen in Peking eine ernsthafte Verstimmung auslöste.

Bald darauf, am 2.4.1682, starb Lobzang Gyatso. Nach den Worten des jetzigen Dalai Lama instruierte er noch auf dem Sterbelager Sangye Gyatso, seinen Tod so lange geheimzuhalten, bis die Arbeiten am Potala-Palast vollendet wären. Daraufhin bestimmte der Desi einen Mönch, der äußerlich dem Verstorbenen glich, bei feierlichen Anlässen im Gewand des Dalai Lama aufzutreten. Auf diese Weise konnte das Ableben des Souveräns 13 Jahre lang verheimlicht werden. Tatsächlich gab Sangye Gyatso den Tod des V. Dalai Lama erst bekannt, als der Potala-Palast vollendet und der VI. Dalai Lama längst gefunden und auf die Nachfolge insgeheim vorbereitet worden war.

Rückblickend erscheint Lobzang Gyatso, der «Große Fünfte», dem Betrachter als überragende, allerdings auch als widersprüchliche Gestalt. Obwohl er in erster Linie ein geistliches Amt innehatte, einigte er durch seine energische Politik Tibet und stärkte die Stellung seines Landes gegenüber mächtigen Nachbarvölkern wie den Chinesen und Mongolen. Die Gelugpa-Schule machte er zur führenden Lehre in ganz Zentralasien, indem er die Missionierung der Mongolen vorantrieb und die Herrscher der Nachbarländer, insbesondere Chinas, zur Förderung des Gelugpa-Kultes in ihren Reichen bewog. Und obwohl er selbst bei vielen Gelegenheiten Toleranz gegenüber abweichenden Lehren predigte und sich zeitlebens auch mit Meistern anderer Orden umgab, wurden unter seiner Herrschaft die rivalisierenden Rotmützen-Orden verfolgt und getötet, eingekerkert und außer Landes gejagt.

Tatsächlich zählte zu den Lehrern des V. Dalai Lama auch ein Nyingmapa-Meister, der in der Tradition des Pema Lingpa stand, eines «Schatzsuchers» oder Entdeckers apokrypher Schriften des großen tantrischen Meisters Padmasambhava aus dem 8. Jahrhundert. Da auch Sangye Gyatso starkes Interesse an diesen Lehren hegte, dürfen wir vermuten, daß der Dalai Lama und sein Desi planten, auch diese Tradition in das Lehrgebäude der Gelugpa zu integrieren. Für diese Annahme spricht auch der Umstand, daß der Regent bei seiner Suche nach der Wiederverkörperung des V. Dalai Lama auf einen Jungen stieß, der aus der Familie des Pema Lingpa stammte. Dieser für mönchische Askese so wenig geeignete Knabe sollte allerdings in den folgenden Jahren für erhebliche Turbulenzen sorgen – im Gelugpa-Orden, in Tibet und weit über dessen Grenzen hinaus.

Aus den Geheimen Visionen des V. Dalai Lama

Wenngleich der V. Dalai Lama überwiegend als Staatsmann und Machtpolitiker Geschichte geschrieben hat, war er zeitlebens auch dem Spirituellen zugeneigt. So empfing er, wie gesagt, an wichtigen Punkten seines Lebens immer wieder bezwingende Gesichte, die er gegen Ende seines Lebens in seinen «Geheimen Visionen» niederlegte.

In den zahlreichen Visionsgeschichten erschienen dem Dalai Lama historische Persönlichkeiten, Gottheiten, Bodhisattvas oder heilige Männer in verschiedener Gestalt. Durch ihre Aussagen oder Zeichen oder durch ihr Verhalten gaben sie ihm Hinweise auf Ereignisse oder bestimmte Verhaltensweisen, die er nicht in jedem Fall zu deuten wußte. Daher betrachtete der Dalai Lama diese Gesichte zumindest in seinen späten Jahren mit einiger Distanz und Skepsis, wie aus den folgenden bemerkenswerten Passagen hervorgeht:

> Die Gelehrten brauchen dieses Werk nicht zu lesen, aber wenn sie es doch tun, werden sie außer Fassung geraten.
> Es dient nur zur Anleitung der Törichten, die sich in phantastischen Ideen ergehen.
> Obgleich es versucht, Anmaßung zu vermeiden, ist es dennoch nicht durch Betrug verdorben.
> Denn freundlich zu sprechen, mag geschehen, was da will, könnte als lügnerisch angesehen werden.
>
> Als ob die Illusionen des Weltgetriebes nicht genug wären,
> Wird mein beschränkter Verstand auch noch von den überaus illusorischen Visionen angezogen.

Denn es ist sicher abwegig zu sagen, das Bild vom Mitleid des Buddha
Scheine im Spiegel der karmischen Existenz wider.
So laßt mich nun die folgenden Seiten schreiben,
Obgleich es jene enttäuscht, die glauben möchten, daß die Luftspiegelung Wasser ist,
Wie auch jene, die sich an Märchen ergötzen,
Und die, die sich an roten Wolken im Sommer erfreuen.

Ich bin einer, der seit undenklichen Zeiten im Rad der Existenzen umherwandert und deswegen nicht in der Lage war, die Religion auf die rechte Weise zu praktizieren; so verschwendete ich die Möglichkeit, die mir diese menschliche Existenz bot. Entweder hatte ich aufgrund der Überreste karmischer Handlungen, die von meiner früheren Existenz übriggeblieben sind und jetzt wieder auftauchen, oder durch eine Täuschung des Herrn der Illusionen verschiedene Visionen, die sich niemals erfüllt haben und die vergessen werden sollten. Aber ich, der ich beschränkten Verstandes, geschwätzig und unfähig bin, meine Finger ruhig zu halten, schrieb sie nieder und füllte damit ein kleines Buch, das als das «Versiegelte» bekannt wurde. Die Prophetien, die es enthält, mögen den Leuten, wenn sie von ihnen Kenntnis erhalten, als verrückt erscheinen, so als ob man «eine Schleuder im Tempel gebrauche». Die Nützlichkeit dieses Werkes ist gering, und das Risiko, daß gegen es Einwände erhoben werden, ist so groß, daß ich es beiseite legte und die Visionsgeschichten nicht in meine Autobiographie übernahm.

Tsangyang Gyatso, VI. Dalai Lama

geb. am 28.3.1683 in Mon Tshona, gest. am 14.11.1706 nahe Kungga-nor; VI. Dalai Lama vom 8.12.1697–27.6.1706

Wer hatte ein Interesse daran, den Tod des V. Dalai Lama geheimzuhalten? Zunächst natürlich dessen machtbewußter Desi Sangye Gyatso: Schon in den letzten Lebensjahren des «Großen Fünften» hatte er uneingeschränkt über Zentraltibet geherrscht, und er war durchaus nicht geneigt, nach dem Ableben des Souveräns in die zweite Reihe zurückzutreten. Doch auch die Gelugpa-Oberen, vor allem der Panchen Lama, müssen diese heilige Komödie gebilligt haben. Nur mit ihrem Einverständnis konnte der Tod des V. Dalai Lama vertuscht werden, und zwangsläufig waren zahlreiche Hofbeamte und Geistliche in das gefährliche Geheimnis eingeweiht. Um den Anschein aufrechtzuerhalten, daß sich der Souverän zwar zurückgezogen habe, aber weiterhin am Leben sei, mußte man bei gewissen Gelegenheiten seinen Auftritt vor den Augen der Öffentlichkeit oder sogar von Staats- und geistlichen Besuchern in Szene setzen: ein höfisches Theater, das mit den Jahren wohl mehr und mehr zur Farce geriet.

Wer aus dringenden Gründen den Dalai Lama zu sprechen wünschte, wurde in sein Privatgemach geführt, in dem sich alle so verhielten, als weile der Souverän noch unter ihnen. Beamte, die sich außerhalb des Raumes befanden, konnten ohne Unterbrechung das Tönen der Handtrommel und der Glocke hören, die bei Ritualen eingesetzt wurden, um anzuzeigen, daß der Dalai Lama in tiefer Meditation versunken war. Bei offiziellen Anlässen setzte man seine Zeremonialrobe in der Audienzhalle auf den Thron. Kamen jedoch Würdenträger aus der Mongolei zu Besuch und ersuchten um eine Audienz, so mußte der besagte Mönch aus dem Kloster Namgyal Dratsang in die Robe des Dalai Lama schlüpfen und den Souverän doubeln.

Mit der Zeit scheint mehr und mehr Besucher die Ahnung beschlichen zu haben, daß mit diesem schweigsamen, sonderbar kostümiert wirkenden Dalai Lama irgend etwas nicht in Ordnung sei. Je länger man den Tod des Souveräns verschwieg, desto lauter wurden die Zweifel und Gerüchte, doch um so verzweifelter mußte Sangye Gyatso auf der großen Lüge beharren. Ihm selbst und dem Panchen Lama muß bewußt gewesen sein, daß die Enthüllung des Geheimnisses die Glaubwürdigkeit der Institution des Dalai Lama zutiefst erschüttern würde – mit unabsehbaren Folgen nicht nur für die Gelugpa, sondern auch für die noch immer fragile Verfassung und Souveränität des tibetischen Staates.

Obwohl das Mißtrauen immer lauter wurde und selbst in der Mongolei und in Peking schon Gerüchte kursierten, die der Wahrheit bedenklich nahekamen, hielt der Desi daher bis 1697 an seiner Mystifikation fest. Dann erst präsentierte er die bereits 1688 aufgefundene Wiederverkörperung Lobzang Gyatsos, aber wie sich rasch herausstellte, war es für diesen Schachzug nun in jeglicher Hinsicht zu spät.

Der Macchiavellist von Lhasa

Bis zu diesem Zeitpunkt hatte der Desi eine Politik verfolgt, die insbesondere den chinesischen Kaiser mehr und mehr erzürnte. So erfolgreich seine Politik auf kürzere Sicht auch gewesen sein mag, sie entsprang zwei elementaren Fehlern, die sich als verhängnisvoll für Tibet erwiesen. Der erste Fehler war die Verheimlichung des Todes von Lobzang Gyatso, die den Gelugpa-Kult in Mißkredit brachte und das Vertrauen in die Institution des Dalai Lama untergrub. Der zweite Fehler bestand darin, daß der Desi einseitig mit den Mongolen paktiert und diese zu einer aggressiv antichinesischen Politik aufgestachelt hatte.

Ob Sangye Gyatso der leibliche Sohn Lobzang Gyatsos war oder nicht, ohne Zweifel verbanden ihn mit seinem Meister viele charakterliche Gemeinsamkeiten. Auch er war ein Mann der Wissenschaften, der unter anderem sogar eine Geschichte des Gelugpa-Ordens schrieb. Obwohl er diesem niemals angehörte, liebte er es, sich wie ein Lama zu kleiden und die Gebärden des großen Lobzang Gyatso nachzuahmen, so daß er mehr und mehr einem verjüngten Spiegelbild des Dalai Lama glich. Doch in seiner Person und in seinem Handeln dominierte der Machtpolitiker weitaus krasser, als dies bei Lobzang Gyatso je der Fall gewesen war: Der Regent nutzte das Ansehen, das der Dalai Lama in Tibet, aber auch in den unruhigen mongolischen Grenzregionen genoß, für eine expansive und autoritäre Politik, die in Europa als macchiavellistisch gegolten hätte.

Obwohl Regent unter dem Banner der Gelugpa, führte Sangye Gyatso durchaus kein untadeliges Leben. Er hatte zwei Gattinnen und etliche Mätressen, deren eine er sich gar mit dem Mongolen-Khan geteilt haben soll. Obwohl sein sinnenfroher Lebensstil von buddhistischen Gelehrten gern mit tantrischen Traditionen gerechtfertigt wird, könnte man auch zu dem Schluß kommen, er habe schlicht die Ausschweifung geliebt – gerade hierin ein unheilvolles Vorbild für den VI. Dalai Lama, der sich vornehmlich als bacchantischer Bonvivant hervortun sollte.

Oftmals mischte sich Sangye Gyatso in der Verkleidung eines einfachen Mannes unter die Menschen von Lhasa, suchte öffentliche Plätze und Wirtshäuser auf, um die Meinung des Volkes zu erfahren. Im tibetischen Volk war der Regent durchaus eine populäre Figur, bewundert auch für seine Treffsicherheit als Bogenschütze, die er anläßlich des jährlichen Mönlam-Festes zu beweisen pflegte.

Seine Politik der Machtausdehnung richtete sich vornehmlich gegen Westtibet, das noch immer eine Hochburg der Rotmützenschulen war. Abermals ließ er zum Krieg der Mönche aufrufen, und allem Anschein nach pflichteten die Gelugpa-Oberen diesen martialischen Plänen bei. Unter dem Oberbefehl von Galden Tsewang, einem mongolischen Lama aus dem Kloster Tashilhunpo, zogen 1683 mongolische und zentraltibetische Truppen gegen das Gebiet von Ngari und den Satlej-Fluß hinab und annektierten diese Territorien, wobei viele dortige Klöster den Gelugpa unterstellt wurden. Im Jahr 1686 griffen die Invasoren Ladakh an, dessen König besiegt wurde und große Teile seines Gebietes an Lhasa abtreten mußte. Auch viele Klöster des geschrumpften Königreichs Ladakh schlossen sich daraufhin der Gelugpa-Schule an.

Bereits diese mongolisch-tibetischen Eroberungen beobachtete der chinesische Kaiser mit einigem Argwohn. Unverzeihlich aber mußte es aus seiner Sicht sein, daß der Desi Galden Tsewang (Regierungszeit 1676–1697), den neuen Herrscher der Dsungaren, und die Qoshoten zum Angriff auf China aufzustacheln versuchte. Die ostmongolischen Stämme blieben dem Mandschu-Herrscher zwar treu ergeben, aber der Kaiser sollte diesen Verrat niemals vergessen. Einzig seine Ehrfurcht vor dem V. Dalai Lama hielt seinen Zorn noch im Zaum, wenngleich auch in Peking schon Gerüchte über den verheimlichten Tod des tibetischen Souveräns kursierten.

1696, ein Jahr nach der Vollendung des Potala-Palastes, entschloß sich Sangye Gyatso bekanntzugeben, daß der Dalai Lama bereits 1682 verstorben sei. Seine Reinkarnation war zu diesem Zeitpunkt schon 13 Jahre alt.

Die wundersame Auffindung Tsangyang Gyatsos

Nicht lange nach dem Ableben des V. Dalai Lama hatte der Desi begonnen, nach dessen Wiederverkörperung zu suchen. Dieses Verhalten wirkt nur auf den ersten Blick widersprüchlich: Obwohl der Regent den V. Dalai Lama offiziell am Leben erhielt, mußte ihm klar sein, daß er die Wahrheit eines Tages eingestehen mußte. Bis dahin mußte der Nachfolger vorbereitet sein, damit nicht das ganze System zusammenbrach, und natürlich werden auch die Gelugpa-Oberen darauf bestanden haben, daß sich der Desi zumindest in diesem Punkt der geheiligten Tradition fügte.

Also ließ Sangye Gyatso das Orakel befragen, das verkündete, die neue Inkarnation werde im Südosten Tibets zwischen Dakpo und Nemseling zur Welt kommen. Tatsächlich erhielt er 1685 die Nachricht, daß zwei Jahre zuvor nahe der bhutanesischen Grenze unter allerlei himmlischen Zeichen ein Knabe geboren worden sei:

«Das Geburtsland des Sechsten des erhabenen Geschlechts der Gyalwa, des allwissenden Tsangyang Gyatso, war das verborgene Land Yulsum unterhalb von Tsona, das an der Seite von Khampajong liegt. Dort wurde er auf übernatürliche Weise als Sohn seines Vaters Rigdzin Tashi und seiner Mutter Tsewang Lhamo geboren. Dies geschah im Wasser-Schwein-Jahr. Zu dieser Zeit ereigneten sich unzählige Omen wie das Aufgehen von zwölf Sonnen.»

Zweimal wurden vertrauenswürdige Berater ausgeschickt, die mit der Kunde zurückkehrten, dieser Junge sei niemand anderes als der wiederverkörperte V. Dalai Lama. Spätestens ab diesem Zeitpunkt mußten die Mönche und Beamten zwei brisante Mystifikationen hüten: Der V. Dalai Lama war tot, wurde jedoch auf der höfischen Bühne am Leben erhalten; der VI. Dalai Lama lebte bereits, konnte aber offiziell noch gar nicht geboren sein. Wenig verwunderlich, daß es dem Wiederverkörperten unter diesen Umständen schwerfallen würde, sich mit der Rolle und Verantwortung des Dalai Lama vorbehaltlos zu identifizieren.

Erst 1688 wurde der Junge insgeheim nach Nankartse gebracht. Dort ließ ihn der Desi durch Lehrer unterrichten, die sich wohl weniger durch Gelehrsamkeit und spirituelle Weisheit als durch Staatstreue und Verschwiegenheit auszeichnen mußten. Zumindest scheint die klösterliche Erziehung, die der VI. Dalai Lama genoß, ihn nicht sonderlich von den Vorzügen des Mönchslebens überzeugt zu haben. Genauer gesagt: von den Vorzügen der Gelugpa-Lehre, denn der VI. Dalai Lama entstammte einem Gebiet und einer Familie, in der nicht die Gelbmützen, sondern die erwähnten ‹Schatzsucher› und tantrischen Magier in höchstem Ansehen standen. Eher zaghaft deutet der Biograph die kulturellen Komplikationen an, die sich aus dieser Herkunft des VI. Dalai Lama ergaben: «Er lebte dann für ein Jahr in völliger Abgeschlossenheit. Im neunten Monat des Feuer-Ochsen-Jahres (1697) nahm er die Gelübde der Entsagung auf in Gegenwart des allwissenden und allsehenden Panchen Lobzang Yeshe, der Vinaya-Lehrer Yangdragpa, Kharegpa, Zilnon Dorje auf sich. Er erhielt den Namen Allwissender Edler Tsangyang Gyatso. Er studierte geistliche Texte wie die Manjushri Namasangati. Am 25. Tag des zehnten mongolischen Monats wurde er im Potala-Palast auf den hohen goldenen Thron gesetzt und geehrt als Beschützer der gesamten Bevölkerung von Lhasa und Oberbefehlshaber der Armee.»

Das Gebiet nahe der bhutanesischen Grenze war eine Hochburg der Nyingmapa-Schule, die der Gelugpa-Orden als unzulässige Abweichung von der wahren Lehre bekämpfte. Der V. Dalai Lama und nach ihm Sangy Gyatso mögen beabsichtigt haben, auch diese esoterische Tradition in das Lehrgebäude der Gelbmützen zu integrieren, doch viele orthodoxe Gelugpa-Mönche waren – zumal nach den Jahren der tibetischen Religionskriege –

zu einer solchen Geste der Toleranz und Versöhnung nicht bereit. Wann immer Tsangyang Gyatsos Verhalten späterhin kritisiert wurde, fügten die Orthodoxen flugs hinzu, all dies frevlerische Treiben erkläre sich mit den unheilvollen Einfluß der Nyingmapa, dem der Dalai Lama als Kind ausgesetzt gewesen sei. In der «Geschichte des Buddhismus in Indien, Tibet und der Mongolei» von Sumpa Khampo (1704–1776) wird die Tradition, von der Tsangyang Gyatso abstammt, sogar umstandlos als «verrückt» gegeißelt:

«Dann legte Tsangyang Gyatso, der in der Familie des ‹Schatzentdeckers› Pema Lingpa geboren wurde, die ihrer Herkunft nach verrückt ist, seine Novizengelübde vor dem Panchen Rinpoche ab. Obwohl er auf dem Thron blieb, wandte er sich nach Tashilhunpo und ließ sich vom Panchen Rinpoche von seinen Gelübden entbinden, entweder aufgrund des allgemeinen Verfalls der Tugend in Tibet oder aufgrund bestimmter Umstände.»

Pema Lingpa (1450–1521), der sogenannte «Schatzentdecker», und allgemeiner die Nyingmapa-Schule pflegten den Brauch, esoterische Texte (Terma) zu suchen, denen man – zu Recht oder nicht – die Würde uralter Weisheit zuschrieb. Bereits diese Tradition steht in einem Spannungsverhältnis zum Lamaismus der Gelugpa, welche die Auslegung der Schriften durch den Meister über den Wortlaut der Texte stellt. Noch stärker aber empörte es viele Gelbmützen, daß die Nyingmapa-Schule tantrischen Lehren und Praktiken huldigte, die selbst buddhistische Gelehrsamkeit nicht immer von sexueller Zügellosigkeit unterscheiden konnte. Überdies stand bei den Nyingmapa eine Poesie der Ergriffenheit und Empfindsamkeit in hohem Ansehen. All diese Einflüsse, denen Tsangyang Gyatso in jungen Jahren ausgesetzt war, vermochten zwar seinen späteren Lebenswandel und seine berühmt-berüchtigten Liebeslieder zu erklären, nicht aber den gerechten Zorn der Orthodoxie zu beschwichtigen, für die all dies Treiben nur Verfall der Tugenden oder gar Verrücktheit war.

Ein heiliger Narr

Nach der Inthronisierung des VI. Dalai Lama sandte Sangye Gyatso einen Botschafter nach Peking, der den Kaiser vom Tod des V. Dalai Lama und von der Amtsübernahme seiner Inkarnation unterrichtete. Die Mandschus enthielten sich zunächst jeden öffentlichen Zweifels an der tibetischen Behauptung, daß Tsangyang Gyatso der reinkarnierte V. Dalai Lama sei. Ihr ganzer Zorn richtete sich gegen den Regenten, der nicht nur sie, sondern auch seine mongolischen Verbündeten mehr als ein Jahrzehnt lang getäuscht hatte. Der kaiserlichen Diplomatie fiel es nicht schwer, die Chakhar, die Qoshoten und andere mongolische Stämme davon zu überzeugen, daß der Desi aus persönlicher Machtgier den Tod des V. Dalai Lama so lange geheimgehalten habe. Darüber hinaus ließ Peking verbreiten, Sangye Gyatso hasse insgeheim die in Tibet lebenden Mongolen. Den Fürsten der Chakhar und Qoshoten sandte der Kaiser Geld und Titel, um einen Keil zwischen ihre Völker und den Stamm der Dsungaren zu treiben.

Nach der Eroberung Turkestans waren die Dsungaren für das sino-mandschurische Kaiserreich zu einer bedrohlichen Macht geworden. Besonders empörte es Peking, daß der Desi sie bei ihren Einfällen in chinesische Gebiete unterstützte. Zum Unglück für den Regenten brachten die Truppen des Kaisers Xuanye jedoch im selben Jahr 1696, in dem der Tod des V. Dalai Lama offenbar wurde, den Dsungaren eine empfindliche Niederlage bei. Von diesem Debakel sollte sich Galden Tsewang nicht mehr erholen, und als er im Jahr darauf starb, hatte Sangye Gyatso seinen mächtigsten Verbündeten eingebüßt.

Zielstrebig schürte der Mandschu-Kaiser nun Zorn und Ehrgeiz des neuen Qoshotenherrschers Lajang Khan (Regierungszeit 1697–1717). Hatte Sangye Gyatso ihm nicht besonders übel mitgespielt? Und besaß der Khan der Qoshoten seit Gushri Khans Eroberungen nicht Anspruch auf die tibetische Königswürde? In der Hoffnung, den verhaßten Desi zu stürzen und die Macht über Zentraltibet zu erringen, band sich Lajang Khan immer enger an den chinesischen Kaiser, der sein wichtigstes Ziel bereits erreicht hatte: den Zerfall der tibetisch-mongolischen Allianz.

Ein Dalai Lama mit dem Charisma und der Tatkraft Lobzang Gyatsos hätte Tibet aus dieser heiklen Situation vielleicht wieder herausmanövrieren können, doch Tsangyang Gyatso fehlten für diese Aufgabe jegliche Voraussetzungen. Während der feindselige

Druck Lajang Khans beängstigend wuchs, erging sich der junge Dalai Lama im Garten des Palastes, wo er sich in der Kunst des Bogenschießens übte. Dem Studium der heiligen Schriften gewann er keinerlei Interesse ab, sowenig wie klösterlicher Zucht und Meditation. Vergeblich ermahnte ihn der Regent, umsonst auch der Panchen Lama: Mehr und mehr ging Tsangyang Gyatso seine eigenen Wege und verbrachte die Nächte immer häufiger fernab von Kloster und Palast. Zusammen mit einem Freund zog er Nacht für Nacht betrunken und singend durch die Straßen Lhasas. Hielt er sich im Palast auf, so lud er Mädchen in sein Zelt im Park ein, und bald schon kursierten zahlreiche Legenden, die allesamt von den Ausschweifungen des Dalai Lama handelten.

Sangye Gyatso versuchte das Problem auf seine Weise zu lösen: Um den Dalai Lama dem Einfluß jenes Freundes zu entziehen, heuerte er Mörder an, die diesen im Schutz der Nacht töten sollten. Doch das Messer der Häscher traf versehentlich einen Diener, und der Dalai Lama, außer sich über den Mordanschlag, bewies erstmals Tatkraft, indem er schon am folgenden Tag das Orakel befragte. Zur Bestürzung des Regenten gab das Orakel die Namen der Mörder und des Drahtziehers preis, woraufhin die Häscher zwar hingerichtet wurden, das Verhältnis zwischen dem Regenten und dem Dalai Lama aber unwiderruflich zerstört war.

Wer konnte es Tsangyang Gyatso verdenken, daß er nun weniger denn je bereit war, sein Leben der ihm zugedachten Aufgabe zu widmen? Nicht lange nach dem Mord an seinem Freund suchte er das Kloster Tashilhunpo auf, wo er sich vor dem Panchen Lama zu Boden warf und erklärte, er bringe es nicht über sich, die endgültigen Mönchsgelübde abzulegen. Im Gegenteil werde er mit seinem geistlichen Leben vollends brechen und auch die kleinen Novizengelübde wieder aufgeben. Falls der Panchen Lama das nicht akzeptiere, drohte der Junge, werde er sich hier an Ort und Stelle das Leben nehmen.

Wie der Panchen Lama ihn auch beschwor, Tsangyang Gyatso blieb bei seinem Entschluß, und so wurde er 1702 in den Laienstand zurückversetzt. Aber auch wenn er nun kein Mönch mehr war, blieb er dennoch der Dalai Lama, als welcher er in seiner Kindheit identifiziert worden war. Daher lebte er weiter im Potala-Palast, kleidete sich nun aber als Laie, schmückte seine Finger üppig mit Ringen und trug langes Haar. Durch seine Liebesabenteuer wurde er in der Bevölkerung beliebt und in der Nachwelt berühmt. Die Häuser, die er mit seinen Geliebten aufsuchte, wurden alle gelb angestrichen, in der Farbe der Gelugpa, denn die Menschen fühlten sich durch seinen Besuch geehrt und zweifelten durchaus nicht an der Heiligkeit des jungen Dalai Lamas, der nur einen etwas weniger orthodoxen Weg der Erleuchtung gewählt hatte.

Ein Liebeslyriker im Potala-Palast

War Tsangyang Gyatso tatsächlich ein «Hurenbock», wie er in einem ihm zugeschriebenen Lied charakterisiert wird? Oder praktizierte er bei vermeintlichen Ausschweifungen lediglich gewisse tantrische Lehren? Letzteres wurde zwar immer wieder behauptet – teils zu seiner Rechtfertigung, teils, um ihn der Häresie zu überführen –, doch die Beweislage ist auch nach Jahrhunderten lebhafter Debatten alles andere als klar.

Wie sollen wir beispielsweise die Enthüllung würdigen, eine der Geliebten des Dalai Lama sei die Tochter des Regenten Sangye Gyatso gewesen? Das behauptet der Mandschu-General Funingga in einem Brief, in dem er auch auf die «religiösen Praktiken» des VI. Dalai Lama eingeht. Huldigten der Desi und sein ungebärdiger Schützling gemeinsam tantrischen Lehren, und gerieten diese Übungen lediglich außer Kontrolle, da sich der Dalai Lama weigerte, nach außen hin den keuschen Gelugpa-Mönch zu spielen? Falls diese Vermutung zutrifft, hätte sich der Regent neben seinen beiden erwähnten Kardinalfehlern noch eines dritten Irrtums schuldig gemacht: der Annahme, daß der empfindsame Tsangyang Gyatso zu einem heuchlerischen Doppelleben nach seinem eigenen Vorbild imstande sei.

In einem der Lieder, die über den VI. Dalai Lama in den Straßen von Lhasa kursierten, hieß es:

Wenn ich im Potala lebe,
Bin ich der Vidyadhara Tsangyang Gyatso.
Wenn ich mich im Shol-Distrikt von Lhasa aufhalte,
Bin ich der Hurenbock Dangzang Wangpo.

Ob dieses Lied, wie verschiedentlich behauptet wird, aus der Feder des VI. Dalai Lama selbst stammt, ist so ungewiß wie die Herkunft der folgenden Schmähverse:

> Der Rand der Wolke ist gelb, aber innen ist sie schwarz.
> Sie ist die Quelle von Frost und Hagel.
> Ein gelehrter Heiliger, weder in Laienweiß noch in Gelb gekleidet,
> Ist ein Feind der Lehre Buddhas.

Kaum eines der insgesamt 66 Lieder, die Tsangyang Gyatso gedichtet haben soll, läßt sich ihm zweifelsfrei zuschreiben. Einige dieser Gedichte mögen später entstanden sein, verbürgt aber ist, daß der VI. Dalai Lama tatsächlich zu komponieren und zu dichten pflegte, woran er sich auch durch einen veritablen Vollrausch nicht hindern ließ. So berichtet der zeitgenössische Schriftsteller Lelung Jedrung Lobzang Trinle, daß er den Dalai Lama und dessen Saufkumpane eines Tages in einem Haus in der Ortschaft Tsatingkha getroffen habe. Alle waren maßlos betrunken, doch inmitten der wüsten Szene saß der Dalai Lama, schrieb Kompositionen und sang fehlerlos Lieder, die er soeben gedichtet und vertont hatte.

Jahre nach dem Tod des VI. Dalai Lama erklärte der Mongolenfürst Lajang Khan im Gespräch mit demselben Lelung: «Dieser Gongsa Tsangyang Gyatso hatte einen wundervollen Charme, ganz anders als die gewöhnlichen Leute. Er war ungeheuer keck, völlig verschieden vom jetzigen Dalai Lama. Er wußte, daß er dazu bestimmt war, nicht älter als 25 zu werden.»

Das Wort «keck» wird im Buddhismus häufig gebraucht, um das unkonventionelle Verhalten von Yogins zu beschreiben, die ihre eigenen Wege zur Erleuchtung suchen. Tatsächlich taucht dieses Wörtchen in den Tsangyang Gyatso zugeschriebenen Liebesliedern auffallend häufig auf. Insbesondere hierauf stützen fromme Gelehrte ihren Versuch, die amourösen Ausschweifungen Tsangyang Gyatso zu sexuellen yogischen Praktiken zu adeln. Doch ob die Liebesabenteuer des jungen Dalai Lama nun weltlichen oder religiösen Charakters waren – «keck» waren sie, wie seine Liebesgedichte und -lieder, allemal.

Seit langem versuchen die Exegeten überdies, der Lyrik des Dalai Lama einen politisch-philosophischen Hintersinn abzulauschen. Wie plausibel diese Deutungen sind, bleibe dem Ermessen unserer Leser anheimgestellt.

Aus den Liebesliedern des VI. Dalai Lama

Junge grüne Sprossen, gepflanzt im Vorjahr,
Sind dieses Jahr nur noch ein Bündel Stroh.
Die Körper junger Männer werden alt
Und sind steifer als ein Bogen aus dem Südland.

Nach Ansicht der Interpreten klingt in diesen Versen nicht nur Wehmut über die Vergänglichkeit des Daseins an. Möglicherweise drücke Tsangyang Gyatso hier auch seine Verzweiflung über die schwierige Lage aus, die durch den Machtkampf zwischen dem Regenten und dem Qoshoten-Herrscher Lajang Khan entstanden war und als deren Opfer er wohl vornehmlich sich selbst empfand.

Könnte nur sie, die mein Herz gefangennimmt,
Für ein ganzes Leben meine Gefährtin werden.
Es wäre so, als hätte ich einen Edelstein
Vom Grunde des Ozeans erlangt.

Offensichtlich geht es hier nicht nur um eine flüchtige Romanze, sondern um eine dauerhafte Liebe. Ist mit dieser Geliebten, fragen hoffnungsvoll die Exegeten, vielleicht kein Mädchen aus Fleisch und Blut, sondern eine ideale Dame namens Tibet gemeint?

Betrachte ich die Tochter des mächtigen Gouverneurs,
Erscheint sie mir von natürlicher, pfirsichhafter Schönheit
Wie eine reife Frucht oben
Am hohen Pfirsichbaum.

Der Pfirsichbaum und seine Frucht sind in der poetischen Tradition Tibets Symbole des Unerreichbaren: einer Angebeteten, welche die Liebe nicht erwidert, sich abwendet oder aus sozialen Gründen unerreichbar ist. Aber auf welche Geliebte könnte dies zutreffen? Erinnern wir uns an den Brief des Mandschu-Generals Funingga, so liegt die Vermutung nahe, daß mit der «Tochter des mächtigen Gouverneurs» schlicht die Tochter des Regenten gemeint sei. Oder sollen wir unter der «Tochter» eher die Macht verstehen, die der Desi ausübte und die daher für den Dalai Lama so unerreichbar blieb wie der Pfirsich oben am Baum? Für diese Deutung spricht immerhin, daß die unmetaphorische Tochter Sangye Gyatsos nach allem, was wir wissen, zumindest in sexuellem Sinn zu den Früchten zählt, die Tsangyang Gyatso pflückte.

> Das Mädchen vom Marktplatz und ich
> Knoteten ein Versprechen aus drei Worten:
> So nutzlos, als habe man eine gefleckte Schlange zusammengebunden,
> Löste es sich von selbst auf.

In diesem Fall muß auch der Exeget einige Keckheit an den Tag legen, um die Verse ihrer amourösen Bedeutung zu entkleiden. Wohlan: Was ist so flüchtig wie ein Liebesversprechen, das man einem Marktmädchen zuflüstert, und wie ein Knoten im Schlangenleib? Eine dauerhafte Verbindung zwischen dem Dalai Lama und dem Desi! In der Tat löste sich auch diese politische Liaison aufgrund der Gegensätze «wie von selbst auf». Wer aber wäre in diesem Gleichnis das «Marktmädchen»?

> Ich suchte einen anerkannten Lama
> Und bat um seine geistliche Anleitung.
> Aber weil mein Geist abschweift, ist er nicht bei der Sache,
> er stiehlt sich zu meiner Geliebten zurück.

Das sind Verse, die der Auslegung wenig Spielraum lassen: Der junge Dalai erklärt sein Scheitern in geistlichen Fragen, auf die er sich nicht konzentrieren kann, da sein Geist immer wieder zur Geliebten schweift. Wer immer diese Geliebte gewesen sein mag, 1702 entzog sich der VI. Dalai Lama der ihm zugedachten mönchischen Pflichten.

Völlig von ihr betört
Fragte ich: «Willst du meine Lebensgefährtin sein?»
Sie antwortete: «Wir werden niemals getrennt sein,
Bis der Tod uns scheidet.»

Wovon handelt dieses Gedicht: von zwei glücklich Liebenden, die sich ihr ganzes Leben treu bleiben wollen? Oder von der heuchlerischen Beziehung zwischen dem Regenten und Lajang Khan, die einander öffentlich ewige Treue schwören, während sie sich insgeheim bekämpfen?

Über intimste Dinge spricht man nicht einmal mit Vater und Mutter,
Aber man vertraut sie der Geliebten an, die man von Kindheit an kennt;
Doch durch die vielen Verehrer meiner Geliebten
Erfahren meine Feinde von meinen geheimsten Dingen.

Aus diesem Gedicht spricht eine gewisse Bitterkeit über eine wankelmütige Geliebte. Aber wem gegenüber hat das Mädchen geplaudert? Gegenüber «Feinden» wie dem Regenten und Lajang Khan? Oder gar gegenüber einem «Elternteil» wie dem chinesischen Kaiser, dem drohend thronenden Überich in diesem psychodramatischen Staatstheater?

Meine leidenschaftliche Geliebte liegt wartend auf dem Bett
Mit einem zarten und weichen Körper.
Verbreitest du vielleicht heimlich Lügen,
Um einen jungen Mann seines wertvollsten Besitzes zu berauben?

Ein in der Tat rätselhaftes Gedicht: Etwas gezwungen wirkt zwar der Versuch mancher Exegeten, die «leidenschaftliche Geliebte» als Allegorie des Regenten zu deuten, der den Dalai Lama der Macht beraube. Aber welchen «wertvollsten Besitz» könnte eine tatsächliche Geliebte diesem jungen Mann entwendet haben? Eine Frage, die Tibeter und Tibetologen sicher noch geraume Zeit beschäftigen wird, während wir uns wieder dem prosaischeren Gang der Ereignisse zuwenden.

In der Hand der Mongolen

So sehr sich die hohe Geistlichkeit über Tsangyang Gyatsos Verhalten empörte, so innig liebte das einfache Volk den jungen Dalai Lama, der mit jeder Eskapade nur noch populärer wurde. Doch über die weitere Zukunft des bacchantischen Souveräns wie auch seines macchiavellistschen Regenten wurde anderwärts entschieden. Seit sich der Dalai Lama von sämtlichen mönchischen Pflichten entbunden hatte und öffentlich das Leben eines Bonvivant führte, gebärdete sich der Qoshoten-Herrscher Lajang Khan mehr und mehr als Hüter der wahren Lehre. Die Kritik der rechtgläubigen Gelugpa-Anhänger zielte auf den Dalai Lama und traf doch den Desi, dessen Lebenswandel kaum weniger fragwürdig und unter dessen Regentschaft die religiöse Praxis ins Bedenkliche abgeglitten war.

Unter dem Druck der allgemeinen Kritik trat Sangye Gyatso 1703 formell zurück. Als neuen Desi setzte er seinen Sohn Ngawang Rinchen ein, behielt aber nach wie vor die ganze Macht in der Hand. Dieser durchsichtige Schachzug erboste Lajang Khan, der bei dieser Aktion nicht einmal gefragt worden war, nur noch mehr. Um sich den mißliebigen Mongolen ein für allemal vom Hals zu schaffen, setzte Sangye Gyatso Mörder auf ihn an, doch der Giftanschlag scheiterte.

Als hätte die Beteiligten allesamt das Entsetzen vor dieser Eskalation ergriffen, besann man sich noch einmal auf friedliche und vernünftige Mittel und berief eine Konferenz ein, die während der Neujahrsfeiern im Jahr 1705 vor dem Mausoleum des V. Dalai Lama stattfand. An diesem Treffen nahmen Lajang Khan und der Desi, der VI. Dalai Lama, das Orakel vom heiligen See Lamoi, die Repräsentanten des Panchen Lama und die Äbte der drei großen Klöster Ganden, Sera und Drepung teil. Man beschloß, daß Lajang Khan nicht in Lhasa bleiben, sondern in die Kuku-nor-Region zurückkehren und von dort aus seine freundschaftlichen Beziehungen zu Tibet pflegen solle.

Der Qoshotenherrscher stimmte zu und wurde mit allgemeiner Erleichterung verabschiedet. Tatsächlich reiste er nach Nagchukha, wo er jedoch die dort lebenden Mongolen zu einer Armee formierte. Mitte des Jahres setzte er seine Soldaten gen Lhasa in Marsch. Als Sangye Gyatso diese Kunde erreichte, warf er Lajang Khan seine eigenen Truppen entgegen, und nur mit knapper Not gelang es den Repräsentanten der drei großen Klöster und dem Panchen Lama, noch einmal zwischen den Kontrahenten zu vermitteln. Diesmal war der Ex-Regent Sangye Gyatso nicht länger zu halten: Er mußte Lhasa verlassen, erhielt jedoch das Gebiet Gongkar als Ersatz für seine verlorenen Pfründe. Auch Lajang Khan erklärte sich neuerlich zum Rückzug in die Kukunor-Region bereit, und so schien Tibet einmal mehr der kriegerischen Katastrophe entronnen zu sein.

Kurz darauf reisten sowohl Sangye Gyatso als auch Lajang Khan ab, doch der Mongole verfolgte den Ex-Regenten auf dem Weg nach Gongkar und nahm ihn gefangen. In Lajang Khans Gefolge soll sich auch jene Frau befunden haben, die nach wechselnden Berichten entweder eine Gattin des Mongolen und Ex-Geliebte des Regenten oder einst die Mätresse beider Männer gewesen war. Jedenfalls scheint die Dame, seit Sangye Gyatso sich von ihr abgewandt hatte, nach Rache gelechzt zu haben und sah nun ihre Stunde gekommen: In Tölung beschwor sie den Khan, Sangye Gyatso hinrichten zu lassen.

Der Dalai Lama, der diese Absichten erahnte, hatte wenig Grund, sich für den Mann zu verwenden, dem er das zweifelhafte Glück seiner Auswahl als wiederverkörperter Dalai Lama und all ihrer unseligen Folgen verdankte. Dennoch schickte er eine Gesandtschaft gen Gongkar, um den Khan an der Exekution zu hindern. Doch die Boten kamen zu spät: Sangye Gyatso war am 7.9.1705 enthauptet worden, das schmähliche Ende eines Machtmenschen, der alles auf eine Karte gesetzt und sein immer gewagteres Spiel zuletzt verloren hatte.

Sein Spieleinsatz war unglücklicherweise nichts Geringeres als die Souveränität Tibets gewesen, die nun abermals an die Mongolen verloren ging: Lajang Khan übernahm die Macht in Lhasa. Nach dem Vorbild seines hingerichteten Widersachers beließ er dessen Sohn noch einige Zeit im Amt des Regenten, aber Ngawang Rinchen war nur eine Marionette in der Hand des Mongolen. Zwischen ihm und der alleinigen Macht über Tibet stand nun bloß noch jene Gestalt, deren unselige Rolle in dieser Tragödie noch immer nicht ausgespielt war: der VI. Dalai Lama.

Die Hinrichtung des Ex-Regenten und Lajang Khans Rückkehr wurden in Tibet durchaus nicht nur kritisiert. Außenpolitisch verfügte er über die denkbar stärkste Unterstützung: Der Kangxi-Kaiser Xuanye hoffte mit Unterstützung des Mongolenfürsten Tibet in seinem Sinn zu beeinflussen. Hierfür benötigte er allerdings auch den Dalai Lama, da nur dieser die Dsungaren, die Hauptfeinde des Mandschu-Reiches, besänftigen konnte. Aber was dem V. Dalai Lama so vortrefflich gelungen war, trauten weder der Kaiser noch der Mongolenkhan seinem Nachfolger zu. Beide wollten also die Institution des Dalai Lama nicht etwa beseitigen, sondern stärken, doch dabei war ihnen wiederum der amtierende Dalai Lama im Weg.

Man darf bezweifeln, daß der chinesische Kaiser oder Lajang Khan sich ernstlich an dem ungeistlichen Verhalten des Jünglings im Potala-Palast störten. Aber durch seinen Lebenswandel und mehr noch durch die Aufgabe des Mönchsstatus hatte sich Tsangyang Gyatso in den Augen vieler diskreditiert, und just hier setzte man nun den Hebel an. Der chinesische Kaiserhof und Lajang Khan ließen verbreiten, Tsangyang Gyatso sei nicht die wirkliche Wiederverkörperung des Dalai Lama, sondern eine Marionette des Ex-Regenten, die ebenso wie dieser entfernt werden müsse. Allerdings war man sich der Risiken dieser Kampagne bewußt. Auf einer Ratsversammlung in Peking formulierte der Kaiser das Dilemma: «Alle Mongolen gehorchen dem Dalai Lama von ganzem Herzen. Obwohl er nicht echt ist, führt er dennoch den Titel des Dalai Lama, und alle Mongolen folgen ihm.»

Mit einem Wort: Anders als bei der strengen Geistlichkeit war der romantische Dalai Lama in der breiten Bevölkerung noch immer beliebt, und kaum jemand hätte sich der Behauptung angeschlossen, daß er nicht der wiederverkörperte «Große Fünfte» sei. Wer ihn ohne Umstände abzusetzen versuchte, riskierte einen Volksaufstand in ganz Tibet und der Mongolei.

Doch diese Bedenken änderten nichts an dem Entschluß, den Dalai Lama bei passender Gelegenheit zu stürzen. Und so sammelten Lajang Khan und der chinesische Kaiser weiter Munition gegen den jungen Mann, der sich zu ihrem Ärger in blauen Gewändern und mit langem Haar als Sänger und Bogenschütze im Park des Potala-Palastes erging. Ungeachtet seines Laienstatus konstruierten sie einen neuen Vorwurf: Der Dalai Lama habe die wahre Lehre verraten und huldige der Häresie.

Aus dem erwähnten Brief, den der mandschurische General Funingga 1720 an den Kaiser schrieb, geht nicht nur hervor, daß die Tochter des einstigen Regenten die Geliebte des Dalai Lama war. Der General bezichtigt den VI. Dalai Lama überdies, einer falschen Lehre anzuhängen, und beruft sich hierbei auf einen Zeugen, dessen Vorwürfe er allerdings nicht aus erster Hand kennt. Sein Gewährsmann ist vielmehr – Lajang Khan. Dieser instruierte oder sogar erfundene Zeuge soll jedenfalls gesagt haben: «›Zur Zeit des Trisong Detsen[25] und des Abtes Bodhisattva[26] soll die Lehre des Padmasambhava mit der Gelben Lehre im Großen übereingestimmt haben. Als man die Schriften des späteren Padmasambhava und die des früheren Padmasambhava mit den im Kanon der Roten (Lehre) versteckten und aus ihm herausgeholten Schriften vermischte, stimmten sie nicht mehr überein.‹ Als sie fragten, inwiefern sie nicht übereinstimmten, sagte er: ‹Es gibt zwar Beschwörungsformeln, aber keine Verbote (des Verkehrs) für Mutter und Sohn, Vater und Tochter. Da gibt es zum Beispiel Bilder, auf denen nach Shakyamuni-Buddha (mit Pfeilen) geschossen, gehauen und gestochen wird; da wird der Dharmapala[27] als dem Buddha gleich angesehen; da stiftet man weiter geheime Teile[28] von Mann und Frau – und solche häretische Dinge gibt es viele ... Obgleich es doch die Lehre des Pema Lingpa ist, hat man dies im Meruling[29] praktiziert. Dieser Lehre entsprechend hat auch die Weisheit des Dalai Lama gehandelt ... Wenn es so ist, dann ist der Dalai Lama nicht der Großlama unserer Gelben (Lehre) gewesen ... Im Kloster Meruling gibt es die verschiedenen gerügten Sachen, wie die, daß sie (die Mönche) Frauen genommen haben usw. Selbst in den Schriften sind Weihe, Magie und Zauberei der abweichenden Weißen Mütze[30], und dann sind sie gewohnt, daß man sie auf das Opfer der verborgenen Teile von Mann und Frau hinweist ... Man hat es von der abweichenden Weißen Mütze überliefert und es die Dharani-Lehre des späteren Padmasambhava genannt. Weiter haben meine Leute, die hingegangen und zurückgekommen sind, gesehen, daß die Häretiker den Thronhimmel des kleinen Jobo[31] und die Füße und Weichen des großen Jobo zerstört hatten. Diesbezüglich hatte man allen gesagt, es sei die Zerstörung des ‹Brüllenden Bullen›[32].»[33]

Ob der Dalai Lama tatsächlich im Zentrum dieses geheimen tantrischen Nyingmapa-Zirkels stand, geht aus dem Dokument zwar nicht hervor. Jedoch war es für den Kaiser wie auch die Mongolen, die Tsangyang Gyatso zu stürzen versuchten, zweifellos günstiger, wenn der Lebenswandel des VI. Dalai Lama den Anschein frevlerischer Häresie erhielt. Als weltlichen Freuden verfallener Souverän war Tsangyang Gyatso allenfalls für die strenge Geistlichkeit ein Ärgernis. Wenn er aber die wahre Gelugpa-Lehre durch geheime Machenschaften gefährdete, so waren der Kaiser und der Khan geradezu verpflichtet, gegen ihn vorzugehen.

Als nächsten Schritt berief Lajang Khan eine Versammlung führender Äbte ein, die er mit der Begründung, der Dalai Lama sei ein Häretiker, für die Absetzung zu gewinnen versuchte. Die Äbte stimmten dem zwar nicht zu, mißbilligten jedoch das Verhalten des Dalai Lama und erklärten, daß «die spirituelle Erleuchtung nicht länger in ihm wohne». Da Lajang Khan erkannte, daß er auf ausdrücklichere Unterstützung nicht rechnen konnte, schritt er am 11.6.1706 zur Tat: Er ließ Tsangyang Gyatso aus dem Potala-Palast holen und in die Gärten von Lhalu nahe Lhasa bringen. Sowohl der Palast wie auch die Gärten wurden von starken mongolischen Truppenverbänden umzingelt. Bald schon versammelte sich eine große Menschenmenge um die Lhalu-Gärten, doch der Khan ließ sie vertreiben und erklärte den VI. Dalai Lama am 27.6.1706 förmlich für abgesetzt. Diese Aktion war offensichtlich mit dem chinesischen Kaiser abgesprochen, denn dessen Gesandter Xizhu traf zur selben Zeit in Lhasa ein und verlangte, der Dalai Lama müsse an den kaiserlichen Hof nach Peking gebracht werden.

Auf dieser Reise folgte Tsangyang Gyatso und seiner Eskorte eine aufgebrachte Menge von Mönchen, welche die Soldaten beschimpften. Als sie sich dem Kloster Drepung näherten, trieben die mongolischen Soldaten die Menge gewaltsam auseinander. Da griffen die Mönche aus Drepung die Eskorte mit Stöcken und Steinen an, und in ihrem verzweifeltem Zorn gelang es ihnen tatsächlich, die Soldaten zu überrumpeln. Im Triumph geleiteten sie den Dalai Lama in den Ganden-Palast, seine Sommerresidenz in Drepung.

Am nächsten Tag wurde das Staatsorakel Nechung befragt, ob der VI. Dalai Lama nun «echt» sei oder nicht. Durch die Münder seiner Medien bekundete es, wer auch immer behaupte, Tsangyang Gyatso sei keine Inkarnation des V. Dalai Lama, unterliege einer teuflischen Täuschung. Doch zu diesem Zeitpunkt hatte Lajang Khan sowohl die Geduld als auch das Vertrauen in tibetische Orakel anscheinend verloren.

Tags darauf rückte die mongolische Armee an und beschoß den Ganden-Palast mit Artillerie. Die Mönche wehrten sich zwar verzweifelt, doch sie waren so schlecht bewaffnet, daß der Dalai Lama dem sinnlosen Morden rasch Einhalt gebot. «Es spielt keine Rolle, ob ich lebe oder sterbe», sagte er. «Ich werde meine Lamas und Mönche bald wiedersehen.» Wie wir diesen Worten entnehmen können, scheint auch er selbst keineswegs bezweifelt zu haben, daß sich in ihm der V. Dalai Lama wiederverkörpert hatte. Doch die Mongolen, die diese Überzeugung nicht mehr teilten, ignorierten die Kapitulation der Mönche und stürmten und plünderten das Kloster Drepung. Abermals wurde der Dalai Lama verhaftet und erneut gen Peking eskortiert. Auf dieser Reise aber starb er am 14.11.1706 am See Kungga-nor.

Die Umstände seines Todes sind bis heute so mysteriös wie das gesamte Leben und Treiben dieses Jünglings, dem in der Geschichte Tibets die in vielen Kulturen populäre Rolle eines Märchenkönigs zufiel. Italienische Missionare verbreiteten nach seinem Ableben das Gerücht, er sei an jenem See ermordet worden. Nach chinesischen wie nach tibetischen Berichten erlag er dagegen einer Krankheit; allerdings können wir annehmen, daß weder die kaiserlichen Beamten noch die Funktionäre Lajang Khans an penibler Aufklärung der Affäre interessiert waren: In Peking wie auch im offiziellen Lhasa dürfte Erleichterung vorgeherrscht haben, nachdem dieser Dalai Lama den politischen Plänen nicht länger im Weg war.

Nach volkstümlicher Überlieferung jedoch, die zuerst ein mongolischer Mönch in seinem Bericht über das «Geheime Leben des Tsangyang Gyatso» verbreitete, wurde der VI. Dalai Lama am Kungga-nor weder durch Krankheit noch durch Mörderhand dahingerafft. Vielmehr entkam er dort seinen Bewachern und führte fortan ein geheimes Leben als Pilger, der in seiner zweiten Lebenshälfte ebenso emsig Buße tat, wie er sich bis dahin durch Ausschweifungen besudelt hatte. In den Legenden gelangte er nach Ost-, Zentral- und Südost-Tibet, aber auch nach China, Nepal, Indien und in seine Heimat Monyul. Später wurde er im Gebiet von Amdo gesichtet, ehe er sich in die Mongolei begab, wo er erst 1746 gestorben sein soll. Die Historiker finden für diese Version keinerlei Anhaltspunkte, ein skeptischer Einwand, der populäre Mythen noch nie zu erschüttern vermochte. Tsangyang Gyatso ist und bleibt einer der beliebtesten Dalai Lamas, ein heiliger Narr, der bei allen Exzessen seine Unschuld niemals verlor – und das zumindest hat er Lamas, die zum Krieg aufrufen, und Regenten, die Mörder anheuern, für alle Zeit voraus.

Noch ein VI. Dalai Lama

Selbst mit dem Tod Tsangyang Gyatsos war das Drama um den VI. Dalai Lama noch nicht zu Ende; allerdings verlor es nun erheblich an Niveau. Auf eine Tragödie, die operettenhafter Züge nicht entbehrt hatte, folgte als letzter Akt die Schmierenkomödie: ein zweiter VI. Dalai Lama, inthronisiert als Marionette des neuen Herrschers Lajang Khan.

Seit 1706 fungierte der Mongole auch offiziell als Regent von Lhasa. Nach der Absetzung Tsangyang Gyatsos erklärte er, da dieser nicht die wahre Wiederverkörperung des V. Dalai Lama gewesen sei, müsse der echte VI. Dalai Lama erst noch gefunden werden. Im Jahr darauf präsentierte er einen 1686 geborenen Mönch namens Padkar Dzinpa. Sogleich wurde gemunkelt, dieser junge Mönch sei ein leiblicher Sohn Lajang Khans; der Mongole aber behauptete, Padkar Dzinpa sei der endlich aufgefundene echte VI. Dalai Lama.

Unter dem Namen Yeshe Gyatso wurde er vom Panchen Lama in Anwesenheit zahlreicher Mönche inthronisiert, doch sehr bald schon kamen Zweifel auch an seiner Echtheit auf. Gerade unter den Mongolen des Kuku-nor-Gebietes rief diese Einsetzung große Unruhe hervor. Viele Adlige, die zum Clan des zweiten Sohns von Gushri Khan gehörten, erörterten öffentlich die Rechtmäßigkeit von Yeshe Gyatso.

In dieser undurchsichtigen Lage unterstützte der chinesische Kaiser zwar seinen Verbündeten Lajang Khan, vermied es aber, sich eindeutig auf einen der beiden VI. Dalai Lamas festzulegen. Gegen Ende des Jahres 1707 reiste der chinesische Vizekanzler nach Tibet, wo er mit Lajang Khan und einigen Führern der Kuku-nor-Mongolen zusammentraf. Diese verlangten von Lajang Khan, die Inthronisierung seiner Marionette zu widerrufen, doch 1708 erhielt er von unerwarteter Seite Verstärkung: Der Panchen Lama, den der Vizekanzler um Rat gebeten hatte, bestätigte, daß der zweite VI. Dalai Lama die echte Wiederverkörperung des «Großen Fünften» sei.

Da aber die Kuku-nor-Fürsten unbeeindruckt auf ihrer Forderung beharrten, zögerte Kaiser Xuanye die Entscheidung weiter hinaus und entschloß sich nach einigen hinhaltenden Manövern erst 1710, den neuen VI. Dalai Lama offiziell anzuerkennen. In seinem kaiserliche Edikt befahl er nun allen Tibetern, dem Dalai Lama und Lajang Khan zu gehorchen; als Gegenleistung für Anerkennung und Unterstützung verpflichtete sich der Qoshotenherrscher zu jährlichem Tribut. Nach diesen Maßnahmen schien das Regime des Lajang Khan und seines Marionetten-Dalai-Lama gesichert zu sein. Ruhe und Ordnung sollten sich aber bald schon als trügerisch erweisen.

Gewiß war Tsangyang Gyatso als VI. Dalai für die Geistlichkeit ein Ärgernis gewesen, noch mehr aber widerstrebte es ihr, daß der weltliche Herrscher Lajang Khan die Nachfolge so offensichtlich manipuliert hatte. Der Mongole konnte ihnen zwar seinen Repräsentanten aufzwingen, aber in ihren Herzen hatten sie Yeshe Gyatso nicht als Inkarnation des Avalokiteshvara und des V. Dalai Lama anerkannt. Dieser latente Konflikt drohte offen auszubrechen, als in Lhasa bekannt wurde, daß man in Osttibet, in der Gegend von Lithang, eine Inkarnation Tsangyang Gyatsos gefunden habe.

Ein Dalai Lama im Wartestand

Der Junge war am 3. September 1708 geboren worden; sein Vater war Sonam Dargye, ein ehemaliger Mönch von Drepung und amtierender Verwalter des Klosters Lithang. Alsbald erkannten ihn die Mönche von Lithang als VII. Dalai Lama an, und ihnen folgten die mongolischen Fürsten aus der Kuku-nor-Region.

Sollten sich einige unsere Leser fragen, warum wir bereits in diesem Kapitel auf die Geburt des VII. Dalai Lama eingehen, so haben wir eine überraschende Antwort parat: Nach der offiziellen Zählung, derer sich der chinesische Kaiser in einem späteren

Dokument bedienen sollte, handelte es sich bei diesem Jungen nicht um den VII., sondern um den VI. Dalai Lama – und zwar nicht etwa um den dritten, sondern um den ersten und einzigen Würdenträger, der auf diesen Titel Anspruch erheben durfte. Auf diese spezielle diplomatische Finesse kommen wir im folgenden Kapitel zurück. Noch befinden wir uns am Anfang des 18. Jahrhunderts und folglich in einer Zeit, da es keineswegs so aussah, als ob dieses Kind jemals den Potala-Thron besteigen würde.

Die nun entstandene konfuse Lage wirkte wie ein höhnisches Zerrbild der Verwirrung, die Sangye Gyatso angerichtet hatte, als er den Tod des V. Dalai Lamas verschwieg. Abermals war der echte Dalai Lama verstorben, und die weltlichen Herrscher behalfen sich mit einem willfährigen Double; abermals war die Reinkarnation des Verstorbenen bereits zur Welt gekommen und identifiziert, während eine fragwürdige Kopie ihres Vorgängers den Thron des Dalai Lamas noch besetzt hielt. Anders als nach der Geburt des VI. Dalai Lama hatten die Mönche von Lithang aber diesmal kein Interesse, die Auffindung des Kindes zu verschleiern, im Gegenteil: Nichts konnte ihnen mehr gelegen kommen als Ort und Zeitpunkt der Reinkarnation, die – sicher nicht ohne sanfte Nachhilfe der guten Mächte – ausgerechnet in Lithang und just in dem Moment aufgefunden wurde, als sich das Blatt zugunsten des zweiten VI. Dalai Lama zu wenden schien.

Anfangs verkannte Lajang Khan die Brisanz dieses himmlischen Schachzugs: Er entsandte zwar einige Beamte nach Lithang, um sich über die Angelegenheit zu informieren, nahm aber zunächst tatenlos hin, daß der Junge von immer mehr Mongolen als Inkarnation von Tsangyang Gyatso anerkannt wurde. Erst als der Kult um den reinkarnierten ersten VI. Dalai Lama die ganze Kuku-nor-Region erfaßte, schickte er erneut zwei Gesandte nach Lithang, deren Eintreffen die Eltern des Kindes allerdings nicht mehr abwarteten: Von Gelugpa-Mönchen geleitet, flohen sie im Februar 1714 gen Osten in das Kloster Derge.

Währenddessen sprachen etliche Mongolenfürsten bereits von einem Krieg gegen Lajang Khan, den man mitsamt seiner Marionette im Potala-Palast stürzen müsse, um den echten VII. Dalai Lama zu inthronisieren. Aber zu diesem Zeitpunkt überwogen noch die Sorge um das Leben des Jungen und die Furcht vor dem chinesischen Kaiser, der Lajang Khan und dessen VI. Dalai weiterhin stützte. Daher beschlossen die Kuku-nor-Mongolen auf einer Versammlung, zunächst den Kaiser um Anerkennung der aufgefundenen Reinkarnation zu bitten.

Als den Kaiser die Neuigkeiten erreichten, ordnete er an, den Jungen nach Peking zu bringen, damit er ihn persönlich befragen könne. Zugleich schickte er eine Gesandtschaft zum Panchen Lama, um dessen Ansicht zu der verworrenen Lage zu erfahren. Da der Abt von Drepung bei seiner Entscheidung für Yeshe Gyatso blieb, baten mehrere mongolische Fürsten den Kaiser um Erlaubnis, selbst nach Tibet reisen zu dürfen, um dem Panchen Lama ihre Sicht der Dinge vorzutragen.

Kaiser Xuanye aber verlor nun die Geduld. Im Mai 1715 wies er die Fürsten von Kuku-nor an, sich zu versammeln und seine Entscheidung entgegenzunehmen. Sein Entschluß war wohldurchdacht, für die Anhänger des VII. Dalai Lamas jedoch enttäuschend: Das Kind solle fürs erste im Kloster Hongshan in der Nähe von Xining leben; alles weitere werde man sehen. Damit hatte er den Jungen unter seiner Kontrolle, ohne sich festzulegen, ob er ihn als Wiederverkörperung des ersten VI. Dalai Lama anerkannte. Die unzufriedenen mongolischen Fürsten konnten lediglich erwirken, daß der Junge in das große Kloster Kumbum, im Geburtsort Tsong-kha-pas, gebracht wurde, wo die neue Inkarnation im August 1716 eintraf.

Invasion der Dsungaren

Besaß nun der zweite VI. Dalai Lama oder die Wiederverkörperung des ersten VI. Dalai Lama einen legitimen Anspruch auf den Thron von Lhasa? In diese Querelen griff der Dsungaren-Herrscher Tsewang Rabtan (Regierungszeit 1697–1727) ein.

Auch ihm ging es wohl nicht um den Sieg der reinen Lehre, sondern um schiere Machtpolitik. Seit Lajang Khan seinen Verbündeten, den Regenten Sangye Gyatso, getötet hatte, sann er auf Rache und eine neue Chance, das Hochland von Tibet und damit auch die lamaistische Kirche zu kontrollieren. Daß die Gelugpa-Oberen mit Peking paktierten, mißfiel ihm ebenso, wie zuvor den Kaiser das Bündnis zwischen Sangye Gyatso und den Dsungaren empört hatte.

Unter welchen Voraussetzungen würden die Tibeter akzeptieren, daß er die Herrschaft über ihr Land übernahm? Mit Interesse beobachtete Tsewang Rabtan den Aufruhr in der Kuku-nor-Region und erkannte rasch, wie er die Tibeter für sich gewinnen konnte: indem er dem in Kumbum residierenden VII. Dalai Lama auf den Potala-Thron verhalf.

Zunächst erwogen die Dsungaren, den Jungen mit Gewalt aus dem Kloster Kumbum zu holen, wo er unter chinesischer Aufsicht stand. Aber dann entschied sich Tsewang Rabtan für ein weitaus listigeres Vorgehen, das ihm schließlich den Sieg eintragen sollte. Anstatt Lajang Khan oder die Chinesen offen zu attakkieren, bot er Ganden Tenzin, dem ältesten Sohn Lajang Khans, seine Tochter Boitalaq als Ehefrau an. Die einzige Bedingung, die er stellte: Die Hochzeitsfeierlichkeiten sollten auf seinem Gebiet stattfinden.

Lajang Khan zögerte lange. Ging er auf den Vorschlag ein, so beschwor er den Zorn des Kaisers herauf, der eine neuerliche Allianz der Qoshoten und Dsungaren um keinen Preis gutheißen würde. Schlug er indes Tsewang Rabtans Angebot aus, so würde ihn der mächtige Dsungarenherrscher mit Krieg überziehen, und das in einer Situation, in der er sich der Loyalität der Kuku-nor-Fürsten durchaus nicht sicher sein konnte.

Endlich rang er sich zu einer halbherzigen Reaktion durch: Seinen ältesten Sohn schickte er als Bräutigam nach Turkestan, in die Ili-Region, wo angeblich die Hochzeit stattfinden sollte. Sein zweiter Sohn marschierte zur gleichen Zeit mit 600 Mann in die Kuku-nor-Region, um die Chinesen zu beschwichtigen und ihnen zu erklären, daß die Qoshoten weiter treu an der Seite Pekings stünden.

Währenddessen jagten aber bereits Boten zwischen Tsewang Rabtan und den drei großen Klöstern Sera, Drepung und Ganden hin und her: Der Dsungar und die Lamas verschworen sich, Lajang Khan zu vernichten und den neuen VII. Dalai Lama in seine Rechte einzusetzen. Die Mönche begrüßten nicht nur seinen Beistand, sondern formierten sogleich eine beträchtliche Anzahl junger, starker und kriegerisch gesinnter Mönche, die sich mit Tsewang Rabtans Armee vereinigen sollten, um den verhaßten Lajang Khan und seinen falschen Dalai Lama zu stürzen. Wie wenig die Gelugpa-Mönche bei dieser Verschwörung eine nur passive Rolle spielten, zeigt sich auch daran, daß sie mit Tsering Döndrub, einem früheren Mönch von Tashilhunpo, den Anführer der Putscharmee stellten.

Da sich der Einmarsch eines dsungarischen Heers von 6000 Mann schlecht verheimlichen ließ, verkündete Tsewang Rabtan, seine Truppen eilten lediglich herbei, um Lajang Khan in seinem Krieg gegen Bhutan Hilfe zu leisten. Der Qoshote hatte wenig Grund, an diese Großherzigkeit seines Erzfeindes zu glauben, jedoch noch weniger Möglichkeiten, die Invasion zu verhindern, die um die Jahreswende 1716/17 begann. Monatelang lag er in Lhasa ohnmächtig auf der Lauer, bis sich sein ärgster Verdacht bestätigte: Tsewang Rabtan war in Tibet eingefallen, um das Land seinem Herrschaftsbereich einzuverleiben. Im Juni 1717 ordnete der Qoshote die Mobilisierung seiner Streitkräfte an; am 10. August 1717 sandte er eine Botschaft nach Peking, um den Kaiser vom Einfall der Dsungaren zu unterrichten. Unglücklicherweise erhielt der Kaiser diese Nachricht erst im März 1718, als Lajang Khan längst tot und seine Armee zerschlagen war.

Während ihres Marschs auf Lhasa verbreiteten die Dsungaren, daß sie nur für die Einsetzung des rechtmäßigen Dalai Lama kämpften. Erwartungsgemäß ließen sich viele Tibeter beeindrukken und wechselten die Fronten. Auch der Panchen Lama war nun nicht mehr bereit, sich so eindeutig wie bisher für den zweiten VI. Dalai Lama auszusprechen, so daß Lajang Khan mehr und mehr in die Defensive geriet. Er mußte sich nach Lhasa zurückziehen, das er zusätzlich befestigte und durch weitere Truppen verstärkte, während die Dsungaren unaufhaltsam auf die Hauptstadt zumarschierten.

In einem wichtigen Punkt allerdings war der Plan Tsewang Rabtans fehlgeschlagen: Sein nach Kumbum entsandter Trupp, der den VII. Dalai Lama aus dem Kloster holen sollte, war von den Chinesen vernichtend geschlagen worden. Würden die tibetischen Lamas dennoch die Invasoren unterstützen? Das war zweifelhaft, aber Tsewang Rabtan konnte und wollte nun nicht mehr zurück: Seine Armee stand bereits vor den Toren Lhasas. Im November 1717 wurde die Hauptstadt umzingelt; am 30. begann der Angriff; bereits am 3. Dezember war die Stadt in der Hand der Dsungaren, nachdem Lajang Khan, der sich im Potala-Palast verschanzt hatte, im Kampf gefallen war.

Nach ihrem Sieg gerieten die Dsungaren in einen Blutrausch, der sie die hehren Ziele ihrer Mission für mehrere Tage vergessen ließ. Obwohl erst kürzlich zur Gelbmützen-Lehre bekehrt, richteten sie in Lhasa ein Massaker an, plünderten die Stadt und zerstörten nicht nur Bön- und Rotmützentempel, sondern schändeten in verwerflichem Überschwang auch den Potala-Palast und selbst das Grab des V. Dalai Lama. Der Marionetten-Dalai-Lama Yeshe Gyatso wurde abgesetzt und später nach China deportiert. Lhasa und das nördliche Hinterland befanden sich nun in den Händen der Dsungaren; in Westtibet und Tsang aber herrschten noch immer die Gefolgsleute Lajang Khans. Und während der VII. Dalai Lama weiterhin im Kloster Kumbum festsaß, brach für Tibet abermals eine finstere Epoche an: Das Land war zerfallen, die politische Selbständigkeit neuerlich für lange Zeit verloren.

Kalzang Gyatso, VII. Dalai Lama

geb. am 3.9.1708 in Lithang, gest. am 22.3.1757 in Lhasa; VII. Dalai Lama vom 16.10.1720–22.3.1757

Nach der Einnahme Lhasas versuchte Tsering Döndrub, Tsewang Rabtans General (nach einigen Quellen zugleich sein Bruder), den dsungarischen Sieg in dauerhafte Herrschaft über Tibet umzuwandeln. Unmittelbare Kontrolle übte er jedoch nur über Lhasa und das nördliche Hinterland aus, und die Parteigänger des getöteten Lajang Khan, Kangchennas und Pholhanas, begannen bereits ihren Widerstand zu organisieren. Die Provinz Kham war faktisch unabhängig, wenngleich dort der chinesische Einfluß immer stärker wurde. In der Kuku-nor-Region und in Amdo regierten nach wie vor mongolische Fürsten, allerdings unter chinesischer Oberhoheit. In der Provinz Ü aber herrschte Anarchie.

Um das zerfallende Land unter die Herrschaft der Dsungaren zu zwingen, installierte deren Satrap ein Militär- und Terrorregime. Obwohl glühende Anhänger der Gelben Kirche, vermochten die Dsungaren nicht die Sympathie der Lamas zu gewinnen. Die Gelugpa-Oberen waren enttäuscht, weil die Besatzer entgegen ihren Versprechungen den VII. Dalai Lama nicht aus Kumbum befreit hatten. Auch hatte das Massaker von Lhasa die Lamas einmal mehr gelehrt, wie riskant es war, innere Probleme mit Hilfe von Interventionstruppen zu lösen. Hinzu kam, daß sich die Dsungaren als Verteidiger der wahren Lehre gebärdeten und die in Tibet verbliebenen Rotmützen noch weitaus rücksichtsloser verfolgten, als dies selbst unter dem V. Dalai Lama geschehen war. So ging auch der Panchen Lama, der seinen einstigen Mönch Tsering Döndrub zunächst als Befreier begrüßt hatte, bald wieder auf Distanz zu den neuen Herrschern. Im Januar 1718 verließ er Lhasa und kehrte nach Tashilhunpo zurück.

Unbeeindruckt schickte sich Tsering Döndrub an, die Provinzen der neuen Zentralgewalt zu unterwerfen. Seine Truppen schwärmten aus und okkupierten zunächst die Provinz Ü. Sie verfolgten die dortigen Anhänger der Nyingmapa-Schule, verbrannten alle Bilder, Statuen und Schriften Padmasambhavas und erstürmten etliche Klöster des ihnen mißliebigen Ordens. Da sie überdies das Land ausplünderten, um sich Verpflegung zu verschaffen, wich auch in der Bevölkerung der anfängliche Jubel rasch der Ernüchterung. Als übereifrige Konvertiten glaubten sie, selbst die Gelugpa-Klöster disziplinieren zu müssen, indem sie die dortigen Laien ebenso vertrieben wie etliche Lamas, die nach ihrer Ansicht nicht mit geziemendem Eifer studierten. Noch im selben Jahr 1718 unternahmen die Dsungaren sogar einen Überfall auf Shigatse, eine Hochburg der Gelugpa. Doch der Panchen Lama hatte die Stadt seit seiner Rückkehr aus Lhasa befestigen lassen, und so rannten die Besatzer vergeblich gegen die Wehrmauern von Stadt und Kloster an.

Obwohl sie das Land militärisch weitgehend kontrollierten, wurden die Dsungaren immer nervöser. Ihr Unbehagen, das auch manche Gewaltexzesse erklären mag, war nur allzu begründet: Der gesamte Okkupationsplan Tsewang Rabtans hatte auf der Absicht basiert, den VII. Dalai Lama nach Lhasa zu bringen, woraufhin die Invasoren als Befreier gefeiert worden wären. Da der Junge jedoch in den Händen der Chinesen verblieben war, richteten sich nun alle Blicke nach Kumbum, wo der VII. Dalai Lama festsaß, und nach Peking, von wo allein Rettung zu erhoffen war. Tatsächlich war es nur eine Frage der Zeit, bis sich der Kaiser entschließen würde, nun seinerseits eine «Befreiungsarmee» einmarschieren zu lassen, die im Triumph ausführen würde, was den Dsungaren mißlungen war: die Inthronisierung des Dalai Lama.

Die chinesische Invasion

Auch der tibetische Widerstand unter Kangchennas und Pholhanas wartete nur auf ein Zeichen, daß Peking seine Truppen in Marsch setze. Schon 1719, im Jahr nach der Invasion der Dsungaren, war es soweit: Die chinesische Armee machte mobil. Kangchennas riegelte den Paß zwischen Gartok und Ostturkestan ab, um die dsungarischen Truppen von ihrer Heimat abzuschneiden. Zugleich erhob sich Pholhanas, der bis dahin offenen Widerstand gegen die Dsungaren vermieden hatte. Die Invasoren waren gezwungen, Lhasa zu räumen und in Richtung Kuku-nor zu eilen, wo sie den Stoß der chinesischen Hauptarmee aufzufangen hofften.

Nach einem mißlungenen ersten Versuch im Herbst 1718, die Dsungaren mit einer kleinen Truppe im Kuku-nor-Gebiet zu schlagen, marschierten diesmal zwei chinesische Armeen nach Tibet ein. Die eine erreichte am 24.9.1720 Lhasa; die zweite widerstand den Dsungaren im Kuku-nor-Gebiet und brach zur Region von Dam durch. Damit war Tibet für die Dsungaren bereits wieder verloren: Der geschlagene Tsering Döndrub floh mit den Resten seiner Truppen nach Turkestan. Unterdessen geleitete die siegreiche chinesische Armee den VII. Dalai Lama Kalzang Gyatso im Triumphzug nach Lhasa, wo man am 16.10.1720 eintraf.

Diplomatie ist nicht selten die Kunst des kurzen Gedächtnisses. Diese Weisheit mag Kaiser Xuanye beherzigt haben, als er am 27.4.1721 den VII. Dalai Lama unter dem Jubel von Gelbmützen und Kuku-nor-Fürsten offiziell anerkennen ließ. Auf dem großen Staatssiegel, das bei dieser Gelegenheit überreicht wurde, war in Mandschu, Mongolisch und Tibetisch zu lesen: «Siegel des Sechsten Dalai Lama, Führer der Lebewesen, Verbreiter der Lehre».

Wollte man der Logik dieser Zählweise folgen, so wäre Kalzang Gyatso bereits der dritte VI. Dalai Lama und überdies gleichsam eine Reinkarnation seiner selbst, nämlich des ersten VI. Dalai Lamas. Da wir aber nicht zu diplomatischer Rücksicht genötigt sind, bleiben wir lieber bei der tibetischen Zählweise und konstatieren: Aufgrund der zurückliegenden Wirren wurde der VII. Dalai Lama erst im Alter von zwölf Jahren inthronisiert. Und so laut der Jubel in Tibet auch schallte, der Preis für die Einsetzung des neuen Souveräns war hoch: Erstmals in seiner Geschichte stand das Land nun unter der direkten Oberhoheit Chinas.

Die wundersame Geburt Kalzang Gyatsos

Über die Geschichten und Legenden, die sich um Geburt und Bestimmung des VII. Dalai Lama ranken, unterrichtet uns sein

Biograph Tsechokling Yongzin Yeshe Gyalsten (1773–1793). «Um ein altes Versprechen zum Wohle des Volkes des nördlichen Gebietes des schneereichen Tibet zu erfüllen und um als Licht des Buddhadharma während dieser verderbten Zeit zu wirken, wurde der Siebte Dalai Lama in Lithang, Amdo, Osttibet in der Nähe des Tubchen Jampa-Ling-Klosters am 19. Tag des siebten Monats des Erd-Maus-Jahres (1708) geboren ... Seine Geburt wurde von unfaßbar wunderbaren Zeichen begleitet; und wie prophezeit worden war, verlieh ihm kurz darauf ein erfahrener Deuter von Omen, der von den Buddhas und den Lehrern gesegnet war, den Namen Kalzang Gyatso.»

Visionen und Initiationen

Noch ehe er richtig gehen und sprechen konnte, setzte der Knabe seine Eltern durch sein außergewöhnliches Verhalten in Erstaunen. Bereits mit vier Jahren empfing er eine Vision des Buddha Shakyamuni; mit fünf Jahren erschien ihm Lama Tsongkha-pa, der ihm riet, nach Zentraltibet zu gehen, wo die buddhistische Lehre in voller Blüte stehe. Im Jahr darauf bat er den Meister Tsagan Nomonkhan Ngawang Lobzang Tenpa, ihn in die heiligen Schriften einzuführen.

Obwohl Kalzang Gyatso mitsamt seinen Eltern unter chinesischer Aufsicht stand, erfuhr er eine sorgfältige und umfassende Ausbildung, die ihn weitaus besser vorbereitete, als dies seinem Vorgänger Tsangyang Gyatso vergönnt gewesen war. Niemand, der mit ihm auch nur ein paar Worte gewechselt hatte, bezweifelte, daß dieses Kind zu Außerordentlichem berufen war. Sein Interesse an den Schriften war so ernsthaft, sein Geist so klar und wißbegierig, seine Spiritualität schon in jungen Jahren so entwikkelt, daß die Lamas, die ihn unterwiesen, sich voller Rührung an die ersten Dalai Lamas erinnert fühlten, deren überlieferte Eigenart in vielen Punkten mit der Persönlichkeit dieses Wunderkindes übereinstimmte.

Mit acht Jahren legte Kalzang Gyatso das Ordensgewand an, sein Haar wurde nach klösterliche Sitte abgeschnitten, und er legte die acht Gelübde ab. Sein Ordinationsname Ngawang Chodrak Thubten Gyaltsen Palzangpo lautet in wörtlicher Übersetzung «Meister der Weisheitsrede, der im Rufe der Wahrheit steht, ein Siegesbanner für die Buddha-Lehre, ein Ruhmreicher und Erhabener».

Im selben Jahr erhielt er auch die Erlaubnis, die großen Klöster der Provinzen Kham und Amdo zu besuchen. «Bei einer Gelegenheit während dieser Reise», so sein Biograph, «gab er eine Initiation in das Mandala des Mahakaruna Avalokiteshvara, begleitet von einer ausführlichen Darlegung über alle Disziplinen der Meditation, die Voraussetzungen für dieses tantrische System sind. Alle, die daran teilnahmen, lauschten voller Ehrfurcht dem Scharfsinn und der Tiefe der Worte des Kindes und wurden auf diese Weise in den Bereich des unverrückbaren Glaubens versetzt.»

Sodann verlangte der Junge die bedeutenden Schriften Indiens und Tibets zu studieren. Unter der geduldigen Anleitung seines Lehrers Chuzang Nomonkhan versenkte er sich in die schwierigsten und tiefsinnigsten Werke, die das Tor zu den fünf großen Themen des Buddha bilden: «Pramana» oder «Gültiges Denken und Wahrnehmen», «Prajnaparamita» oder «Vollkommenheit der Weisheit», «Madhyamika» oder «Anschauung von der Leerheit», «Abhidharma» oder «Die enzyklopädische Erfassung der Metaphysik», sowie «Vinaya», die Regeln der Mönchsdisziplin.

Kalzang Gyatso wuchs in einer unruhigen Zeit auf, und die endlose politische Krise Tibets sollte ihn auch späterhin zwingen, sich intensiv um die weltlichen Angelegenheiten zu kümmern. Jedoch nutzte er von Kindheit an jede Gelegenheit, sein Verständnis der buddhistischen Weisheit zu vertiefen. Denn wie seine großen Vorgänger Gedün Drub und Gedün Gyatso, der I. und der II. Dalai Lama, dürstete er nach Erleuchtung, nicht aber nach weltlichem Reichtum oder politischer Macht.

Bei der Inthronisierungszeremonie, die 1720 im Großen Tempel von Lhasa stattfand, hielt der Junge vor vielen tausend Mönchen und Laien eine religiöse Ansprache. Ein Hauch von Reinheit und heiterer Gelassenheit wehte über die Versammelten, in denen nach Jahren des Krieges und Chaos wieder Hoffnung und Zuversicht aufkeimten. Wenige Tage darauf erhielt er vom Panchen Lama die Ordination zum Novizen. Der Name Lobzang wurde seinem Kindheitsnamen angefügt, so daß er nun die Bezeichnung trug, unter der er in die Geschichte eingehen sollte: Lobzang Kalzang Gyatso.

Währenddessen arbeiteten die neuen Herren Tibets zielstrebig daran, das unruhige Nachbarland in ihrem Sinn umzugestalten. Kaum hatte der VII. Dalai Lama 1720 seine Gelübde abgelegt, da ließen die Chinesen die dsungarischen Mönche in den drei Gelugpa-Klöstern verhaften. Fünf von ihnen wurden hingerichtet, um künftige Komplotte zu unterbinden. Große Teile Osttibets, darunter Batang, Lithang und Dajianlu, wurden unmittelbar der chinesischen Provinz Sichuan unterstellt.

Seit Sangye Gyatsos Wirken stand für Peking außer Zweifel, daß die im Amt des Desi gebündelte Macht beschnitten werden mußte. Daher schafften die Chinesen die Institution des Regenten ab und ersetzten sie durch einen Ministerrat, der 1721 unter dem Vorsitz von Kangchennas seine Arbeit aufnahm. Er und sein Stellvertreter Pholhanas, der auch zum Gouverneur von Tsang ernannt wurde, waren Parteigänger der Chinesen; die anderen Minister jedoch, die als Provinzgouverneure fungierten, standen dem neuen Regime eher reserviert gegenüber.

Formal hatten die Chinesen ihr Versprechen eingelöst: Der junge Dalai Lama war offiziell als Staatsoberhaupt von Tibet inthronisiert worden, doch vom Potala-Palast ging keinerlei weltliche Macht mehr aus. In geistlichen, besser gesagt, in kirchenpolitischen Fragen bezog der Souverän allerdings so entschieden Position wie vor ihm der V. Dalai Lama: Als Kangchennas und Pholhanas die während der Dsungarenherrschaft verwüsteten Nyingmapa-Klöster instandsetzen wollten, sprach sich nicht nur der chinesische Militärbefehlshaber, sondern auch der Dalai Lama gegen jegliche Unterstützung der Rotmützen aus.

Nach dem Tod des Kangxi-Kaisers Xuanye gelangte mit Aisin Gioro Yinzheng (Regierungszeit 1722–1735) ein neuer Herrscher an die Macht, der die Tibetpolitik Chinas grundlegend änderte. Er ordnete den Rückzug aller chinesischen Truppen aus Tibet an, da er die bisherige imperialistische Politik Chinas auf die eigentlichen Grenzen des Reichs der Mitte zu beschränken gedachte. Sogar mit den Dsungaren schloß er einen allerdings kurzlebigen Frieden.

So sehr diese Wende viele Tibeter auf einen Rückgewinn der Souveränität hoffen ließ, so sehr beunruhigte sie vor allem

Kangchennas, der seine stärkste Stütze einbüßte. Obwohl der Kaiser durch einen Sonderbotschafter und durch Neuorganisation des Staatsrats den chinesischen Einfluß zu sichern versuchte, erwies sich rasch, daß der chinesische Rückzug vor allem eines bewirken würde: eine neue Destabilisierung Tibets.

Noch während die chinesischen Truppen abzogen, erhob sich der Qoshotenprinz Lobzang Tenzin in der Kuku-nor-Region gegen den Kaiser. Die chinesischen Truppen schlugen den Aufstand nieder, auch mit Hilfe von Pholhanas, der sich einmal mehr als treuer Vasall des Kaisers erwies. Ob er damit auch tibetischen Interessen diente, darf bezweifelt werden: Nach Beendigung der Revolte wurde die Kuku-nor-Region dem sino-mandschurischen Reich einverleibt.

Nachdem die Machtstrukturen im Sinn der Chinesen umgestaltet waren, zog die kaiserliche Hauptarmee wie geplant ab. In Lhasa blieb jedoch eine starke Garnison von dreitausend Mann zurück, die viele Tibeter mehr und mehr als Stachel im Fleisch empfinden sollten. Auch sonst sparte der Kaiser nicht mit symbolischen Gesten, die den Tibetern seine Oberhoheit vergegenwärtigten: Er befahl, die von Lajang Khan errichteten Stadtmauern abzureißen, und ließ als sichtbares Zeichen der chinesischen Eroberung in Lhasa ein Säulenedikt errichten.

Eine Palastintrige

Unter Anleitung des Abtes von Drepung absolvierte Kalzang Gyatso in den Jahren nach seiner Novizenordination eine umfassende Ausbildung, ehe er 1726 die volle Bhikshu-Ordination als buddhistischer Mönch erhielt. Hierzu führt der Biograph aus:

«Diese Ordination erhielt er im Großen Tempel von Lhasa vor dem heiligen Bildnis des Buddha Shakyamuni. Der Panchen Lama war der Ordinierende Abt, der Throninhaber Palden Drakpa der Acharya, der tantrische Abt Ngawang Chokden war der Offenbarende Abt, und der Große Spirituelle Meister Kachen Lobzang Mönlam diente als Assistent. Insgesamt waren 31 der berühmtesten Lamas von Tibet bei der Zeremonie anwesend, darunter auch Gyalse Tulku Jigme Drakpa. So wurde er mit der Macht ausgestattet, ein Regent des Buddha selbst zu sein.»

Kalzang Gyatso, der VII. Dalai Lama

Unmittelbar danach wurde der Kaiser von diesem Ereignis unterrichtet. Wie es aussieht, hatte Peking lediglich auf dieses letzte Zeichen gewartet, daß die langjährige Krise des Gelugpa-Lamaismus überwunden schien. Im Sommer desselben Jahres erreichte die tibetische Regierung ein kaiserliches Edikt, das sich gegen die Nyingmapa richtete:

«Es soll nicht nur der Stolz der Anhänger des religiösen Systems der früheren Überlieferung[34], die in ihren Klöstern leben, unterdrückt werden, es ist auch unzweckmäßig, ihnen zu erlauben, ihre Ausschweifungen auszuüben und ihrer Tätigkeit Nützlichkeit für die Wohlfahrt der Lebewesen durch Bekehrungen, die Erklärung der Tantras, das Lehren ethischer Vorschriften usw. zuzuschreiben. Sie sollen nicht die Unterdrückung von Dämonen, das Verbrennen von Opfern, das Werfen magischer Waffen – alles verbotene Exorzismen – ausüben, ohne die Schutzgottheiten anzurufen und ohne dauerhafte Verkörperung der Mystik dieser Gottheiten. Von jetzt an sollen diejenigen, die wünschen, Mönch zu werden, dies nicht nach ihrem Belieben tun, sondern einzig und allein in der Gemeinschaft der Lehre der Gelben Mützen.»

Im Ministerrat zu Lhasa sprach sich nur Pholhanas offen gegen diese Order zur Verfolgung der Nyingmapa-Schule aus. In der Folgezeit kam es zu Spannungen und Streit innerhalb des Rates, deren eigentliche Motive indes im dunkeln bleiben. Anscheinend empörten sich die Minister über das autoritäre Gebaren des Premiers Kangchennas und über gewisse Sparmaßnahmen, die ihre Provinzen benachteiligten. Pholhanas jedenfalls wollte von seinem Amt zurücktreten; er bat sogar den Dalai Lama um seine Entlassung, aber Kalzang Gyatso erwiderte, daß er vom Kaiser berufen worden sei und daher seine Pflicht erfüllen müsse. Doch als im Frühling 1727 Pholhanas' Frau erkrankte, nutzte er diesen Vorwand, um sich auf seine Besitzungen in Tsang zurückzuziehen.

Während seiner Abwesenheit brach im Staatsrat ein offener Machtkampf aus. Dabei ging es anscheinend um ein weitreichendes Komplott, in das auch der Potala-Palast verwickelt war. Ob der junge Dalai Lama in die Verschwörung eingeweiht war, läßt sich schwer entscheiden; verbrieft ist jedoch, daß sein Vater, der gleichfalls im Palast wohnte, maßgeblich mit an der Intrige spann. Am 6.8.1727 wurde der Staatsratsvorsitzende von seinen Ministern ermordet; zugleich schwärmten die Häscher der Intriganten aus, töteten auch die Familien der Politiker und verübten einen Anschlag auf Pholhanas.

Die Folge war, nach wenigen Jahren relativen Friedens, ein neuerlicher Bürgerkrieg. Pholhanas entkam seinen Verfolgern und stellte eine Armee auf. Die Verschwörer setzten ihrerseits die tibetischen Truppen in Marsch. Die Kämpfe forderten zahlreiche Opfer auf beiden Seiten, ohne daß jedoch eine der Parteien die Oberhand gewann. Erst am 11.4.1728 gelang es dem Panchen Lama, dem Sa-skya-Lama und einem Abgesandten des Dalai Lama, einen Waffenstillstand auszuhandeln. Aber auch dieser hielt nur kurz: Pholhanas wurde wortbrüchig, stellte eine neue Armee auf, die er durch mongolische Truppen aus der Dam-Region verstärkte, und marschierte im Juli 1728 in Lhasa ein.

Die Verschwörer suchten nun Zuflucht im Potala, wo zumindest einer der Drahtzieher residierte: der Vater des Dalai Lama. Pholhanas aber ließ den Palast umzingeln, forderte die Kapitulation seiner Widersacher und bot lediglich dem Dalai Lama und dessen Vater freien Abzug nach Drepung an. Mit Mühe konnte Kalzang Gyatso ihm ein Zugeständnis abringen, das den Verschwörern zumindest Aufschub gewährte und ihm selbst den blamablen Rückzug aus dem Palast ersparte: Man beschloß, die

Entscheidung des Kaisers abzuwarten; bis dahin blieben die verräterischen Minister unter Hausarrest.

In Peking war man unterdessen zu dem Schluß gekommen, daß die Invasionsarmee verfrüht abgezogen war. Zwei Monate darauf kehrte sie nach Lhasa zurück, mit überlegenen Waffen und einem weitreichenden Plan. In einem Schauprozeß ließ der Kaiser als erstes die Hauptdrahtzieher der Verschwörung aburteilen. Am 1.11.1728 wurden die drei Minister öffentlich exekutiert, indem man sie langsam in Stücke zerschnitt. Auch Kalzang Gyatsos Vater wurde der Verschwörung für schuldig befunden, und nur chinesischer Rücksicht auf die Institution des Dalai Lama war es zu verdanken, daß er mit dem Leben davonkam. Jedoch verfügte der Kaiser, daß Kalzang Gyatso mitsamt seinem Vater für sieben Jahre nach Garthar nahe ihrer Heimat Lithang zu verbannen sei.

Erst wenige Jahre zuvor waren die Mandschu-Truppen abgezogen in der Hoffnung, daß Tibet mit Hilfe des wiedereingesetzten Dalai Lama und des neu geschaffenen Ministerrats endlich imstande wäre, seine inneren Angelegenheiten aus eigener Kraft zu regeln. Doch beide Maßnahmen hatten sich nicht bewährt: Sich selbst überlassen, waren die tibetischen Fraktionen sogleich wieder übereinander hergefallen, und der Staatsrat hatte sich ebenso wie der Potala als Brutstätte blutiger Komplotte entpuppt.

Nun versuchten die Mandschus, mit einer Mischung aus alten und neuen Instrumenten ihr unruhiges Nachbarland zu befrieden: Abermals richteten sie eine starke Garnison in Lhasa ein. Zum Vorsitzenden des Ministerrats wurde der treue und siegreiche Pholhanas ernannt, dessen Position die Chinesen stärkten, so daß er beinahe wieder über die Machtfülle der ehemaligen Regenten verfügte. Allerdings wurden ihm zwei Ambane zur Seite gestellt, chinesische Residenten, die direkt dem Kaiser unterstellt waren.

Durch diese Maßnahmen wurde die Souveränität Tibets empfindlicher beschnitten als in allen vorherigen Epochen chinesischer Oberhoheit. Dennoch konnte kaum jemand in Lhasa dem Kaiser aggressive Eroberungspolitik vorwerfen: Allzu häufig hatte Tibet in den zurückliegenden Jahrzehnten bewiesen, daß seine Zentralgewalt schwach, seine Provinzen uneinig und auch seine Lamas nicht imstande waren, das Land dauerhaft zu befrieden. Auch die Institution des Dalai Lama war durch die zumindest von Kalzang Gyatsos Vater mitgesponnenen Intrigen einmal mehr erschüttert worden. Als weithin sichtbares Zeichen der andauernden tibetischen Krise blieb der Potala-Thron während der folgenden Jahre verwaist.

Die Jahre der Verbannung

Kalzang Gyatso scheint seine Verbannung nicht allzusehr bedauert zu haben. Ohnehin weitaus mehr an seinen Studien und an meditativer Versenkung als an weltlichen Händeln interessiert, nutzte er seine Jahre im Exil, um seine Kenntnisse der buddhistischen Schriften noch weiter zu vertiefen.

Auch für Tibet waren diese Jahre, die sein Souverän in der Verbannung verbrachte, eine relativ friedliche Zeit. Weiterhin bekriegten sich Mandschus und Dsungaren, jetzt aber jenseits der Grenzen Tibets. Die chinesischen Residenten übten ihre Ämter mit weiser Zurückhaltung aus. Dank der umsichtigen Politik des Pholhanas, der auch die Schliche des Vaters von Kalzang Gyatso nicht mehr zu fürchten hatte, kam es zu keinerlei Reibereien zwischen tibetischen Interessengruppen oder mit der chinesischen Garnison in Lhasa. Nach und nach setzte sich in Tibet die tröstliche Vorstellung durch, daß der Dalai Lama nicht im Zusammenhang mit mörderischen Komplotten verbannt, sondern nur deshalb nach Garthar verbracht worden sei, da sich dort die Dsungaren seiner nicht bemächtigen konnten.

1734 befand Kaiser Yinzheng, die Lage in Tibet sei nun wieder so stabil, daß der Dalai Lama nach Lhasa zurückkehren könne. Mit Rücksicht auf tibetische Empfindlichkeiten wurde diese Maßnahme ausdrücklich damit begründet, daß die dsungarische Bedrohung überwunden sei. Im April 1735 verließ Kalzang Gyatso mit einer chinesischen Eskorte Garthar und konnte am 3. September desselben Jahres zum zweiten Mal in den Potala einziehen.

Die Rückkehr des Dalai Lama

Während der folgenden Jahre, bis zum Lebensende des verdienstvollen Premiers Pholhanas, blieben die Befugnisse des Dalai Lama auf den geistlichen Bereich beschränkt. Im Januar 1740 ernannte der neue chinesische Kaiser Aisin Gioro Hongli (Regierungszeit 1735–1796) Pholhanas zum «Junwang», einem «Fürsten zweiter Klasse» und «König» von Tibet. Schon kurz nach der Rückkehr des Dalai Lama war 1737 der II. Panchen Lama (nach heutiger Zählung der V.) Lobzang Yeshe gestorben. Pholhanas und ein Gesandter des Dalai Lama erkannten 1739 seine Wiederverkörperung an. Am 26.10.1740 wurde der damals zweijährige Junge zum III. Panchen Lama namens Lobzang Palden Yeshe proklamiert.

Nach sieben weiteren friedlichen Jahren starb Pholhanas, der langjährige Administrator und «König» Tibets, am 12.3.1747. Schon kurz darauf zeigte sich, wie sehr die tibetische Stabilität von der Umsicht ihres weltlichen Herrschers abhängig war: Sein Sohn Gyume Namgyal, der seine Nachfolge antrat, benötigte nur wenige Jahre, um das Land abermals in blutige Unruhen zu stürzen.

Als erstes beschwerte er sich über die Ambane, die in seine Kompetenzen eingriffen. Sodann forderte er den Kaiser auf, seine Garnison aus Lhasa zurückzuziehen, und erklärte, er wolle eine eigene tibetische Garnison einrichten. Die Mandschus, die ohnehin nur auf Bitten Pholhanas' mit starken Truppen nach Tibet zurückgekehrt waren, willigten ein und reduzierten ihre Garnison auf die symbolische Präsenz von hundert Mann; allerdings verboten sie dem Premier, eine eigene Garnison aufzustellen. Doch Gyume Namgyal beharrte darauf, daß die tibetischen Truppen imstande seien, den Dalai Lama zu schützen, und begann insgeheim mit dem Aufbau einer Armee.

Noch weitaus verhängnisvoller aber war sein nächster Schachzug: Gyume Namgyal hielt es für weise, Verbindung zu den Dsungaren aufzunehmen, jenem unseligen Volk, das sich seit langem in selbstmörderischen Haß auf die Mandschus verrannt hatte. Von diesen Geheimkontakten erfuhren die Ambane, die Gyume Namgyal daraufhin beim Kaiser anklagten. Offenbar wurde in Peking beschlossen, diesmal die Glut auszutreten, ehe Tibet von der Feuersbrunst eines neuerlichen Dsungarenkriegs heimgesucht werden konnte: Am 11.11.1750 luden die Ambane Gyume Namgyal in ihre Residenz ein, wo sie ihn kaltblütig niederstachen.

Die Folge war ein furchtbarer Tumult: Die Anhänger von Gyume Namgyal stürmten unter Führung eines Offiziers namens Lobzang Tashi die Residenz der Ambane und töteten hundert chinesische Soldaten und Zivilisten. Die restlichen Bewohner der

Residenz, mehrere hundert Mandschus, konnten in den Potala fliehen, wo sie den Dalai Lama um seinen Schutz baten. Kalzang Gyatso war gut beraten, als er sich diesmal auf die Seite der Kaisertreuen stellte: Er ließ erklären, Gyume Namgyal habe gegen Peking konspiriert und sei daher zu Recht beseitigt worden.

Im November 1750 ernannte er Doring Pandita zum neuen Administrator. Lobzang Tashi, der versucht hatte, mit seinen wenigen Anhängern zu den Dsungaren zu entkommen, wurde gefaßt und eingekerkert. Mit beeindruckender Umsicht und Tatkraft hatte der Dalai Lama, dem weltliche Angelegenheiten bis dahin gänzlich fremd schienen, die Krise gemeistert und seinem Land einen weiteren Bürgerkrieg, ja sogar eine neuerliche Invasion der Dsungaren erspart.

Nun benachrichtigte der Dalai Lama den Kaiser von den Ereignissen. Die Reaktion Pekings fiel abermals drastisch aus: Wieder wurde in Lhasa eine größere chinesische Garnison eingerichtet. Sechs der Aufrührer wurden am 23.1.1751 in Stücke geschnitten, weitere geköpft oder stranguliert. Nachdem sich alle Versuche, die weltliche von der geistlichen Macht abzuspalten, als verhängnisvoll erwiesen hatten, schaffte der Kaiser das Amt eines «Königs» von Tibet wieder ab und übertrug dem Dalai Lama am 7.2.1751 neben der geistlichen auch wieder die politische Herrschaft über Tibet. Als Exekutive wurde ihm ein Rat aus vier Ministern (Kalon) unterstellt, der «Kashag», wie seitdem die tibetische Regierung genannt wird. Diese durfte nur noch einmütige Entscheidungen treffen und die Provinzgouverneure nicht mehr eigenmächtig einsetzen, sondern beriet den Dalai Lama, der seinerseits die Gouverneure ernannte. Diese Ernennungen aber wurden nur wirksam, wenn die beiden chinesischen Residenten zustimmten. Durch diese Umgestaltung hatte Peking zwar die formelle theokratische Herrschaft des Dalai Lama wiederhergestellt. Aber es war aus tibetischer Sicht mehr als nur ein kleiner Schönheitsfehler, daß hierdurch der chinesische Einfluß nochmals verstärkt wurde: Fortan konnten die Residenten unmittelbar in die tibetische Politik eingreifen.

Unterdessen neigte sich Kalzang Gyatsos Leben bereits dem Ende zu. Nach der Neugestaltung der politischen Strukturen brach er 1756 zu einem Besuch des Klosters Chorkhorgyal auf, des vom II. Dalai Lama gegründeten Klosters am See der Visionen. Eine weitere Reise führte ihn zum großen Kloster Sera, wo er den Mönchen seine Lehre darlegte, ehe er sich für längere Zeit in die Abgeschiedenheit zurückzog.

Währenddessen ereignete sich der letzte Akt des dsungarischen Dramas. Dieses mongolische Volk war in den Jahrzehnten zuvor immer mehr in die Abhängigkeit des sino-mandschurischen Reiches geraten, doch im gleichen Maß war auch der Haß gewachsen, den die Dsungaren gegenüber Peking hegten. Unter ihrem Fürsten Amursana (Regierungszeit 1755–1757) erhoben sie sich ein letztes Mal gegen den überlegenen Erzfeind. Drei kaiserliche Militärexpeditionen brachten den Dsungaren die endgültige Niederlage. Sie wurden mehr oder minder ausgemerzt und verschwanden als eigenständiges Volk von der historischen Bühne.

Der Untergang der Dsungaren war aber zugleich das Ende des Lamaismus in den von ihnen bewohnten Regionen. Damit büßte auch die tibetische Politik ihre so gern genutzte, wenn auch selten segensreiche Möglichkeit ein, sich mit den Dsungaren gegen Mandschus und Chinesen zu verbünden. Amursana, der letzte Dsungarenherrscher, kam im Herbst 1757 im sibirischen Exil um; ein halbes Jahr zuvor, am 22.3.1757, verstarb der VII. Dalai Lama. Kalzang Gyatsos Tod und der Untergang der Dsungaren markieren somit das Ende eines der turbulentesten Zeitabschnitte in der Geschichte Tibets.

Aus den Liedern des VII. Dalai Lama

Obwohl seine Lebenszeit von politischen und kriegerischen Unruhen geprägt war, neigte Kalzang Gyatso, wie mehrfach betont, seinem Wesen nach sehr viel mehr zu kontemplativer Versenkung als zu weltlichem Handeln. Neben seinen religiösen Studien verfaßte er jedoch auch zahlreiche volkstümliche Lieder, die in Tibet bis heute ebenso bekannt sind wie die Liebesgedichte seines Vorgängers, des VI. Dalai Lama. Im folgenden stellen wir eine kleine Auswahl aus den Liedern Kalzang Gyatsos vor, Werken, die von heiterer Gelassenheit und unerschütterlichem Glauben an die Weisheit des Buddhismus zeugen.

Im zwölften Monat des Wasser-Hunde-Jahres

Die Ringelblumen blühen in den Gärten,
Sie schmücken das ganze Grundstück,
Sie zerfallen zu Staub,
Wenn die schneidenden Winterstürme kommen.
Jetzt sollen sie in ihrer strahlenden Schönheit
Den Gegenständen der Zuflucht geopfert werden.
Man kann sich um Besitz und Reichtum kümmern,
Die man durch Geschicklichkeit erworben hat.
Aber eines Tages werden alle Besitztümer
In die Hände anderer fallen.
Jetzt, wo du über sie verfügst,
Benutze sie zum Wohl der Welt.

Der ausgewachsene Türkisdrache
Mit seinen drei Kräften brüllt laut,
Er verliert seine Stärke zu brüllen,
Wenn der Sommer zu Ende geht.
Er fliegt jetzt durch die Himmel;
Er wird seine Sommertrommel heftig schlagen.
Spricht man über weltliche Dinge,
Kann man leicht lange darüber reden;
Aber bald wird der Tag kommen,
An dem der Atemweg sich schließt.
Die Zunge ist jetzt beweglich;
Nutze sie zum Rezitieren mystischer Mantras.

Die wogenden Wolken von grauer Farbe,
Gegenwärtig hoch am Himmel,
Zerstieben in alle Richtungen,
Wenn ein Windstoß kommt.
Jetzt, wo sie Gelegenheit haben, sollen sie ihr Innerstes ausgießen.
Wir sind von diesem Körper sehr angezogen,
Der aus dem Sperma und dem Ei anderer gemacht ist,
Aber eines Tages müssen wir ihn aufgeben
Wie Exkremente, wenn wir unseren Darm entleeren.
Jetzt hast du eine Gestalt von unbegrenzten Möglichkeiten;
Mache sie zum Diener der spirituellen Praxis.

Der Fluß, so strahlend klar,
Windet sich träge durch die Ebenen,
Eines Tages wird er verschwinden
Und nicht einen Tropfen Wasser zurücklassen.
Jetzt, wo er kraftvoll fließt,
Soll er zum Bewässern der Felder genutzt werden.
Die verschiedenen magischen Kräfte wirken
Zum Schaden anderer und zum eigenen Wohl;
Aber eines Tages sind diese Praktiken vergessen
Und sogar ihre Namen sind in der Dunkelheit verloren.
Jetzt, wo dein Geist klar und stark brennt,
Meditiere über die unermeßlichen und tiefen Lehren.

Kaufleute kommen aus dem Norden und dem Süden,
Um sich im Handelszentrum zu treffen;
Aber wenn drei Tage vergangen sind
Geht jeder seinen eigenen Weg.
Sich nur für eine kurze Zeit begegnend,
Sollten sie Kämpfe und Launen vermeiden.
Gebunden durch das Karman früherer Leben,
Rasen Liebe und Haß ungestüm.
Aber bald werden wir alle unsere eigenen Wege gehen,
Und jeder nimmt die ihm gebührende Wiedergeburt an.
Gib jetzt die Unterscheidung zwischen Personen auf,
Die auf der Grundlage von Zuneigung und Abneigung
besteht.

Der fahle Herbstmond
Schwebt hoch über uns im Raum,
Doch hier unten im Angesicht der Erde
kühlt er die verbrannten und gefolterten Wesen.
O Quelle physischen und geistigen Wohlbefindens,
Sende für immer erfrischendes weißes Licht herab.
Der Wunsch, daß andere glücklich sein sollen,
Besteht nur im eigenen Geist;
Doch er dient zum Wohl anderer wie auch zum eigenen
In allen Zeiten und Situationen.
Deshalb gib auf die Fehler des Körpers und der Rede,
Und bemächtige dich des hohen altruistischen Denkens.

Das überall wirksame Geschmeide des Naga-Königs
Zeigt sich niemandem gegenüber parteilich.
Aber derjenige, der sich den Naga-König geneigt macht
Durch Rituale und Opfer,
Erreicht, daß die Gegenstände seiner Sehnsucht
Ganz allein in seine Hände fallen.
Der Lehrer, Herr der drei vollkommenen Körper,
Steht darüber, Schüler zu mögen oder nicht zu mögen.
Denn wer auch immer sich auf ihn konzentriert,
Mit steigender Wertschätzung,
Verwirklicht das Glück
Dieses und künftiger Leben.

Durch die Auswirkungen einer Augenkrankheit
Füllt sich der Himmel mit kaleidoskopischen Phantasien;
Aber wenn man Medizin anwendet
Und die Krankheit besiegt ist,
Zerstreuen sich die Halluzination von selbst,
Und der klare Raum erscheint unverhüllt.
Wenn das Gespenst der «Ichhaftigkeit» dich verfolgt,
Erscheinen automatisch zahllose Illusionen.
Verharre in der geistigen Haltung,
Die den intellektuellen Abfall zerschneidet
Und über die Visionen der endgültigen Wahrheit wacht;
Stürze die gewöhnlichen Denkmuster um.

Ein Ding, das widerscheint vom Angesicht
Des Himmels, muß unwirklich sein;
Obgleich es ein Blick auf ein Wunder ist;
Ein Regenbogen, der über einem Berg hängt,
Ohne Substanz und doch manifest,
Ein von Ursachen und Bedingungen abhängiges Ding.
Wenn jemand wirklich nachforscht,
Findet er keine Substanz.
Nimm auch die Erscheinungen um uns herum wahr,
Die so viele Aufgaben erfüllen –
Geistige Beschuldigungen des Verursachten,
Das Bedingte und das Zusammengesetzte.

Nichts Wirkliches steht
Hinter dem Klang eines Echos; dennoch,
Wenn jemandes Stimme unerwartet ein Echo erzeugt
Im Inneren einer Höhle,
Springt der Geist mit großer Kraft.
Ähnlich hat dieses Band leerer Worte
Letztlich keine Essenz,
Keine Macht oder Bedeutung,
Auch wenn es die Menschheit mit Vorliebe aufsucht,
Deren Wesen ebenso
In Illusion befangen ist.

Ein Lied, durch das sofort die Kraft beschworen wird

Oben in der Wirklichkeit früherer Bewußtheit,
Offenbar wie ein strahlendes Buddha-Mandala,
Liegt das Reine Land Tushita, der Wohnort der Freude,
Gesegnet von den Buddhas der Vergangenheit, Gegenwart und Zukunft.

Berge von Kräutern verströmen einen süßen Duft,
Blumen, die morgens, nachmittags und nachts blühen,
Ein Wald von Blättern von Türkisbäumen:
Erinnerungen an den herrlichen Körper des Je Rinpoche.

Das Murmeln eines schnell fließenden Flusses,
Das anregende Gezwitscher der Vögel.
Der großartige Klang eines Lehrens des Dharma:
Erinnerungen an die liebliche Stimme des Je Rinpoche.

Der blaue Himmel, der sich frei bewegt,
Reine weiße Wolken verteilen sich unwirklich,
Die junge Sonne entsendet überallhin Strahlen:
Erinnerungen an seine Weisheit, sein Mitleid und seine Macht.

Ein mit den Zeichen des Buddha geschmückter Körper,
Eine Rede, die den umfangreichen und tiefen Dharma niederregnen läßt,

Ein Geist, der alle Dinge in der Sphäre reinen Lichts sieht:
Ich erinnere mich an Je Rinpoche, Lobzang Trapa.

Erfülle deine Gelübde zum Wohl der Lebewesen;
Steige herab, gewähre Schutz und Macht.
Ich biete dir einen Ozean von allen guten Dingen an:
Erfreue dich an ihnen in deiner Seligkeit.

Auf dem mächtigen Nomadenberg, ruhig, bequem
In einem Land, durch Qualität und Macht gut geschaffen,
Steht das Kloster Ganden wie vom Buddha prophezeit,
Ein Kloster, das ohne Ende Erleuchtete hervorbringt.

Dein Geist ist in Glückseligkeit und untrennbarer Lehre aufgesogen,
Der Strom des Lebens erscheint als ein Regenbogen,
Ein Körper entsendet jetzt endlose Wolken von Emanationen,
Um diese Welt mit Freude zu erhellen.

Deine tiefschürfenden Lehren verbinden Sutra und Tantra,
Sie sind Edelsteine für jene, die wahrhaft Befreiung suchen.
Sogar die von dir benutzten Worte sind vollkommen,
Unverhüllt weisen sie dem Reifen den Weg.

O Je Lama, aufgrund deiner unendlichen Güte
Können wir alle Sutras und Tantras als Richtschnur verstehen,
Haben eine klare Vorstellung des gesamten Weges, der zur Vollkommenheit führt,
Und können alle Täuschungen und irrtümlichen Wahrnehmungen verbessern.
O Meister, das bloße Hören von Erzählungen deiner Taten
Kann eine Person auf den Pfad zur Erleuchtung bringen.
Mit Gedanken an deine Größe, mit schlagendem Herzen
Richte ich meinen Geist fest auf dich.

Unsichtbarer Vater, der du zur Seligkeit gegangen bist,
Höre dieses klagende Lied
Eines Jungen, der sich noch in der Verstrickung des Samsara befindet,

Eines unglücklichen Sohns, der von seiner Zuflucht abgeschnitten ist.

In Begriffen von äußerer Erscheinung
Kann ein Mönch leicht stolz auf seine Gewänder sein,
Aber wenn seine Gedanken sich nur auf das Vergängliche richten,
Sind seine Begierden dann nicht schlimmer als die eines Laien?

Die Massen schwelgen in dunklen Taten
Und kommen durch schlechte Mittel zu ihrem Ende,
Blitze eines degenerierten Zeitalters
schlagen in die Tiefen meiner Seele ein.

Wie bezaubernd und aufregend ist es, so zu tun,
Als praktiziere man den Dharma
Und höre die tiefschürfenden Lehren:
Aber mein Verstand, hart wie Holz, ist nur langsam zu verbessern.
Der Geist, schwach und unkontrolliert,
Taumelt zwischen den drei seelischen Giften;
Wann immer ihm ein Gegenstand erscheint:
Eine goldene Schüssel, gefüllt mit Urin.

Das kostbare Menschsein, die Möglichkeit, ein Buddha zu werden;
Aber statt dessen schaffen wir mit ihm nur Elend
Und werfen für immer alle Hoffnung weg,
Uns selbst oder anderen zum Wohle zu dienen.

Ich bin so spät, so unglücklich geboren,
Verbringe meine Zeit inmitten von Negativismus und Verwirrung.
Vater Lama, schau auf mich:
Halte mich mit den Haken des Mitleids fest.
In diesem Leben, dem Bardo und in künftigen Leben,
Bete, sei mein Führer.
Meine Zuflucht, lasse mich nicht im Stich;
Allwissender, sei immer mit mir.

Beschütze alle Wesen wie eine Mutter ihren Sohn,
Geistlicher Vater, für den wir Kinder sind,

Offenbare uns unmittelbar das Mandala deines Körpers,
Der herrlich ist durch jedes Mal der Vollkommenheit.

Verleihe uns die mündlichen Lehren,
Die jede Erfahrung bedeutungsvoll darstellen,
Segne uns, damit unser Verstand einen einzigen Geschmack annimmt,
Mit großem Glück und unfaßbarer Vision.

Leben ist unbeständig wie die untergehende Sonne,
Reichtum ist wie Tau auf dem Morgengras,
Lob ist wie der Wind in einem Gebirgspaß,
Ein jugendlicher Körper ist eine Herbstblume.

Hilf mir, die Unzulänglichkeiten zu verstehen
Des beständigen Drehens am Rad des Werdens,
Und die Tiefen meiner Gedankenströme festzuhalten
Auf dem Weg, der zum letztendlichen Wissen führt.

Verleihe mir die Verwandlungskräfte, um zu füllen
Mein geistiges Kontinuum mit Liebe und Mitleid,
Damit ich die Wesen der sechs Reiche des Samsara sehe
Als Mütter, die mir für immer geholfen haben.

Verleihe mir die Verwandlungskräfte
Um schnell die Art, wie die Dinge sind, zu realisieren.
Um die Bilder zu verstehen, die von meinem Geist gesehen werden,
Als Malereien, die vom Geist selbst geschaffen wurden.

Hilf mir, Erleuchtung in eben diesem Leben zu erlangen
Durch die yogischen Methoden des zweistufigen Tantra,
Um äußere Ereignisse als das Vergnügen der Buddhas anzusehen
Und den Geist mit Seligkeit und Leerheit zufriedenzustellen.

Und wenn ich im Kampf gegen Täuschung, die Feindin der Meditation,
Mich in eine Höhle auf einem weit entfernten Berg zurückziehe,
Einem Ort, der Heiterkeit und Freude hervorbringt,
Hilf mir, die innerste Tiefgründigkeit zu durchdringen.

Gewähre mir die Kräfte, schnell zu vernichten
Alle inneren und äußeren negativen Mächte,
Und Kraft, wegzuwaschen den Makel, daß ich gewohnt habe
Fern von den Grenzen der drei Bindungen des Dharma.

O Manjushri, der Du Dich selbst auf magische Weise offenbarst
In friedvoller, schrecklicher und schützender Form,
Mögen deine glückverheißenden Taten Früchte tragen,
Bete, bleibe eine beständige Zuflucht für die Welt.
Gewähre mir die kraftgeladenen Segnungen
Deines geheimnisvollen Körpers, deiner Rede und deines Geistes,
Auf daß jede meiner körperlichen, verbalen und gedanklichen
Tätigkeiten zum Wohle der Wesen und der Lehren sein mögen.
Möge der Donner der Sutras und Tantras die Welt erschüttern;
Möge die Sonne von Tsong-kha-pas «Praxisübertragung» sich ausbreiten,
Mögen alle Ausübenden zur Verwirklichung gelangen
Und alle denkenden Wesen zur Erfüllung ihrer Wünsche kommen.[35]

Vier Flüsse

Vier Flüsse fließen im Uhrzeigersinn
Den Berg Kailash herunter zum Ozean hin, dem Lager unzähliger Schätze.
Der Schlangenkönig, der dort wohnt, besitzt sieben Schlangen als Kopfschmuck.
Warum soll er nicht zum Wohl der Welt wirken?
Auf der großen Ebene auf dem Geiergipfel, inmitten des Landes der vier Kasten,
Saß der unvergleichliche Gautama Buddha, der berühmte Sohn des Königs Shuddhodana.
Warum sollte er nicht Wesen, unendlich wie der Raum, Zuflucht gewähren?

Ein Lichtkreis, der die vier Handlungen aufspeichert,
Die reine Sphäre des Unbewegten Tathagata Akshobhya, wo Geist und Körper sich als fünf Buddhas emanieren:

Dort befindet sich die letztendliche Zuflucht, der innere Lehrer. Warum sollte er nicht die Leiden der Praxisausübenden des Glücks zerstreuen?

Diese menschliche Gestalt mit vier Rädern, die so glückverheißend sind, wird immer von den Wassern des Dharma genährt.
O mein Lehrer, ob meine Hoffnungen wahr oder falsch sind, Du allein hast die Kraft, dies zu wissen.
Machtvoller Meister, auf den ich mich stütze,
Laß mich niemals zurück.

Lehrer, der die drei höchsten Mysterien offenbart,
Ich sehe Dich als Yidam, Daka und Dakini.
Höre dieses Gebet, das ich in meinem Herzen bewahrt habe,
Und regne magische und höchste Kräfte herab.

Ein Lied in Versen

Die junge tigergleiche Biene
Hat kein großes Verlangen nach Süße;
Doch wenn die Lotosblume Nektar hat,
Zeigt sich die wahre Natur der Biene, wenn sie ihn trinkt.
Die Dakinis, die unten und oben fliegen,
Haben allen gewöhnlichen Haß und Liebe aufgegeben;
Doch wenn jemandes Yogapraxis mystische Disziplin besitzt,
Verströmen die Dakinis große Glücksessenz.

Die Sonne, die diese Welt erstrahlen läßt,
Sieht es als sinnlos an, am Stolz festzuhalten.
Sie scheint hoch vom Himmel herab,
Ein Ergebnis des Verdienstes der Wesen.
Die Sonne der Weisheit und richtigen Methode soll sich
Vollkommen durch einen reinen, klaren Geist ausbreiten.
Da ist nichts von Arroganz und Stolz,
Noch ist die Welt ein Schmuckstück.

Der helle weiße Mond lächelt wunderbar,
Doch seine wirkliche Größe ist unveränderlich;

Das Licht der Sonne läßt ihn zu- und abnehmen,
So wie Sonne, Mond und Erde ihre Positionen ändern.
Der Lehrer, die Verkörperung der höchsten Heiligen,
Verbessert oder verschlechtert sich tatsächlich niemals;
Doch wenn das negative Karman des Schülers zur Reife kommt,
Mißversteht er die drei vollkommenen Tänze des Lehrers.

Die Sterne, die wir als Juwelen des Weltraumes kennen,
Veranstalten untereinander kein Rennen;
Aufgrund der Erdumdrehungen
Bewegen sie sich durch die Himmel.
Die Lehrer, die tantrischen Gottheiten und die Dakinis
Von edlem Streben kennen keine Gefühle;
Gemäß der geistlichen Entwicklung eines Menschen
Steigen sie herab und geben Befreiung.

Die neuen weißen Wolken bewegen sich oben
Denn man kennt keine Liebe droben;
Wegen des Wesens von Wind und Glut
Bewegen sie sich hoch und sitzen dort gut.
Diejenigen, die danach streben, die Guten zur Vollendung zu bringen,
Haben ihren Geist nicht auf Ansehen gerichtet;
Doch so wie die Räder des Karman sich langsam bewegen,
So brennen die Feuer ihrer Ehre immer höher.

Der Herbsthimmel strahlend rein
Wurde von niemandem geputzt so fein.
Wenn er von vorübergehenden Schatten befreit ist,
Ist er in der Tat eine Weide für die Augen.
Das grundlose, letztliche Wesen der Dinge
Ist nicht die Schöpfung eines jüngeren Denkers;
Wenn schließlich die höchste Wahrheit erkannt ist,
Schwindet die falsche Essenz in sich selbst und ist weg.

Der Regenbogen mit seinen Strahlen und seinem Farbenspiel
Hat keine Grundlage, auf die er sich stützt.
Aus Bedingtheiten und dem Wirken der Lichter
Kommen auf magische Weise fünf so helle hervor.

Die Dinge, die außen und innen erscheinen,
Haben keine Eigennatur zu offenbaren.
Durch die Phantasien eines schlecht ausgebildeten Geistes
Erkennen wir die Wirklichkeit, die von falschen Bildern umschlungen ist.

Jampel Gyatso, VIII. Dalai Lama

geb. am 29.7.1758 in Thobgyal, gest. am 19.11.1804 in Lhasa; VIII. Dalai Lama vom 28.8.1762–19.11.1804

Unmittelbar nach dem Tod des VII. Dalai Lama versammelten sich die Mitglieder des Kashag und Beamte der tibetischen Regierung. Sie beschlossen, einen Übergangsregenten zu ernennen, der die weltliche Herrschaft ausüben sollte, bis der VIII. Dalai Lama aufgefunden war und die Volljährigkeit erreicht hatte. Zum Gyaltshab oder Vizekönig wurde Jampel Delek Gyatso (Regierungszeit 1757–1777) ernannt; Kaiser Hongli bestätigte seine Regentschaft im April 1757. Währenddessen forschten die Oberen der Gelben Kirche bereits nach der Wiederverkörperung des VII. Dalai Lama, die im Juli 1758 in Thobgyal in der Provinz Tsang entdeckt wurde.

Anders als alle seine Vorgänger sollte sich der VIII. Dalai Lama als eher blasse Persönlichkeit erweisen. Nicht einmal zu seiner Geburt und Auffindung sind außergewöhnliche Ereignisse überliefert. Das Orakel wurde befragt und bestätigte seine Echtheit; ebenso reibungslos erkannte der chinesische Kaiser die Reinkarnation Kalzang Gyatsos an. Neben der formelhaften Versicherung, daß sich im Umkreis des Kindes allerlei Übernatürliches abgespielt habe, finden wir in der Überlieferung nur die ebenso üblichen Berichte, daß der junge Novize unter der Anleitung geistlicher Meister fleißig studiert habe.

Der Regent ließ ihn 1762 nach Lhasa bringen, wo er inthronisiert wurde und vom III. Panchen Lama den Namen Jampel Gyatso erhielt. In den folgenden Jahrzehnten sollte sich der VIII. Dalai Lama weder in der geistlichen noch in der weltlichen Sphäre durch bemerkenswerte Werke hervortun. Während Jampel Gyatso zurückgezogen im Potala lebte, wurde das politische und religiöse Geschick Tibets und seiner Nachbarländer von tatkräftigeren Gestalten und umwälzenden historischen Ereignissen bestimmt.

Die Rückkehr der Torghoten

Im Jahr 1772 wurden in der kaiserlichen Sommerresidenz Jehol zwei große lamaistische Klöster eingeweiht, die Kaiser Hongli hatte erbauen lassen. Eines davon, namens Putuozongsheng Miao, ahmte den Potala-Palast nach und galt wie dieser als Nachbildung des mythischen Palasts des Bodhisattva Avalokiteshvara. Bei diesem Fest feierte man zugleich die Rückkehr des mongolischen Volks der Torghoten. Anderthalb Jahrhunderte zuvor waren sie im Gebiet zwischen Don und Wolga angesiedelt worden, das aber unterdessen vom russischen Zarenreich einverleibt worden war. Der Zar schätzte die Torghoten als Arbeitskräfte und erhob überdies hohe Abgaben von ihnen; als die Torghoten beschlossen, in ihre alte Heimat zurückzukehren, versuchten die Russen daher, sie mit Gewalt am Abzug zu hindern.

Von den drei- oder vierhunderttausend Menschen, die im Januar 1771 den Ural überschritten, erreichten nur weniger als hunderttausend im Spätsommer desselben Jahres den sino-mandschurischen Balkhashsee. Der Kaiser befahl, sie mit allem Nötigen zu versorgen, und ließ ihnen Weideplätze zuteilen. Auch die tibetischen Lamas setzten sich für die Toghoten ein, da diese dem Buddhismus anhingen. Um seine Freude über die Rückkehr der Torghoten zu unterstreichen, lud der Kaiser ihre Führer zur Feier der Tempeleinweihung nach Jehol ein.

Noch im selben Jahr aber wurden sowohl der chinesische Kaiser als auch die Herrscher von Tibet genötigt, zur Kenntnis zu nehmen, daß am Horizont ihrer Machtbereiche eine gänzlich neue Kraft erschienen war: die britische East India Company.

Great Britain meets Tibet

1772 überfielen die Bhutanesen das an der Grenze Bengalens gelegene kleine Fürstentum Kuch Bihar und nahmen dessen Herrscher gefangen. Bengalen war seit 1757 Zug um Zug in die Hände der East India Company geraten, wodurch sich die Handelsgesellschaft unversehens zu einer indischen Territorialmacht gewandelt hatte. Zur Zeit des bhutanesischen Überfalls amtierte Warren Hastings als Gouverneur Bengalens; zwei Jahre darauf wurde er zum ersten Generalgouverneur von Bengalen, Bombay und Madras ernannt.

Hastings war nicht geneigt, das Scharmützel im bengalischen Grenzgebiet tatenlos hinzunehmen: Seine Soldaten marschierten in Kuch Bihar ein und jagten die Bhutanesen in ihr Reich zurück. Der III. Panchen Lama, der den VIII. Dalai Lama an Umsicht und Tatkraft weit überragte, sandte daraufhin eine Botschaft nach Bengalen, mit der er Warren Hastings bat, die Bhutanesen zu schonen, und behauptete, daß Bhutan ein tibetischer Vasallenstaat sei.

Das war zwar historisch nicht ganz korrekt, erreichte aber den erwünschten Zweck: Im April 1774 schlossen die Company und Bhutan einen Freundschafts- und Wirtschaftsvertrag. Ohnehin hegte Hastings keine kriegerischen Expansionspläne, sondern versuchte, die Region für die ökonomischen Ziele seiner East India Company zu erschließen. Daher nahm er sogleich die Gelegenheit wahr, auch Beziehungen zu Tibet anzuknüpfen, und entsandte den jungen George Bogle (1746–1781) als Botschafter über Bhutan nach Tashilhunpo, zur Residenz des Panchen Lama. Glücklicherweise hat Bogle über seine gesamte Mission einen Bericht verfaßt. Darin schildert er auch seine Audienz beim Panchen Lama:

«Ich kam herein, sobald der Lama sich gesetzt hatte, und nachdem ich drei tiefe Verbeugungen gemacht hatte, überreichte ich ihm mein Taschentuch, das er stets mit eigenen Händen empfängt. Er sprach zu mir vielleicht zwei Minuten lang, erkundigte sich nach meiner Gesundheit, wie mir Teshu Lumbo gefalle und wie ich mit meiner Wohnung zufrieden sei. Nachher kamen Massen von Leuten, Mönche, Nonnen, Khampas, Torghoten, Gouverneure aller benachbarten Schlösser, Männer, Weiber und Kinder, um ihre Gaben darzubringen und dem Lama ihre Verehrung zu bezeigen. Sie brachten Beutel mit Gold, Silbertalente, Stücke chinesischen Atlasses, Pakete mit Tee oder Früchten, getrocknete Körper von Schafen, Säcke mit Mehl oder Reis, kleine Statuetten, um die ein Stückchen gelber Seide wie ein Mantel gewickelt war, religiöse Bücher, Pakete mit Weihrauch, Stäbchen, die Pyes genannt werden, Glocken und eine Menge anderer Gegenstände. Die geringeren Leute überreichten nur ein weißes seidenes Schnupftuch … Ein Teil der Unterhaltung bestand aus öffentlichen Disputationen, die von je zwei und zwei Mönchen geführt wurden. Religion war der Gegenstand derselben, vielleicht die Unsterblichkeit der Seele oder die nicht zu ändernde Natur von Recht und Unrecht. Aber meine Unkenntnis der Sprache machte sie ganz unverständlich für mich. Sie wurden mit viel Geschrei und anscheinender Hitze vorgetragen und mit viel Gestikulationen, wie Händeklatschen, Kopfschütteln usw., begleitet.»[36]

Noch deutlicher als dieser Bericht zeugt die folgende Schilderung von einer gewissen Befremdung, mit welcher der junge Brite die fremden Sitten und Gebräuche beobachtete. Für den Empfang von Abgesandten des Dalai Lama, dem er gleichfalls beiwohnte, findet Bogle die folgenden Worte:

«Der Lama mußte die Agenten empfangen, die der Dalai Lama und der Gesub Rimpoche[37] in Lhasa geschickt hatten, um ihn zu seiner Rückkehr zu beglückwünschen. Er lud mich dazu ein. Die Zeremonie fand in dem großen Tempel südlich des Palasts statt. Ich war auf dem Balkon, von dem man hineinsehen kann. Der Tempel war voll von Mönchen in gelben Mützen und Mänteln, die einer so dicht wie möglich neben dem andern saßen. Als der Lama hereinkam, warf er sich dreimal nach dem Altar und der Statue des Gottes zu nieder, worauf er seinen Thron bestieg, der auf Stufen sehr erhöht war. Dann kam der Agent des Dalai Lama herein mit einer großen, eigentümlich getriebenen silbernen Schüssel, die mit Reis bedeckt war, der in fünf Haufen geteilt war, und er zusammen mit drei anderen stand damit vor dem Lama, während er eine Rede hielt, die eine Viertelstunde dauerte. Er tat mir leid, da ich ein- oder zweimal dachte, daß er steckenbleiben würde. Während dieser ganzen Zeit sprach weder der Lama noch irgend jemand sonst ein Wort. Als er geendet hatte, antwortete ihm der Lama in einer kurzen Rede und nahm dann etwas von dem Reis und warf es gegen den Altar hin. Er nahm darauf den Brief des Dalai Lama, vier oder fünf kleine Statuetten, ebenso viele Bücher und einige große, in Silber gefaßte Muscheln entgegen, was er alles vor sich auf seinen Thron legte. Dann kam eine Reihe von Leuten, die Geschenke trugen, jeder ein Talent Silber, ein Stück Seide oder einen Pack Tee. Nachdem alle Geschenke des Dalai Lama übergeben worden waren, wurden die des Gesub in derselben Art und Weise hereingebracht; sie waren aber von weniger Wert. Alles zusammen waren es wohl 100 Talente Silber, 120 Stück Seide und 60 Pakete Tee. Ungefähr sechs Talente Silber, zehn Stück Seide und vier Pakete Tee wurden dem Chanzo Cucho[38] gegeben.»[39]

Mißtrauisch beobachtete die Regierung in Lhasa, daß der Panchen Lama und Bogle anscheinend recht freundschaftliche Beziehungen entwickelten. Der Brite hielt sich etwa ein Jahr im Land auf, dann komplimentierte der Regent ihn wieder aus Tibet hinaus. Bei ihrer Abreise bat der Panchen Lama, dem Generalgouverneur eine Botschaft zu übermitteln: Er möge am Ufer des heiligen Ganges einen Ort für tibetische Pilger einrichten. Warren Hastings entsprach dieser Bitte und versuchte, die geknüpften Beziehungen in der Folgezeit noch weiter auszubauen. Aber seine Erfolge blieben bescheiden, da sich die tibetische Theokratie an Handelsbeziehungen mit Seiner Majestät dem König von England nur mäßig interessiert zeigte.

Eine tödliche Pekingreise

Am 1.3.1777 starb der Regent Jampel Delek Gyatso; der VIII. Dalai Lama war zu diesem Zeitpunkt erst 19 Jahre alt. Ngawang Tshultrim, ein seit 1762 in Peking lebender geistlicher Lehrer des Kaisers, wurde zum neuen Gyaltshab ernannt und nach Lhasa geschickt, wo er im August 1777 die Amtsgeschäfte übernahm.

Diese Wahl des neuen Regenten, eines engen Vertrauten des Kaisers, läßt erahnen, daß auch Peking mit einigem Argwohn die eigenmächtige Politik des Panchen Lama beobachtete. 1778 lud ihn Kaiser Hongli nach Peking ein, ein Befehl, dem sich auch Lobzang Yeshe nicht widersetzen konnte. Ende Juli 1779 brach er auf und begab sich zunächst nach Lhasa, um den jungen Dalai Lama zum Vollmönch zu weihen. Im Kloster Kumbum brachte er den ganzen Winter zu und reiste sodann nach Jehol, wo er im August 1780 vom Kaiser ehrenvoll empfangen wurde. Während sie gemeinsam nach Peking weiterreisten, versammelten sich an ihrem Weg ungeheure Menschenmassen, und so wurde der Einzug des III. Panchen Lama in die Hauptstadt zu einem regelrechten Triumphzug.

Doch im Spätherbst erkrankte der Panchen Lama an den Pokken und starb trotz ärztlicher Bemühungen am 27.11.1780. Der Kaiser ordnete aufwendige Trauerfeierlichkeiten an: Vor einem kostbaren Katafalk mußte ein Priesterchor hundert Tage lang Totengebete lesen; erst danach konnte sich der Leichenzug gen Tibet in Bewegung setzen. Aber trotz aller Ehren, mit der ihn der Kaiser empfing und betrauerte, wollten die Gerüchte nie gänzlich verstummen, daß der Qianlong-Kaiser bei dem überraschenden Ableben des Panchen Lama seine Hand im Spiel hatte.

Mit Lobzang Yeshe war einer der weisesten und umsichtigsten Führer Tibets gestorben. Da der VIII. Dalai Lama zur gleichen Zeit volljährig wurde, mußte nun auch der Regent Ngawang Tshultrim abdanken; am 21.7.1781 übergab er Jampel Gyatso mit den kaiserlichen Siegeln die weltliche Macht. Obwohl ihm der Ex-Regent noch einige Jahre beratend zur Seite stand, lag damit erstmals seit dem Tod Kalzang Gyatsos das Schicksal Tibets wieder in den Händen eines Dalai Lama – mit dem Unterschied, daß Jampel Gyatsos weder über die Tatkraft noch über die herausragende spirituelle Weisheit seines Vorgängers verfügte.

In seinen ersten Jahren als Herrscher Tibets tat er sich lediglich durch den Bau eines Sommerpalastes hervor. Seit langem war es Brauch, daß die Dalai Lamas zusammen mit ihren Beamten alljährlich im September zwei Wochen in einem großen Park westlich des Potala verbrachten. Dort badete man in einer kleinen Quelle und wohnte in Zelten, was Jampel Gyatso nicht zu behagen schien. 1783 ließ er an diesem Ort einen Sommerpalast erbauen, der den Namen Norbulingka erhielt.

Drei Jahre darauf kehrte der Ex-Regent Ngawang Tshultrim an den Kaiserhof zurück. Nach einer langen Phase, in der Tibet von starken und doch bedächtigen Führern gelenkt worden war, schien dem Land einmal mehr eine Schwächeperiode bevorzustehen. Die Reinkarnation des III. Panchen Lama war zu diesem Zeitpunkt erst fünf Jahre alt. Der Dalai Lama stand nun allein an der Spitze des Staates, während sich am Horizont bereits ein neues Drama abzeichnete: die Invasion der Gurkhas.

Jampel Gyatso, der VIII. Dalai Lama

In Peking war man rasch zu dem Schluß gelangt, der VIII. Dalai Lama sei «sehr fromm und versiert in den heiligen Texten, anderen gegenüber aber zu gutgläubig und ohne Autorität und Weisheit»[40]. Diese Einschätzung sollte sich bestätigen, als einige Mitglieder der mächtig gewordenen Familie des verstorbenen III. Panchen Lama insgeheim Beziehungen mit dem benachbarten Nepal anknüpften. Bei dieser reichlich verworrenen Affäre spielte einmal mehr auch die alte Zwietracht zwischen Rot- und Gelbmützen ihre unselige Rolle: Eine Handvoll Verschwörer aus dem Umkreis von Shigatse träumte davon, mit Hilfe der Nepalesen die Gelbe Kirche zu entmachten und anstelle des IV. Panchen Lama den Zhamar Karmapa (Rotmützen-Karmapa) Chödup Gyatso (1742–1792) zu inthronisieren.

Die Krise entzündete sich wenig später an der Forderung des Herrschers von Nepal, in der gesamten Region Münzen einzuführen, auf die sein Antlitz geprägt war; ein Ansinnen, das die tibetischen Händler empört zurückwiesen. In dieser gereizten Atmosphäre genügte ein geringfügiger weiterer Anlaß – tatsächlich ging es nur um die Qualität einer Salzlieferung –, um die Lunte des Kriegs zu entzünden: Die Verschwörer sahen ihre Stunde gekommen und stachelten die Nepalesen zur Invasion auf.

In Nepal herrschte seit 1768 das kriegerische Volk der Gurkhas. 1788 fiel ihre Armee in Tibet ein und besetzte strategisch wichtige Orte. Die kleine chinesische Truppe und die tibetischen Soldaten wurden überrannt, und der chinesische General verlor die Nerven: Wenn der Kaiser von seinem Scheitern erfuhr, war es um sein Leben geschehen. Zusammen mit einem Minister des Dalai Lama verfiel er auf die törichte Idee, Nepal durch Tributzahlungen zu beschwichtigen. Wohlwissend, daß der Kaiser diese Demütigung niemals hinnehmen würde, meldete er nach Peking, daß man Nepal glanzvoll besiegt habe und der Gurkhafürst bereit sei, dem Kaiser zu huldigen.

Die närrische Lüge kam indes rasch ans Licht; der General setzte seinem Leben ein Ende, und der Kaiser beschloß, den Tributvertrag zu ignorieren. Jampel Gyatso, der sich in dieser Angelegenheit denkbar ungeschickt angestellt hatte, entzog er sämtliche Regierungsbefugnisse. An seiner Stelle wurde Yeshe Lobzang Tenpa Gonpo, ein Lama aus dem Kloster Kundeling, als Regent eingesetzt. Von dieser Wendung erfuhren jedoch die Gurkhas zunächst nichts: Sie zogen sich nach Nepal zurück in der Erwartung, künftig Tributzahlungen aus Lhasa zu erhalten.

Der neue Regent versagte ebenso wie der Dalai Lama. Zusammen mit Jampel Gyatsos Bruder nutzte er sein Amt, um Kaufleute und Pilger zu schröpfen, konnte sich der Pfründe jedoch nicht lange erfreuen, da ihn der Kaiser wieder absetzte. An seiner Stelle mußte der bewährte Ngawang Tshultrim im Januar 1791 abermals die Regierungsgeschäfte übernehmen. Im allgemeinen Durcheinander fehlte es indes auch dem Kaiser an Fortüne: Der neue alte Regent starb drei Monate nach Amtsantritt.

Just zu dieser Zeit traf der abgesetzte Regent Yeshe Lobzang Tenpa Gonpo in Peking ein. Vermutlich hatte er auf der langen Reise nach China mit bangen Gefühlen zu erwägen versucht, welche Strafe ihm der Kaiser für sein korruptes Verhalten zumessen würde. Doch kaum hatte er in Peking den Reisestaub von seinen Gewändern geschüttelt, da erhielt er die Order, spornstreichs nach Lhasa zurückzukehren. Tatsächlich wurde er neuerlich zum Regenten ernannt, und zu seinem Ruhm sei hier vermeldet, daß er es diesmal verstand, sich bis zu seinem Tod im Jahr 1810 auf dem Thron des tibetischen Regenten zu halten.

Den Nepalesen wagte freilich auch er nicht zu gestehen, daß der chinesische Kaiser den Tributvertrag für null und nichtig erklärt habe. Als die erwarteten Zahlungen ausblieben, setzte der Gurkha-König neuerlich eine Armee in Marsch, diesmal gleich 18 000 Mann, die Shigatse und das Kloster Tashilhunpo eroberten und gründlich ausplünderten. Triumphal zog der Rotmützen-Karmapa Chödup Gyatso in die Residenz des Panchen Lama ein, dessen junge Inkarnation nach Lhasa floh.

In der Hauptstadt herrschte schiere Panik, ausgenommen nur den nun vollends entrückten VIII. Dalai Lama. Die Bevölkerung fürchtete, die Gurkhas würden auch die Hauptstadt erobern und plündern, und nur durch einen energischen Appell gelang es den Äbten der drei großen Klöster, eine Massenflucht zu verhindern.

Mittlerweile waren die tibetischen Truppen mobilisiert worden. Mit Hilfe einer kaiserlichen Armee, die eben noch zur rechten Zeit eintraf, wurden die nepalesischen Truppen im Sommer 1792 vernichtend geschlagen. Während der VIII. Dalai in der Quelle neben seinem neuen Sommerpalast badete, stieß die chinesische Armee bis vor die Tore Kathmandus vor. Nepal kapitulierte, mußte alle aus den Klöstern Tibets geraubten Schätze zurückgeben und sich überdies in die demütigende Rolle eines kaiserlichen Tributärstaats fügen.

Auch für den Rotmützen-Karmapa Chödup Gyatso waren alle Träume ausgeträumt. Er beging Selbstmord, seine Wiederverkörperung wurde verboten. Mit einem bedenkenlosen Eingriff in übernatürliche Machtbereiche ließ die tibetische Regierung künftige Inkarnationen dieses Rotmützen-Karmapas schlichtweg per Gesetz verbieten. Chödup Gyatsos Kloster und Besitzungen wurden konfisziert, auf daß er, falls er sich dennoch reinkarnierte, zumindest mittellos und unbehaust wäre.

Die kaiserliche Lama-Lotterie

In Peking war das Ansehen des tibetischen Lamaismus im Lauf der Zeit immer tiefer gesunken. Offenkundig hielt man den gesamten Reinkarnationskult lediglich für eine absonderliche Methode, mit der die tibetische Elite ihre Macht wahrte. Da die Bevölkerung jedoch ihre Lamas glühend verehrte, mußte man sich mit den Theokraten arrangieren und versuchen, die nach wie vor labile Machtstruktur im Sinn Pekings zu manipulieren.

Stärker als der rasch beendete Gurkha-Spuk beunruhigten den Kaiser die nach wie vor bestehenden Kontakte zwischen Lhasa und Indien. Gegen die Gurkhas hatte die tibetische Regierung auch Lord Cornwallis, den englischen Generalgouverneur von Indien, um Hilfe ersucht, für Peking eine Eigenmächtigkeit, deren Wiederholung man nicht dulden wollte. So ließ der Kaiser jede eigenständige Korrespondenz Lhasas mit fremden Mächten verbieten und wertete die chinesischen Residenten erheblich auf, so daß sie ihrem Status nach nun den großen Lamas gleichgestellt waren. Der Kashag mußte ihnen fortan alle wichtigen Angelegenheiten unterbreiten. Die chinesischen Residenten selbst waren einzig dem Kaiser unterstellt. Um wirklich ganz sicherzugehen, daß Lhasa weder mit Indien noch mit Nepal heimliche

Allianzen schmiedete, riegelten die Chinesen überdies die Grenzen Tibets durch stärkere Befestigungsanlagen und größere Truppenkontingente ab. Doch all das waren nur geringfügige Maßnahmen, gemessen an dem drastischen Eingriff, mit dem der Kaiser das Ritual der Lama-Reinkarnationen unter seine Kontrolle zu bringen versuchte.

Die Neuerung betraf alle großen Inkarnationen, insbesondere den Dalai Lama und den Panchen Lama. Peking ordnete an, daß das Staatsorakel zu allen in Betracht gezogenen Knaben zu befragen sei. Im weiteren Verlauf sollte das Ritual aus folgenden, strikt festgelegten Schritten bestehen:

Unter der Aufsicht eines chinesischen Bevollmächtigten wählte das Orakel drei Jungen aus. Deren Namen und Geburtstage schrieb man auf Loszettel, die mit Teig umhüllt wurden. Die Lose sowie weitere, mit «Ja» und «Nein» beschriftete Zettel kamen in eine Goldene Urne, die sodann nach Lhasa oder Tashilhunpo gebracht wurde. Dort zogen sich die hohen Würdenträger zusammen mit dem Regenten für eine Woche zum Fasten und Beten zurück. In Anwesenheit des Ambans hatte der Regent sodann die Urne zu schütteln und mit der Ziehung der Lose zu beginnen. Als erwählt galt der Kandidat, dessen Name als erster zusammen mit einem Ja-Zettel gezogen wurde.

Durch dieses Wahlverfahren sicherte sich Peking einen direkten Einfluß auf die Auswahl der Inkarnationen und unterband vor allem die dem Kaiser mißliebige Sitte, das Ritual zu einer quasi dynastischen Nachfolgeregelung zu mißbrauchen. Tatsächlich waren etliche Lama-Sippen dazu übergegangen, Wiederverkörperungen bevorzugt in ihrem eigenen Clan aufzufinden. Diese heilige List versuchte nun das chinesische Lifanyuan, das «Amt für abhängige Länder und Riten der Barbaren», durch folgende Anordnung zu unterlaufen:

«Allen Mongolen und den anderen Völkern, welche dem lamaistischen Glauben angehören, wird hiermit kundgetan, daß alle jene, denen das Recht zusteht, die besonderen Umstände beim Tode eines Qutuqtu oder eines Lama höheren Grades anzuzeigen und den Ort ihrer Wiedergeburt bekanntzugeben, unter keinen Umständen auf die Kinder männlichen Geschlechts aus der nächsten Verwandtschaft des Dalai Lama oder Panchen Erdeni noch auf die Kinder und Enkel aller mongolischen Khane, gleich hochstehender Fürsten, Adligen oder militärischer Oberbefehlshaber als Nachfolger hinweisen dürfen, widrigenfalls sie sich der strengsten Verantwortung aussetzen. Dagegen dürfen sie auf Kinder von Adligen, wenn diese keinerlei öffentliche Ämter bekleiden, und ebenso auf Söhne von gewöhnlichen Mongolen und Tanguten hinweisen und verkünden, daß der Verstorbene in dieser oder jener Familie wiedergeboren oder Qubilghan geworden sei. Unter gar keinem Vorwand darf ein neuer Wiedergeborener nach dem Tod eines Lama in einem nichtadeligen Kloster, in welchem vorher noch kein Qubilghan erschienen war, aufgestellt werden. Kein Qubilghan kann als solcher betrachtet werden, bevor er nicht die Bestätigung nach der gesetzlichen Ordnung erhalten hat.»[41]

Was aber, wenn einer der Erleuchteten gegen die kaiserliche Anordnung verstieß und sich in einem Knaben reinkarnierte, der per Definition von der kaiserlichen Lotterie ausgeschlossen war? Nun, diese abgründige Frage scheint sich in Peking niemand gestellt zu haben, und zwar aus einem Grund, den das folgende Dokument ohne Umschweife preisgibt.

In dieser 1793 verfaßten Inschrift faßt der Kaiser die Geschichte des Lamaismus seit der mongolische Yuan-Dynastie aus seiner Sicht zusammen. Zudem zählt er die nüchternen Motive auf, aus denen Peking den Lamaismus fördere, und rügt ebenso unverhohlen den tibetischen Mißbrauch des Wiedergeburtensystems:

«Die Gelbe Kirche nahm ihren Anfang in der Ming-Dynastie unter dem tibetischen Priester Tsong-kha-pa. Er wurde im fünfzehnten Jahr der Yongle-Ära geboren und ging im vierzehnten Jahr der Chenghua-Ära in das Nirwana ein. Seine wichtigsten Schüler sind der Dalai Lama und der Panchen Lama. Die Bezeichnung des Dalai Lama lautet Monlam Gyatso. Er herrscht über die Gelbe Kirche durch Generationen spiritueller Nachfolge ... Weil die Gelbe Kirche innerhalb und außerhalb unter der Oberhoheit dieser beiden Männer steht, sind ihnen alle mongolischen Stämme treu ergeben. Durch die Begünstigung der Gelben Kirche halten wir Frieden unter den Mongolen. Dies ist eine wichtige Aufgabe, weshalb wir nicht umhin können, diese Religion zu schützen. Wir zeigen damit keinerlei Neigung zu den tibetischen Priestern noch wünschen wir, ihnen zu schmeicheln, wie das bei der Yuan-Dynastie der Fall war ...

Zu unserer Überraschung ist in jüngster Zeit die Sitte eingerissen, daß die Qubilghans zumeist in einem Clan geboren wurden, so daß es keinen Unterschied mehr zur erblichen Würde und deren Pfründe gibt. Aber das ist völlig gegen unsere Absichten, um so mehr, als der Buddha niemals geboren wurde; wie kann es dann Generationen geben[44]? Aber nehmen wir an, daß wir gegenwärtig keinen Qutuqtu durch die Generationen haben, so hätten Hunderttausende von tibetischen Priestern niemandem, zu dem sie Zuflucht nehmen könnten ...

Die Tatsache, daß letztes Jahr die Gurkhas, aufgestachelt vom Zhamarpa, Tibet plünderten, ist ein klarer Beweis für den Mißbrauch des Wiedergeburtensystems. Als ich Truppen sammelte, um sie zu bestrafen, unterwarfen sie sich sofort aus Angst vor Bestrafung, und auf diese Weise wurde Tibet befriedet. Aber wenn die Qubilghan-Würde für Generationen innerhalb desselben Clans vererbt wird, dann ist das Selbstsucht. Was hat der Buddha mit Selbstsucht zu tun? Deshalb muß dies beendet werden.»[45]

Deutlicher hätte der Kaiser kaum formulieren können, daß allein politischer Opportunismus ihn veranlaßte, die lamaistische Kirche zu unterstützen. Dabei scheint er mit dem Buddhismus durchaus sympathisiert zu haben; gerade die Mahayana-Vorstellung von einem ewigen, transzendenten Buddha, der sich im historischen Buddha Shakyamuni lediglich manifestiert habe und nicht ununterbrochen wiedergeboren werde, stimmt ihn skeptisch gegenüber der tibetischen Spielart. Auch aus verschiedenen anderen Äußerungen des Kaisers Aisin Gioro Hongli dürfen wir schließen, daß er den Lamaismus schlicht für Aberglauben hielt; daher auch seine Bedenkenlosigkeit, mit der er das Ritual der Auffindung von Reinkarnationen zur Lotterie unter chinesischer Aufsicht herabwürdigte.

Auf dem Potala-Thron verharrte unterdessen der VIII. Dalai Lama weiterhin macht- und tatenlos. In seinem Namen ließ Helin, der Amban von Lhasa, 1794 Hospitäler errichten, da während der Kriegswirren in Lhasa und anderen, tiefer gelegenen Orten die Pocken ausgebrochen waren. Diesem Beispiel folgten unter anderem die Behörden von Tashilhunpo und Shigatse.

Ausnahmsweise erlebte Tibet sodann eine friedliche Jahrhundertwende, in der sich das Land ein wenig von den jüngsten kriegerischen Unruhen erholte. Auch in seinem letzten Jahrzehnt lebte Jampel Gyatso so zurückgezogen wie in all den Jahren zuvor. Anders als seine Vorgänger hat er der Nachwelt keine philosophischen oder poetischen Schriften hinterlassen. Im November 1804 verstarb er, erst 46 Jahre alt.

Lungtog Gyatso, IX. Dalai Lama

geb. am 20.1.1806 in Dan Chokhor, gest. am 26.3.1815 in Lhasa; IX. Dalai Lama vom 10.11.1808–26.3.1815

Erst der Tod des VIII. Dalai Lama machte vielen Tibetern die Verhältnisse bewußt, die auch zu Lebzeiten Jampel Gyatsos schon geherrscht hatten: Tibet war völlig abhängig vom Kaiserreich, ein Protektorat unter zwei mächtigen chinesischen Residenten und mit einem Regenten von Gnaden Pekings, der ohne Zustimmung der Ambane nicht einmal Briefe versenden durfte. Hatten schon der erwachsene VIII. Dalai Lama diese Entwicklung nicht verhindern können, so war von seiner kindlichen Reinkarnation so bald erst recht keine Wende zu erwarten. Zwar hielt man nach dem Knaben bereits Ausschau, aber es würden viele weitere Jahre vergehen, bis er die Volljährigkeit erreichte und zugunsten Tibets aktiv werden konnte.

Die Folge dieser und ähnlicher Erwägungen waren lautstarke Proteste gegen die massive Präsenz der Chinesen und Mandschus in Tibet. Tatsächlich wurde das Protektorat wohl eher schlecht als recht von den chinesischen Statthaltern verwaltet, die es schwerlich als Privileg ansahen, in diesem ärmlichen Land, fernab vom Glanz des kaiserlichen Hofes, Dienst tun zu müssen. Intrigen und Querelen zwischen den chinesischen Funktionären waren an der Tagesordnung. In ihren Berichten für den Kaiser schwärzten sie einander an und strichen die eigenen Verdienste in leuchtenden Farben heraus, in der Hoffnung, bald nach Peking zurückkehren zu dürfen oder zumindest die hiesigen Pfründe vor neidischen Widersachern zu schützen. Auch gegenüber der Bevölkerung scheinen sich die Schutzherren immer schikanöser verhalten zu haben, so daß in vielen Tibetern der begreifliche Wunsch wuchs, den chinesischen Einfluß endlich wieder abzuschütteln.

Der Regent geriet ebenso ins Schußfeld wie der neue chinesische Kaiser Aisin Gioro Yongyan (Regierungszeit 1796–1820).

Auch beschuldigte man tibetische Beamte der Kollaboration mit den Chinesen, und nachdem die Empörung einen gewissen Hitzegrad erreicht hatte, wurde in den Straßen Lhasas unverhohlen verlangt, daß die Ambans mitsamt der chinesischen Garnison für immer verschwinden sollten.

Mit Hilfe des Regenten reagierte Peking in gewohnter Weise: Etliche chinesische Beamte wurden abberufen, die Garnison auf nur noch 250 Mann reduziert. Im übrigen hoffte man, daß der Sturm bald von selbst wieder abflauen werde. Vielleicht durch diese antichinesische Stimmung der Tibeter ermutigt, wagte auch die Gelbe Kirche eine kleine Kraftprobe mit Peking: Die Lamas beschlossen, die Goldene Urne zu ignorieren und die Wiederverkörperung Jampel Gyatsos nach althergebrachtem Ritual zu identifizieren.

Die wundersame Auffindung Lungtog Gyatsos

1807 erfuhren die Gelugpa-Oberen, daß im Jahr zuvor zwei Jungen geboren worden seien, der eine in Kham, der andere in Amdo, die sich alle beide durch gewisse übernatürliche Zeichen als Kandidaten empfahlen. Anstatt sich des kaiserlichen Losverfahrens zu bedienen, nahm der Regent beide Knaben persönlich in Augenschein und sprach sich schließlich für den Jungen aus dem Ort Dan Chokhor in Kham aus. Beide Kandidaten wurden in die Nähe Lhasas gebracht und dem Kashag vorgeführt. Wie uns die Biographen versichern, vermochte der Junge aus Kham die persönlichen Dinge des VIII. Dalai Lama zu identifizieren, während sein Konkurrent auf Imitationen hereinfiel. Nach dieser für einen Einjährigen ohne Zweifel bravourösen Leistung stand die Entscheidung fest.

Die tibetische Regierung verfaßte nun ein Schreiben an den Kaiser, das die unmißverständlichen Zeichen und die wundervolle Begabung des Kindes pries. Der Kaiser war so beeindruckt – ob von der talentierten Inkarnation oder von den Unruhen in Tibet, bleibe dahingestellt –, daß er am 5.3.1808 die Wahl anerkannte. Allerdings, so fügte er hinzu, müsse künftig das Losverfahren mit der Goldenen Urne unbedingt angewendet werden. Da sich die Lamas jedes offenen Widerspruchs enthielten, konnte der IX. Dalai Lama am 10.11.1808 den Thron im Potala besteigen. Er erhielt den Namen Lungtog Gyatso oder «Ozean von Prophetien».

Nach den wenigen Zeugnissen, über die wir verfügen, scheint der IX. Dalai Lama in der Tat ein außergewöhnlicher Knabe gewesen zu sein. Jeden, der ihn zu Gesicht bekam, verzauberte er durch sein Lächeln und seine Anmut, und so nimmt es nicht wunder, daß auch ein skurriler Brite, der zu jener Zeit durch Tibet reiste, dem kindlichen Charisma Lungtog Gyatsos erlag.

Audienz beim kindlichen Dalai Lama

Der Besucher hieß Thomas Manning (1772–1840), war Arzt von Beruf und traf im Dezember 1811 in Lhasa ein. Im Jahr davor war der langjährige Regent Yeshe Lobzang Tenpa Gonpo im Kloster Kundeling gestorben und durch Lobzang Thubten Jigme Gyatso ersetzt worden. Manning selbst hatte bereits während seiner Reise durch Tibet heiteres Befremden erregt, da er in theatralischer Verkleidung auftrat, die nach seiner Ansicht der typischen Landestracht entsprach. Vermutlich traf bereits diese Einschätzung nicht ganz zu, doch der Arzt ruinierte vollends den Effekt, indem er sein Kostüm mit Vollbart und Hornbrille kombinierte. Wie Manning unumwunden einräumt, brach der kindliche Dalai Lama bei seinem Anblick in herzhaftes Gelächter aus.

Der Arzt seinerseits war jedoch von Lungtog Gyatso aufs äußerste beeindruckt. «Das schöne und interessante Gesicht des Lama», erinnerte er sich später, «erregte meine ganze Aufmerksamkeit. Er war zu dieser Zeit etwa sieben Jahre alt und hatte das einfache und ungezierte Benehmen eines wohlerzogenen Prinzen. Sein Gesicht war geradezu poetisch und ergreifend schön. Sein Wesen war muntere, liebenswürdige Freundlichkeit, sein schöner Mund lächelte anmutig. Einige Male lachte er sogar zwanglos, wenn auch mit Anstand, insbesondere, wenn er zu mir schaute. Ohne Zweifel amüsierten ihn mein Bart und meine Brille ...»

Manning dagegen war weniger zum Lachen zumute. «Ich hätte beinahe geweint», schreibt er, «so stark war mein Eindruck, als ich den Potala wieder verließ.»

Seine Ergriffenheit scheint allerdings seine Auffassungsgabe ein wenig beeinträchtigt zu haben. Tatsächlich war der kleine Prinz, als Manning ihm seine Aufwartung machte, nicht sieben, sondern fünf Jahre alt. Natürlich unterhielt man sich mit Hilfe von Dolmetschern, und wir dürfen wohl annehmen, daß diese die Fragen, die der Dalai Lama seinem Gast stellte, mit der nötigen Freiheit ins Englische übersetzten. So erklärt sich, daß sich der Fünfjährige nach Mannings Erinnerung auch mit der Frage an ihn wandte, «ob ich ... während der Reise nicht zu vielen Schikanen ausgesetzt worden sei». Der Brite antwortete aufrichtig, daß es an behördlichen Schikanen nicht gemangelt habe, diese aber aufgewogen würden durch das Glück, daß er dem Dalai Lama begegnen dürfe.

Dieses Glück war nur wenigen Menschen vergönnt. Lungtog Gyatso starb am 26. März 1815, erst neun Jahre alt. Gerüchte über seine angebliche Ermordung, die vor allem der dreißig Jahre darauf in Tibet lebenden Lazaristenpater Huc aufgriff, ließen sich bis heute nicht erhärten. Sie klingen auch nicht allzu wahrscheinlich, da als Mörder ein Mann gehandelt wird, der erst vier Jahre darauf zum Regenten Tibets wurde. Wie wir noch sehen werden, sollte dieser Jampel Tshultrim zwar beim gleichfalls frühen Tod des X. Dalai Lama seine Hand im Spiel haben; die Umstände, unter denen der hoffnungsvolle Lungtog Gyatso umkam, waren aber wohl nur aus der Sicht der damaligen Medizin mysteriös: Nach allem, was wir wissen, erlag der IX. Dalai Lama einer Lungenentzündung, die er sich zu Neujahr zugezogen hatte – beim Großen Gebetsfest in Lhasa.

Tshultrim Gyatso, X. Dalai Lama

geb. am 25.4.1816 in Nastod Norbugrong bei Lithang, gest. am 30.9.1837 in Lhasa; X. Dalai Lama vom 6.2.1822–30.9.1837

Die Suche nach der Wiederverkörperung des IX. Dalai Lama zog sich zwei Jahre lang hin. Erst 1818 erhielt der Regent die Namen von fünf Jungen, die alle ein Jahr alt waren und aufgrund der vertrauten Vorzeichen als Kandidaten in Betracht kamen. Zwei von ihnen, die aus der Provinz Ü-Tsang stammten, hielten näherer Prüfung nicht stand und schieden bald wieder aus. Unter den anderen drei, die allesamt in Kham geboren waren, hätte nun nach kaiserlichem Befehl die Goldene Urne entscheiden müssen. Aber der Qianlong-Kaiser, der das Losverfahren verordnet, auf dessen Anwendung allerdings schon einmal verzichtet hatte, war inzwischen tot, und so mögen der Regent und die Lamas gehofft haben, auch diesmal nach überkommenem Ritual entscheiden zu dürfen.

Man einigte sich auf einen Kandidaten, der aus dem Umkreis von Lithang stammte. Dem Regenten gelang es, auch den Amban Yulin für seinen Plan zu gewinnen: 1818 wurde die kaiserliche Regierung ersucht, den Jungen als Reinkarnation des IX. Dalai Lama anzuerkennen. Die Antwort traf im April 1819 ein, eine scharfe Rüge für diesen neuerlichen Versuch, die kaiserliche Lotterie zu umgehen:

«Yulin und andere machten eine Eingabe bezüglich der Ernennung der Wiederverkörperung des Dalai Lama. Dies ist höchst unstatthaft; das darin gewünschte Verfahren könnte zu früheren Mißbräuchen zurückführen, indem nur Beweise von Hörensagen an Stelle der angeordneten Wahl durch das Los treten würden. Der verstorbene Kaiser Gaozong (posthumer Tempelname des Qianlong-Kaisers Hongli) beschäftigte sich mit der ganzen Angelegenheit und begründete die Praxis des Ziehens versiegelter Namen aus der Goldenen Urne, welche für alle Zukunft maßgebend bleibt und anzuwenden ist. Es soll ein Dekret veröffentlicht werden, daß das Kind von Lithang als Nummer Eins aus der Goldenen Urne gezogen werden soll. Wenn ein anderes entdeckt wird, laßt es die Nummer Zwei sein. Aber es müssen drei versiegelte Namen in die Urne gelegt werden, damit die Wahl echt ist. Die Lose müssen in Gegenwart des Volkes unter Singen von Gebeten gezogen werden. Das Dekret soll überall verbreitet werden, und der Demo Qutuqtu[46] soll nicht noch mehr Unruhe stiften! Wenn er nach Peking kommt, soll er verhaftet und bestraft werden.»[47]

Als dieser kaiserliche Erlaß in Lhasa eintraf, war der Regent allerdings bereits an den Pocken gestorben. Am 30.3.1819 ernannten die Ambans Jampel Tshultrim (1792–ca. 1845) zu seinem Nachfolger, jenen ehrgeizigen Mann, den zählebige Gerüchte bezichtigten, den IX. Dalai Lama ermordet zu haben. Auch dieser neue Regent zeigte sich wenig erpicht, das geforderte Losverfahren anzuwenden. Zwar wurden noch 1819 die drei Knaben aus Kham nach Nethang gebracht, wo der Regent und die Kashag-Minister die kleinen Kandidaten prüften, danach aber schleppte sich das Verfahren jahrelang hin. Die hohe Geistlichkeit, die den Jungen aus Lithang favorisierte, verzögerte die Wahl in der Hoffnung, daß durch günstige Umstände eines Tages auch die Goldene Urne wieder außer Kurs geriete.

1820 starb Kaiser Yongyan; ihm folgte Aisin Gioro Minning (Regierungszeit 1820–1850) auf den Thron. Da anscheinend auch er auf dem Losverfahren bestand, wurde am 6.2.1822 endlich die Goldene Urne aktiviert. Durch List oder Glück gelang es, die Nummer des Jungen aus Lithang zu ziehen, der unter dem Namen Tshultrim Gyatso («Ozean von Sittlichkeit») am 23.9.1822 im Potala inthronisiert wurde.

Sinnbild eines siechenden Systems

Das 19. Jahrhundert hatte längst begonnen, und noch immer war Tibet als Feudalstaat organisiert. Das Volk ächzte unter immer höheren Steuerlasten, die der tibetischen Aristokratie und den chinesischen Machthabern einträgliche Pfründe sicherten. Während der Regentschaft von Jampel Tshultrim wurde das Steuersystem reformiert, aber mit dem alleinigen Zweck, noch höhere Abgaben aus der Bevölkerung herauszupressen. Ein immer größerer Apparat an Beamten mußte versorgt werden, immer dreister pochten die adligen Sippen auf ihre angestammten Rechte. Unsummen verschlang auch die staatliche Korruption, da Regent und Kashag für jede Regierungsmaßnahme die Zustimmung der Residenten brauchten.

Obwohl der Dalai Lama kaum mehr politische Macht besaß, hatte die Familie, in der die Reinkarnation eines großen Lamas aufgefunden wurde, buchstäblich das Große Los gezogen. Der Vater des Dalai Lama etwa erhielt automatisch den Rang eines Herzogs und die entsprechenden Pfründe; wenig verwunderlich also, daß die herrschende Elite alles Erdenkliche unternahm, um die Wahl der neuen Wiederverkörperung in ihrem Sinn zu lenken.

Tshultrim Gyatso scheint über diese Entwicklung sehr unglücklich gewesen zu sein. Die herrschenden Sippen bereicherten sich immer schamloser und mißbrauchten die Institution des Dalai Lama immer unverhohlener als bloße Fassade für ein korruptes und intrigantes System. Er selbst liebte es, sich unter das einfache Volk zu mischen; die Gesellschaft der heuchlerischen Hofbeamten war ihm zuwider. Jedoch war der X. Dalai von so kränklicher Konstitution, daß er seine Gemächer nur selten verlassen konnte. Ein Sinnbild des siechenden Systems, das er repräsentierte, lag er meist matt auf seiner Veranda, und weder Ärzte noch Gebete konnten seine gesundheitliche Verfassung stärken.

So vermochte er während seiner kurzen Amts- und Lebenszeit nicht in die politischen Ränke einzugreifen. Jedoch ist überliefert, daß er den Machtmißbrauch insbesondere des Regenten mit wachsendem Zorn beobachtete. Einmal, als Jampel Tshultrim und die Kashag-Minister nach ihm sahen, warf ihnen der Dalai Lama vor, daß sie nur zur Erhöhung ihres eigenen Prestiges vortäuschten, sich um seine Gesundheit zu sorgen. Offen klagte er sie der Mißwirtschaft an, und man kann sich leicht vorstellen, daß Jampel Tshultrim mit wachsender Beunruhigung dem Tag entgegensah, an dem der X. Dalai Lama die Volljährigkeit erreichen würde. Tshultrim Gyatsos Krankheit mag seine Ausbildung verzögert haben, womöglich verschleppte aber der Regent auch dieses Verfahren: Jedenfalls legte der X. Dalai Lama erst am 15.3.1834 seine Gelübde als Vollmönch ab – in seinem 19. Lebensjahr, drei Jahre vor seinem gewaltsam herbeigeführten Tod.

Der Jammu-Fuchs

Abgesehen von einem Mongolenaufstand am Koko-nor-See, den Jampel Tshultrim 1829 niederwerfen ließ, herrschte in Tibet zur Zeit des X. Dalai Lama Frieden. 1834 begann jedoch im Westen von Tibet eine Auseinandersetzung, die in den folgenden Jahren auch Lhasa erschüttern sollte. Im nordwestindischen Pandschab war gegen Ende des 18. Jahrhunderts unter Ranjit Singh das mächtige Sikh-Reich mit der Hauptstadt Lahore entstanden. 1819 hatten die Sikh den Afghanen auch Kaschmir entrissen und waren die Oberherren zahlreicher Hindu-Fürstentümer geworden, darunter das Fürstentum Jammu mit seinem Herrscher Gulab Singh (Regierungszeit 1820–1857).

Dieser expansionslüsterne Fürst, den die Engländer wegen seiner Verschlagenheit «Jammu-Fuchs» nannten, ließ 1834 eine Armee unter General Zorawar Singh in das Fürstentum Ladakh einmarschieren. Seine Soldaten, Angehörige der Dogra-Kriegerkaste, besiegten Tshepel Dondrub Namgyal, den König von Ladakh, der die Oberhoheit Jammus anerkennen mußte. Drei Jahre darauf plante dieser König offenbar, wieder von Jammu abzufallen; daraufhin ersetzte ihn Zorawar Singh durch einen ihm genehmen Herrscher. Viele Ladakhis flohen aufgrund dessen nach Tibet, das zahlreiche Bauern und Mönche aufnahm und sich hierdurch den Zorn des Jammu-Fuchses zuzog.

Auf tibetischer Seite stand ihm ein Mann gegenüber, der ihm in puncto Verschlagenheit zweifellos ebenbürtig war: der Regent Jampel Tshultrim. Noch bevor der Jammu-Fuchs den Einmarsch seiner Dogras in Tibet befehlen sollte, verstarb im Potala, am 30.9.1837, der X. Dalai Lama.

Eine unerklärliche Wunde

Erlag Tshultrim Gyatso der List des Regenten oder seiner langen Krankheit? Darüber streiten bis heute die Gelehrten ebenso wie gläubige Tibeter, die dafür gesorgt haben, daß gewisse Gerüchte bis heute nicht verstummen wollen.

Für die Annahme, daß der X. Dalai Lama ohne äußere Gewalteinwirkung verstarb, spricht die Tatsache, daß er seit vielen Jahren an einer Krankheit litt. Aber was war das für eine Krankheit? Darüber ist nichts bekannt. Könnte er nicht auch einer schleichenden Vergiftung erlegen sein?

Ein Gerücht behauptet, daß Tshultrim Gyatso mitsamt seiner Familie vergiftet worden sei: Dieser tödliche Anschlag, so er stattfand, könnte der Schlußpunkt in einem langfristigen Plan gewesen sein, den Dalai Lama von Anfang an durch Gifte zu schwächen und ihn schließlich durch eine größere Dosis zu töten.

Zwar liegen keinerlei Beweise für diese Hypothese vor, der Nutznießer eines solchen Attentats steht jedoch außer Zweifel: Da der X. Dalai Lama kurz vor seiner Volljährigkeit stand, hatte der anerkanntermaßen skrupellose Regent erstklassige Gründe, den Mann zu beseitigen, der ihm wenig später die Macht aus den Händen genommen hätte.

Eine weitere Version besagt, daß der Panchen Lama und der chinesische Amban eines Tages eine unerklärliche Wunde am Genick des jungen Mannes entdeckten. Wie nachhaltig der Tod des X. Dalai Lama die Gemüter beschäftigte, geht im übrigen aus einem Memorandum des chinesischen Außenministeriums hervor, das 1877 in der «Peking Gazette» veröffentlicht wurde. Demnach soll die mysteriöse Halswunde damals tatsächlich festgestellt worden sein, und überdies hätten der Panchen Lama und der Resident seinerzeit den Regenten bezichtigt, einen Mordanschlag auf den Dalai Lama verübt zu haben.

Nach der plausibelsten Version wurde der X. Dalai Lama von herabfallenden Trümmern erschlagen, als die Decke in seinem Schlafgemach im Potala eingestürzt sei. Dieser tödliche Vorfall soll sich wenige Tage nach Entdeckung der mysteriösen Halswunde ereignet haben. Woher diese Verletzung stammt und ob sie in einer Beziehung zum Tod Tshultrim Gyatsos steht, muß demnach ebenso offenbleiben wie die Frage, ob Jampel Tshultrim den Einsturz der Decke bewerkstelligte oder es sich um einen schlichten Unglücksfall handelte.

Wie auch immer: Der frühe Tod Tshultrim Gyatsos trug Jampel Tshultrim etliche weitere Jahre ungefährdeter Regentschaft ein. Und nachdem keiner der letzten drei Dalai Lamas das weltliche Geschick Tibets nachhaltig beeinflußt hatte, schien von der Institution des Dalai Lama nun faktisch keinerlei politische Macht mehr auszugehen.

Khedrub Gyatso, XI. Dalai Lama

geb. am 8.10.1838 in Kontsegshis bei Garthar/Kham, gest. am 1.1.1856 in Lhasa; XI. Dalai Lama vom 25.5.1842–31.1.1856

Schon mehr als zwei Jahre waren seit dem Tod des X. Dalai Lama vergangen, doch der Regent zeigte keinerlei Interesse, dessen Reinkarnation suchen und anerkennen zu lassen. Wofür brauchte das Volk einen Dalai Lama, da es doch ihn hatte, Jampel Tshultrim? Dreister als je zuvor plünderte er das Land aus und beschlagnahmte Gelder, Häuser, Ländereien nach Gutdünken, ohne sich durch die Vorhaltungen des Panchen Lama beirren zu lassen.

Auf dem Höhepunkt seines Machtrauschs ließ er sich gar in einer gelben Sänfte mit gelbem Staatsbaldachin tragen, ein Privileg, das dem Dalai Lama und dem Panchen Lama vorbehalten war. Seit Sangye Gyatsos Zeiten war kein Regent mächtiger gewesen als Jampel Tshultrim. Seine Herrschaft basierte auf einem Morast aus Korruption und erschlichenen Privilegien, an dem längst auch die Geistlichen zu Tausenden teilhatten. So stand die Bruderschaft des großen Klosters Sera geschlossen auf seiten des Regenten, ebenso hohe Würdenträger anderer Klöster sowie unzählige weitere Personen, die allein ihm ihr Amt verdankten. Und die beiden Ambane, die in Schmiergeldern förmlich badeten, deckten den dreisten Machtmißbrauch durch phantasievolle Berichte an den Kaiserhof, in denen sie Tibet als blühendes Protektorat schilderten, das dank ihrer politischen Weisheit in Frieden und Wohlstand gedeihe.

In Peking wird man diese Berichte ohnehin nur hastig überflogen haben: Der Kaiser hatte andere Sorgen. Seit einiger Zeit überschwemmten die Briten den chinesischen Markt mit Opium aus Britisch-Indien. Als der Gouverneur der südchinesischen Provinz Guangdong die Einfuhr des Rauschgifts verbot und strenge Kontrollen anordnete, setzte England seine Truppen gegen das Mandschureich in Marsch. Die militärisch überlegenen

Engländer gewannen den schändlich heraufbeschworenen sogenannten Ersten Opiumkrieg (1839–1842) und zwangen China zu einem demütigenden Friedensschluß: Fortan mußte Peking die Einfuhr von Opium nach China wieder gestatten; überdies annektierten die Briten Hongkong. Angesichts dieser Probleme verblaßte selbst die Dreistigkeit des Regenten in Lhasa, auch wenn dieser chinesische Gesetze gleich serienweise brach.

Die wundersame Auffindung Khedrub Gyatsos

Vor diesem Hintergrund war es eher ein politisches Wunder, daß sich die korrupte Elite von Tibet doch noch auf die Reinkarnation des X. Dalai Lama besann, die seit geraumer Zeit ihrer Auffindung harrte. Der Form halber befragte man die Goldene Urne, die am 8.9.1841 den gewünschten Namen preisgab: Die Wiederverkörperung Tshultrim Gyatsos war ein Junge aus einer sehr armen Familie, der am 18.10.1838 nahe dem Kloster Garthar in Kham zur Welt gekommen war. Der Vater des Knaben hatte bis dahin die Familie ernährt, indem er Dung einsammelte und als Brennmaterial verkaufte. Nach der Wahl seines Sohnes, die in Anwesenheit des kaiserlichen Gesandten Changkya Qutuqtu stattfand, wurde er zum Herzog ernannt und konnte sich glücklich schätzen, daß nun auch er an den märchenhaften Pfründen teilhaben durfte. Vom Dungsammler zum Herzog: eine Karriere, die im theokratischen Feudalismus Tibets jahrhundertelang an der Tagesordnung war.

Am 29.9.1841 wurde der XI. Dalai durch ein kaiserliches Dekret anerkannt. Nach wie vor verschleppte der Regent das Verfahren nach Kräften, so daß der Knabe erst am 25.5.1842 im Potala inthronisiert wurde. Er erhielt den Namen Khedrub Gyatso oder «Ozean von Wissen und geistlicher Vollendung»; jedoch sollte ihm für seine geistlichen Studien kaum mehr Zeit als seinem unglücklichen Vorgänger bleiben. Anscheinend scheuten der Regent und die beiden Residenten keinen Aufwand, um den kaiserlichen Sondergesandten zu beeindrucken. Als Changkya Qutuqtu nach Peking zurückkehrte, war er jedenfalls voll des Lobes über den Charakter und die Intelligenz des Jungen, dessen Inthronisierung er gleichfalls beigewohnt hatte.

Da Khedrub Gyatso zu diesem Zeitpunkt erst vier Jahre alt war, schien die Herrschaft des Regenten für weitere lange Jahre gesichert zu sein – wäre da nicht der «Jammu-Fuchs» gewesen, der sich zu dieser Zeit an die Grenzen Tibets heranpirschte.

Invasion der Dogras

Mit Zorawar Singh, dem Feldherrn Gulab Singhs, haben wir im vorherigen Kapitel schon Bekanntschaft gemacht. Seine Absetzung des Königs von Ladakh hatte eine unwillkommene Massenflucht ausgelöst, daher setzte er Tshepel Dondrub Namgyal 1839 kurzerhand wieder ein. Daraufhin kehrten die geflohenen Ladakher aus Tibet zurück und erkannten ihren Fehler zu spät: 1840 wurden sie mitsamt ihrem König gezwungen, an einem Feldzug gegen Baltistan teilzunehmen. Bei dieser Expedition starb der König an den Blattern, doch sein Nachfolger und Enkel Kunga Namgyal II. erwies sich als ebenso fügsam: Tatenlos sah er mit an, wie die Besatzer den buddhistischen Klöstern seines Landes hohe Steuern auferlegten. Allein das berühmte Kloster Hemis mußte den Dogra-Truppen 12 000 Scheffel Getreide, 70 Pferde und 300 Pferdeladungen zur Verfügung stellen.

Diese beachtliche Marschverpflegung benötigten die Dogras, da sie kurz darauf mit 5000 Mann in den tibetischen Landstrich Ngaris einfielen. Sie plünderten etliche Klöster südlich des heiligen Sees Manasarovar, eine Schmälerung seiner Einkünfte, die der Regent von Lhasa keineswegs hinnehmen wollte: In Eilmärschen stürmte ein tibetisches Heer von 10 000 Mann herbei, das die Dogras vernichtend schlug und ihren General Zorawar Singh tötete. Indes stießen die Dogras wenig später mit einem neuen Heer nach, dem die Tibeter zwar in langwierigen Schlachten standhielten; jedoch gelang es ihnen nicht, die Invasoren wieder zu vertreiben. Ermattet einigte man sich 1842 auf einen Friedensvertrag, durch den Ladakh an Jammu fiel; zumindest aber die Grenzen des ehemaligen Königreichs Tibet blieben bestehen.

Wenige Jahre später sollte sich der «Jammu-Fuchs» Gulab Singh im Bunde mit den Engländern gegen seine Oberherren, die Sikhs, erheben. Als Lohn des Verrats erhielt er 1846 von den Briten das Land Kaschmir, das er seinem Fürstentum einverleibte.

Sein Reich bestand nun aus dem hinduistisch dominierten Jammu, dem muslimischen Kaschmir und dem tibetisch-buddhistischen Ladakh – eine explosive Zusammensetzung, die diese Region bis heute nicht zur Ruhe kommen läßt.

Die Tibeter hätten nun ein wenig Stolz empfinden können, da es ihnen ohne den Beistand chinesischer Truppen gelungen war, die Dogras aus ihrem Land – wenn auch nicht aus dem befreundeten Ladakh – zu vertreiben. Doch die drückende Herrschaft Jampel Tshultrims ließ in der Bevölkerung für andere Gefühle als Resignation und ohnmächtigen Zorn wenig Raum.

Ein Panchen Lama als Interimspremier

Auch die Chinesen hatten mittlerweile Frieden geschlossen, jenen Frieden, der einer Kapitulation vor den Rauschgifthändlern Ihrer britischen Majestät täuschend ähnlich sah. 1843 ersuchten der Panchen Lama und andere Würdenträger den Kaiser, die Herrschaft des Regenten von Lhasa zu beenden. Zum Glück war gerade zu dieser Zeit ein gewisses Mißverhältnis zwischen den Berichten der Ambans und den tatsächlichen Zuständen augenfällig geworden: Die Karawanen, mit denen die großen Lamas alljährlich Geschenke zum chinesischen Kaiserhof bringen ließen, waren mehrmals in den Einöden Osttibets überfallen worden. Dieses Ärgernis veranlaßte den Kaiser, Qishan, einen seiner begabtesten Diplomaten, als neuen Amban nach Lhasa zu schicken.

Am 17.9.1844, unmittelbar nach seinem Eintreffen, ließ Qishan den Regenten und dessen Vertraute verhaften. Die Anhänger Jampel Tshultrims, insbesondere die Mönche von Sera, probten daraufhin den Aufstand: Sie bemächtigten sich zweier Kashag-Minister, die mit Quishan zusammenarbeiteten, prügelten einen der Minister zu Tode und brachten den Regent im Triumph nach Sera. Doch ihr Mut sank rasch, als chinesische und tibetische Truppen in der Nacht das Kloster umzingelten: Die Mönche gaben auf und ihren korrupten Gönner heraus. Zum neuen Regenten (1844–1845) wurde der IV. Panchen Lama Tenpai Nyima ernannt. Er leitete auch die Untersuchung gegen den Ex-Regenten; Jampel Tshultrim wurde für schuldig befunden und in ein Kloster in der nördlichen Mandschurei verbannt, wo er bald darauf verstarb.

Der Panchen Lama fand indes wenig Gefallen an der weltlichen Herrschaft; nach nur achtmonatiger Regentschaft trat er im Mai 1845 zurück. Die Wahl seines Nachfolgers mutet sonderbar an: Obwohl die Aufgabe des Regenten ausdrücklich darin bestand, den Dalai Lama bis zu dessen Volljährigkeit zu vertreten, erhielt der gleichfalls noch unmündige Tshultrim Gyaltsen die Siegel der weltlichen Macht. Während nun formell ein siebenjähriger Knabe und ein 18jähriger Jüngling Tibet vorstanden, hielt in Wirklichkeit allerdings der Minister Wangchuk Gyalpo Shatra die Zügel in der Hand, ein altgedienter Politiker, der sich im Krieg gegen die Dogras bewährt hatte und nun eine Neukodifizierung des tibetischen Rechts durchsetzte.

Der Dalai Lama kehrt an die Macht zurück

Aus den Berichten der beiden Lazaristenpater Huc und Gabet, die um jene Zeit Lhasa besuchten, geht hervor, daß Tibeter und Chinesen einander mit Mißtrauen beobachteten. Allerdings scheinen auch die beiden Missionare den Tibetern nicht allzu viel Vertrauen eingeflößt zu haben: Ihre Bitte um eine Audienz beim Dalai Lama wurde unter dem schütteren Vorwand zurückgewiesen, man befürchte, der erst siebenjährige Junge könne mit den Pocken angesteckt werden.

Der neue Regent Yeshe Tshultrim Gyaltsen ließ Pater Huc eine Weile Gerüchte zur angeblichen Ermordung des IX. Dalai Lama sammeln, doch 1846 komplimentierte er die beiden wieder aus dem Land hinaus. Ihr Reiseziel war Kalkutta, aber auf Anordnung des Ambans Qishan mußten die Jesuiten den gewaltigen Umweg über das chinesische Bathang nehmen.

Längst war das Reich der Mitte nur noch ein Schatten seiner einstigen Macht. Nicht lange nach der chinesischen Niederlage gegen die Briten sah sich der neue Kaiser Aisin Gioro Yizhu (Regierungszeit 1850–1861) mit einem gewaltigen Aufstand konfrontiert, der Taiping-Rebellion (1851–1864), die das Reich bis in die Grundfesten erschütterte. Da war es für Peking nur ein geringer Trost, daß zumindest in Tibet die ärgsten Mißstände beseitigt waren und die Lamas weiterhin treu zu ihren Schutzherren hielten. Die Zeiten, da sich der Lamaismus in Peking religiöser Verehrung erfreut hatte, gehörten zwar längst der Vergangenheit an; das hinderte den Kaiser aber nicht, den IV. Panchen Lama Tenpai Nyima als umsichtigen und loyalen Staatsmann zu schätzen. Als der Panchen Lama, der lange Jahre die Politik Tibets entscheidend mitbestimmt hatte, 1852 starb, sandte der Kaiser ein ehrenvolles Beileidsschreiben sowie 5000 Taels für die Totenfeier.

Auf kaiserliche Anordnung übernahm am 1.3.1855 der junge Dalai Lama Khedrub Gyatso die weltlichen Amtsgeschäfte. Er war zu diesem Zeitpunkt erst 17 Jahre alt, hätte also das Amt sowenig antreten dürfen wie vor ihm der unmündige Regent. Aber das Wort des Kaisers war noch immer Gesetz und bedurfte keiner weiteren Begründung. So nahm also zum ersten Mal seit der kurzen und eher formellen Regentschaft des VIII. Dalai Lama wieder eine Verkörperung des Bodhisattva Avalokiteshvara auch die weltlichen Zügel in die Hand.

Schon im Jahr davor waren die Nepalesen abermals in Tibet eingefallen. Eine angebliche Verletzung von Handelsabkommen genügte ihnen als Vorwand, um das tibetische Ngaris zu besetzen. Wieder warfen sich tibetische Truppen den Invasoren entgegen; wieder blieb die militärische Hilfe des geschwächten chinesischen Protektors aus. Daher konnten die Tibeter den Vormarsch der Nepalesen zwar stoppen, aber die Kämpfe zogen sich 18 Monate lang hin, ohne daß es gelang, die Invasoren wieder außer Landes zu jagen.

Währenddessen verstarb Khedrub Gyatso, der XI. Dalai Lama, am 31.1.1856 im Alter von nur 17 Jahren. Wenngleich wir über keinerlei Anhaltspunkte verfügen, daß auch sein Tod gewaltsam herbeigeführt worden sein könnte, bleibt es sonderbar, daß mit ihm bereits der dritte Dalai Lama in Folge im Kindes- oder Jugendalter hinweggerafft wurde.

Trinle Gyatso, XII. Dalai Lama

geb. am 27.12.1856 in Olga, gest. am 25.4.1875 in Lhasa;
XII. Dalai Lama vom 19.8.1860–25.4.1875

Nach dem Tod Khedrub Gyatsos übernahm Yeshe Tshultrim Gyaltsen zum zweiten Mal die Regentschaft. Der Friedensvertrag, den er im März 1856 mit Nepal schloß, räumte diesem wichtige Handelsprivilegien ein, außerdem das Recht, die Handelsbeziehungen beider Länder durch einen ständigen Agenten mit Sitz in Lhasa zu überwachen. Im Gegenzug gelobte Nepal, Lhasa bei einem etwaigen Angriff durch Dritte beizustehen. Denn Tibet ist «der Tempel des [Dalai] Lama und der Ort, wo dieser besonders verehrt wird», weshalb ihm auch besonderer Schutz vor «den Truppen eines anderen Radscha» gebühre, wie es in dem Vertrag ausdrücklich heißt.

Das Dokument trägt die unverkennbare Handschrift des Regenten Tshultrim Gyaltsen. Klaglos hatte er dem XI. Dalai Lama die weltliche Macht übertragen, als dies von ihm verlangt worden war. Und er persönlich sorgte nun dafür, daß unverzüglich die Suche nach der neuen Reinkarnation begann.

Die wundersame Erwählung Trinle Gyatsos

Bereits bei der Wahl des neuen Panchen Lama Palden Chökyi Drakpa im Januar 1857 hatte man sich vorschriftsmäßig der Goldenen Urne bedient. Erfolgreich verlief nun auch die Suche nach dem XII. Dalai Lama: Wieder fand man drei geeignete Kandidaten, doch nur einer von ihnen, ein am 27.12.1856 im südtibetischen Olga geborener Junge, bestand die üblichen Prüfungen mit Glanz.

Daraufhin verlangten viele Tibeter vom Regenten, dieses Kind unter Umgehung der Goldenen Urne anzuerkennen. Tshultrim

Gyaltsen wagte es jedoch nicht, dieser Forderung zu entsprechen, obwohl einige Beamten ihn warnten, es könnten Unruhen ausbrechen, falls das Los nicht auf das bereits erwählte Kind falle.

Als man anläßlich der Mönlam-Feierlichkeiten am 26.2.1858 die Goldene Urne befragte, wurde glücklicherweise das Los des Jungen aus Olga gezogen. Der Regent verlieh ihm seinen neuen Namen: Trinle Gyatso oder «Ozean von Buddhas Werken», und inthronisierte ihn am 18.8.1860 feierlich im Potala. Aber obwohl sich Volkes Wille solcherart erfüllt hatte, galt der Regent fortan als allzu beflissener Vasall Pekings, der die Institution des Dalai Lama durch die verhaßte kaiserliche Urne besudelt habe.

Desi kontra Regent

Von geistlichen Lehrern unterwiesen, wuchs Trinle Gyatso in einem abermals von inneren Krisen erschütterten Land auf, in dem er nie wirklich an die Macht gelangen sollte. Der XII. Dalai Lama war noch ein Kind von eben fünf Jahren, als ein offener Konflikt zwischen dem Regenten und seinem bedeutendsten Minister Wangchuk Gyalpo Shatra ausbrach:

Öffentlich bezichtigte Shatra den Regenten, bei der Verteilung von Titel und Pfründen seine Macht zu mißbrauchen. Anfang 1862 setzte er im Kashag durch, das Amt eines Siegelbewahrers zu schaffen, das ihm selbst als dem Ältesten zu übertragen sei. Der Regent, dem man das Dokument zur Unterzeichnung vorlegte, durchschaute den Plan, fand den Drahtzieher heraus und kehrte flugs den Spieß um: Er zitierte Shatra in seinen Palast, klagte ihn gewisser Unregelmäßigkeiten an und würzte seine Vorwürfe mit dem Verdacht, daß der Minister mit den Nepalesen konspiriere.

Falls Tshultrim Gyaltsen gehofft hatte, seinen Widersacher hierdurch kaltzustellen, sah er sich bald schon eines Schlechteren belehrt. Zwar gelang es ihm, Shatra abzusetzen; der Minister wurde in das Kloster Gyalche Gompa gebracht, wo man ihn zwang, als Mönch allen weltlichen Gelüsten zu untersagen. Shatra indes beabsichtigte nicht einen Augenblick, das ihm abgepreßte Gelübde zu erfüllen. Noch immer hatte er mächtige Verbündete: die Mönche von Drepung und Ganden. Und als der Regent kurz darauf den Fehler beging, Drepung bei der Getreideverteilung zu benachteiligen, empörten sich die Mönche der beiden großen Klöster in einer gemeinsamen Aktion gegen Tshultrim Gyaltsen und befreiten ihren Mitbruder wider Willen, den Ex-Minister Shatra.

Unterstützt von den Beratern des mittlerweile sechsjährigen Dalai Lama, kündigte Shatra daraufhin an, er werde sich zum Desi – also zum Ministerpräsidenten – ernennen lassen. Hilfesuchend wandte er sich auch an den kaiserlichen Hof zu Peking, wo offiziell der damals sechsjährige Aisin Gioro Zaichun (Regierungszeit 1861–1875), tatsächlich aber die Kaiserinwitwe Yehenara Xiaojin («Cixi», 1835–1908) regierte. Die kaiserliche Regierung ernannte im Juni 1862 einen neuen Amban namens Jingweng, der zusammen mit dem bereits in Lhasa residierenden Amban Manqing die Angelegenheit untersuchen und den Regenten absetzen sollte.

Zu diesem Zeitpunkt hatten Shatra und seine Gefolgsleute aus Drepung und Ganden jedoch Tshultrim Gyaltsen bereits gezwungen, ins Kloster Sera zu fliehen. Im Monat darauf setzte sich der gestürzte Regent gen China ab, wo er am Kaiserhof seine Unschuld zu beweisen versuchte und verlangte, in die alten Rechte eingesetzt zu werden. Die kaiserliche Regierung verfügte jedoch nur, daß ihm seine konfiszierten Güter zurückzugeben seien. Mit diesem Bescheid machte sich Tshultrim Gyaltsen auf den Rückweg, doch unterwegs erkrankte er und verstarb. Die Regierung in Peking aber erkannte Shatra im Oktober 1862 als neuen Regenten an.

Er sollte indes an der neu errungenen Macht wenig Freude finden: Bald darauf erhob sich Gompo Namgyal, der machtlüsterne Fürst des osttibetischen Nyarong. Der Fürst zwang sechstausend Familien zur Flucht nach Zentraltibet, wo sie Peking und Lhasa um militärische Hilfe baten. Der Kaiser konnte einmal mehr keine Truppen entbehren: Noch immer rangen seine Armeen mit den Taiping-Rebellen, seit 1860 überdies mit den Folgen der britisch-französischen Militärexpedition. So mußten die Truppen der tibetischen Regierung allein gegen den aufständischen Fürsten vorgehen. Erst nach langwierigen Kämpfen gelang es, Nyarong zu unterwerfen, und wenig später, im September 1864, verstarb der Regent Wangchuk Gyalpo Shatra.

Verschwörung gegen den Dalai Lama

Shatras Nachfolger Khenrab Wangchuk, ehemals Abt des Klosters Ganden, sah sich zwar keinen kriegerischen Querelen, jedoch den ebenso gefährlichen Fallstricken einer politischen Intrige ausgesetzt. 1868 ernannte eine noch von Shatra eingerichtete «Versammlung von Beamten und Mönchen von Drepung und Ganden» einen gewissen Palden Dondub zum Großkämmerer des Dalai Lama. Drei Jahre darauf planten Palden Dondub und seine Hintermänner, die komplottfreudigen Mönche von Ganden, den mittlerweile 15jährigen Dalai Lama abzusetzen und den Regenten zu stürzen. Als ihre Verschwörung aufgedeckt wurde, suchten sie ihr Heil in der offenen Rebellion.

Zusammen mit den chinesischen Residenten gelang es dem Regenten, den Dalai Lama in Sicherheit zu bringen. Zugleich setzte man starke Truppeneinheiten gen Ganden in Marsch, wo sich Palden Dondub im Kloster verschanzt hatte. Der Großkämmerer floh, wurde von Soldaten gestellt und beging Selbstmord, woraufhin auch die rebellierenden Mönche sich wieder dem Potala unterwarfen.

Als Folge dieses Aufstands wurde zwar die «Versammlung der Beamten und Mönche von Drepung und Ganden» aufgelöst. Doch an ihre Stelle trat eine «Tsongdu» genannte Versammlung, die potentiellen Verschwörern eine ebenso ergiebige Plattform bot: Dem Tsongdu gehörten die Äbte der drei großen Klöster Drepung, Sera und Ganden sowie die Leiter aller Regierungsstellen an.

Tödliche Reise zum mystischen See

Nachdem Khenrab Wangchuk im Oktober 1872 verstorben war, entschied die kaiserliche Regierung in Peking, der (nach chinesischer Zählung) knapp 18jährige Dalai Lama solle nun selbst die Regierungsgeschäfte übernehmen. Am 12.3.1873 wurde Trinle Gyatso in einer feierlichen Zeremonie offiziell die weltliche Macht übertragen. Aber nach allem, was wir wissen, hat er davon niemals Gebrauch gemacht.

Im Jahr darauf reiste er zum mystischen See Lamoi Latso, eine Pilgerfahrt, die jeder Dalai Lama einmal in seinem Leben auf sich nehmen muß. Trinle Gyatso war wohl ebenso kränklich wie etliche seiner Vorgänger, und die beschwerliche Reise zum Kloster Chorkhorgyal scheint ihn vollends zerrüttet zu haben. Der bedeutende Dalai-Lama-Biograph Schulemann nimmt an, daß auch der Besuch im dortigen «Schreckenstempel» mit den grausigen Abbildungen von Schutzgöttern und zornigen Gottheiten die Gesundheit des Jünglings untergrub. Möglicherweise, so Schulemann, sei aber der junge Dalai Lama schon nicht mehr im Vollbesitz seiner psychischen Kräfte gewesen, als er den Potala verließ, um zum mystischen See zu pilgern. Denn wie um den Willen der Verschwörer nachträglich doch noch zu erfüllen, habe man Trinle Gyatso nach dem Selbstmord des Großkämmerers mit dessen Leiche förmlich zu Tode erschreckt:

«Man band die Leiche wie lebend sitzend auf dem Pferde fest, brachte sie so nach Lhasa zurück und holte den jungen Dalai Lama vom Potala herab, ohne ihm zu sagen, was er sehen würde. Der damals Fünfzehnjährige war so entsetzt, als er seinen Vertrauten erkannte, daß er überhaupt niemanden mehr um sich sehen wollte und nur noch wie irre allein umherwanderte.»[48]

Oder war doch einmal mehr Gift im Spiel gewesen? Selbstverständlich kam dieses Gerücht gleich wieder auf, als der XII. Dalai Lama am 25.4.1875 starb. Er war lediglich 19 Jahre alt geworden und hatte seinen Vorgänger selbst mit dieser geringen Lebensspanne um ein Jahr überlebt. Konnte es mit rechten Dingen zugehen, daß ein Dalai Lama nach dem anderen in zartestem Alter dahingerafft wurde?

Da die Gerüchte nicht verstummen wollten, entschloß sich der Regent, zwei Männer verhaften zu lassen, die während Trinle Gyatsos kurzer Regierungszeit zu Titeln und Reichtum gelangt waren. Im Kerker wurden die beiden Günstlinge des verstorbenen Dalai Lama sogar gefoltert, doch der Verdacht eines Giftanschlags ließ sich weder erhärten noch widerlegen. Die beiden unseligen Favoriten wurden in die Verbannung geschickt; die Umstände, die zum Tod des XII. Dalai Lama führten, blieben indes so mysteriös wie das frühzeitige Ableben seiner drei unmittelbaren Vorgänger.

Thubten Gyatso, XIII. Dalai Lama

geb. am 27.5.1876 in Pherchode/Dakpo, gest. am 17.12.1933 in Lhasa; XIII. Dalai Lama vom 12.2.1878–17.12.1933, Staatsoberhaupt des unabhängigen Tibet vom 14.2.1913–17.12.1933

Solange er über die erforderliche Macht verfügte, hatte der chinesische Kaiserhof das Reich der Mitte – und damit auch sein tibetisches Protektorat – vom Rest der Welt abgeschottet. In den zurückliegenden Jahrhunderten war das Verhältnis zwischen Lhasa und Peking selten innig gewesen, noch seltener indes von wirklicher Feindschaft geprägt. Tibet akzeptierte die politische Vorherrschaft und militärische Überlegenheit des riesenhaften Nachbarreichs; umgekehrt hatte Peking lange Zeit die religiöse Ausstrahlung und kulturelle Sonderstellung Lhasas respektiert. Und auch wenn das Ansehen des Lamaismus am Kaiserhof mehr und mehr gesunken war, verband die beiden Völker eines noch immer: die aufrichtige Skepsis gegenüber allen Fremden, mochten diese nun aus Indien oder gar aus Europa kommen.

Die aufstrebenden europäischen Imperialmächte nahmen jedoch von dieser hochmütigen Abneigung wenig Notiz. Mit der abendländischen Kultur hatte auch Tibet seit Ende des 18. Jahrhunderts mehrfach auf schmerzhafte Weise Bekanntschaft gemacht. Bereits die nepalesischen Gurkhas und die Dogras hatten die Tibeter mit überlegenen Waffen schockiert, die diese indischen Völker insbesondere dem Kontakt mit dem britischen Empire verdankten. Weitaus drastischere Zusammenstöße zwischen der sino-mandschurischen Machtsphäre und dem europäischen Imperialismus sollten in den nächsten Jahrzehnten folgen.

Von allen Seiten drängten zur Jahrhundertwende die eroberungslüsternen europäischen Großmächte in den asiatischen Raum: erst das britische Imperium, dann Frankreich, schließlich Rußland – ein Zangengriff, in dem das alte China mit erschrekkender Raschheit zerbrach. Damit öffnete sich gleichsam auch der Himmel über dem Potala, denn der einst allmächtige Kaiser sollte seine zugleich schützende und bedrohende Hand nicht mehr lange über Lhasa halten.

In der ersten Hälfte des 19. Jahrhunderts eroberten die Engländer Indien, in der zweiten hielten sie Ausschau nach neuen Märkten. Die Truppen Ihrer Majestät fielen in Burma ein und griffen selbst das chinesische Kaiserreich an. So schändlich die Motive waren, aus denen die Briten in den Opiumkriegen über China herfielen, so schmählich war das Resultat dieser Waffengänge für Peking: Der sino-mandschurische Riese erwies sich als Koloß auf tönernen Füßen, der sich von dem wuchtigen Zusammenprall mit Europa nie mehr erholen sollte.

Zusammen mit den Franzosen, die in Vietnam, Kambodscha und Laos ihr eigenes Kolonialreich aufbauten, attackierten die Briten noch mehrfach das wankende Kaiserreich, das sie weniger als ebenbürtigen Gegner denn als willkommene koloniale Beute ansahen. Auch zahlreiche Aufstände erschütterten China im dritten Viertel des 19. Jahrhunderts, darunter die verheerende Taiping-Rebellion und der Muslim-Aufstand in Turkestan.

Schon allein diese inneren und äußeren Stöße hätten genügt, um das marode Kaiserreich zu vernichten. Indes wurde der Niedergang Chinas noch weiter beschleunigt, als mit dem zaristischen Rußland die dritte imperialistische Großmacht auf den Plan trat. Von Sibirien bis zum Pazifischen Ozean verband eine lange Grenze Rußland mit dem chinesischen Kaiserreich. Da St. Petersburg keineswegs geneigt war, den Briten und Franzosen das asiatische Riesenreich zu überlassen, wurde Hochasien – und damit auch Tibet – zum geostrategisch begehrten Streitobjekt, um dessen Besitz die europäischen Großmächte bald schon auch mit kriegerischen Mitteln rivalisierten.

Im zweiten Afghanistankrieg (1878–1881) versuchte England den russischen Einfluß auf den dortigen Emir zu beschneiden. Der Zar seinerseits gebärdete sich als Beschützer sämtlicher regional relevanter Religionsgemeinschaften, insbesondere des Islam und des tibetischen Buddhismus. Denn das chinesische Reich zerfiel unaufhaltsam, und schon hielt man in dessen Außenländern – Ostturkestan, Mongolei und Mandschurei – Ausschau nach neuen Protektoren, welche in die Rolle schlüpfen konnten, die der Mandschu-Kaiser bis dahin innehatte.

Wie aber konnten sich die europäischen Rivalen als neue Schutzherren der lamaistischen Völker empfehlen? Die Antwort lag auf der Hand: Indem man die lamaistische Hierarchie und deren Oberhaupt, den Dalai Lama, auf seine Seite zog. Folglich wetteiferten Engländer und Russen zur Jahrhundertwende nicht zuletzt um die Vorherrschaft über Lhasa. Und so brach mit zerstörender Wucht auch über Tibet die Moderne herein.

Die wundersame Geburt und Auffindung Thubten Gyatsos

Der XIII. Dalai Lama wurde zu Beginn dieser Endzeit des chinesischen Kaiserreichs geboren. Anders als seine Vorgänger starb er nicht im Kindes- oder Jugendalter, sondern wuchs zu einer starken, außergewöhnlichen Persönlichkeit heran. Nachdem er seine Ausbildung absolviert und die Volljährigkeit erreicht hatte, spielte er mit Bedacht und Geschick eine eigenständige Rolle in dem abenteuerlichen Machtspiel, das die Europäer angezettelt hatten, und wurde schließlich zum Staatsoberhaupt eines selbständigen Tibet. Was wäre aus dem Land geworden, hätte es nicht just in dieser Stunde größter Gefahren wieder einen überragenden Staats- und Kirchenführer hervorgebracht?

Über die wundersame Geburt und Auffindung des Thubten Gyatso schreibt der Historiker Thubten Jampa:

«In Langdun lebte ein Bauer namens Kunga Rinchen. Sein Wesen war aufrichtig und geradlinig, und er vertraute den spirituellen Meistern und den Drei Juwelen der Zuflucht. Er war ein guter Mensch, allen bekannt wegen seiner weisen Ratschläge, seines unbeirrbaren Verstandes, seiner unerschütterlichen Verehrung und seiner Furchtlosigkeit bei Gefahren. Körperlich war er ansehnlich und kräftig. Seine Frau Lobzang Dolma war gleichermaßen von edler Gesinnung. Sie war bescheiden und sanft, mit einem angeborenen Sinn für Respekt und Mitleid mit den lebenden Wesen. Ihr ganzes Leben hatte sie ihre gesamte Freizeit der spirituellen Praxis gewidmet, und in ihr war eine tiefe Sehnsucht, eines Tages einen Buddha zu gebären. Diese einfache Bauernfamilie hatte der Allwissende Meister für seine nächste Wiedergeburt auserkoren.»[49]

Auch hier fehlte es nicht an übernatürlichen Zeichen, die bereits vor der Geburt des außergewöhnlichen Kindes auf dessen Berufung hinwiesen:

In der Nacht der Empfängnis des Kindes träumte die Mutter, daß eine junge Frau in der in Lhasa üblichen Kleidung zu ihr kam, ihr einen weißen Seidenschal überreichte und sagte: ‹Eine große Leuchte der Welt wird wiedergeboren als dein Sohn. Gibt gut auf ihn acht.› Später am gleichen Abend träumte sie, daß sie eine weiße Muschel gefunden habe, deren Klang sich ausbreitete mit der melodiösen Dharmalehre, welche die glücklichen Wesen vom Schlaf des Unwissens erwachen läßt und auf den Pfad hinweist, der zu Friede und Befreiung führt. Bei einer anderen Gelegenheit träumte sie, daß ein Band von Gebetsfahnen sich vom Potala bis zu der Säule im Raum der Empfängnis ihres Hauses in Langdun erstreckte. Ein Mönch aus Lhasa und ein Mädchen, das mit ausgesuchtem Schmuck behängt war, erschienen vor ihr und übergaben ihr eine schöne, mit Edelsteinen besetzte Schale. ‹Diese Schale gehört dem Kyabgon Rinpoche›[50], sagte das Mädchen, ‹bewahre es für ihn auf.› Diese und viele andere solcher Träume suchten immer nachts die werdende Mutter während ihrer Schwangerschaft heim.»

Von diesen mirakulösen Visionen erfuhren die Oberen in Lhasa zunächst jedoch nichts. Nach dem Tod Trinle Gyatsos befragten sie das Staatsorakel von Nechung, das sich allerdings wortkarg gab: Einzig ein Mönch von strenger Lebensführung, Sittenreinheit und edlem Rechtsempfinden könne die neue Wiederverkörperung finden.

War damit ein spezieller Mönch gemeint? Und wenn ja, wie konnte man diesen unverzichtbaren Helfer aufspüren? Abermals wurde das Orakel befragt, das diesmal mit wünschenswerter Präzision verkündete, der gesuchte Mönch befinde sich im Kloster Ganden. Er solle seine Suche in der Gegend um den heiligen See Lamoi Latso beginnen, dort werde er weitere Hinweise erhalten.

Daraufhin wurde einer der Äbte von Ganden beauftragt, nach der Reinkarnation zu forschen. Er reiste in die gewiesene Gegend, wo er sieben Tage lang meditierte. In der letzten Nacht empfing er eine Vision, in der ihm bedeutet wurde, er solle sich zum Ufer des heiligen Sees begeben, nahe dem Kloster Chorkhorgyal. Als der Lama dort eintraf, war der See zugefroren und das Eis von einer Schneedecke verhüllt. Jedoch fegte der Morgenwind den Schnee zur Seite, und so konnte er im kristallen glänzenden See eine Vision erblicken: Eine Mutter hielt ihren kleinen Sohn auf dem Schoß; neben ihr stand der Vater und spielte mit dem Kind. Im Hintergrund sah der Lama ein Haus, die ganze Umgebung, Gerätschaften und weitere Einzelheiten, die ihm erlauben würden, das Haus wiederzuerkennen.

Nach einiger Zeit verschwand das Bild, und der Lama machte sich auf den Weg. Er gelangte zu dem kleinen Ort Pherchode in Dakpo, 160 Kilometer südöstlich von Lhasa. Dort traf er auf das in der Vision gesehene Haus, das dem Bauern Gunka Rinchen und seiner Frau Karinchen gehörte, die am 27.5.1876 einen Jungen geboren hatte. Wie die Nachbarn dem Abt versicherten, hatten außergewöhnliche Zeichen diese Geburt begleitet.

Mit diesen Auskünften eilte der Lama beglückt nach Lhasa zurück und informierte den neuen Regenten Palden Chökyi Gyaltsen (Regierungszeit 1875–1886). Dieser berief die übliche Prüfungskommission ein, welche die Eltern mitsamt ihrem Kind vorlud. Vor den Augen der gestrengen Prüfer zeigte das Kind beharrlich auf Gegenstände, die dem XII. Dalai Lama gehört hatten. Beeindruckt beschlossen der Regent und die Häupter der großen Klöster daraufhin, das Kind und seine Eltern in den Palast Rigyal Phobrang bei Lhasa zu bringen. Dort wurde der Junge am 14.2.1878 als XIII. Dalai Lama anerkannt.

Anschließend berichteten die Ambans nach Peking, der Junge sei mit Hilfe der Goldenen Urne ausgewählt worden. Das entsprach zwar nicht der Wahrheit, stellte indes alle Beteiligten zufrieden, nicht zuletzt die Residenten selbst, die sich ihre Falschmeldung sicherlich angemessen honorieren ließen. Auch der Vater der neuen Wiederverkörperung hatte keinen Anlaß, mit seinem Schicksal zu hadern: Er wurde zum Herzog («Gong») ernannt, was ihn unter anderem berechtigte, einen Rubinknopf und eine Pfauenfeder zu tragen.

Auf Wunsch der chinesischen Regierung reiste der V. Panchen Lama Palden Chökyi Drakpa (1855–1882) im Sommer des folgenden Jahres nach Lhasa und erklärte das Kind feierlich zur Inkarnation des Avalokiteshvara. Am selben Tag, dem 1.8.1879, wurde der XIII. Dalai Lama im Potala inthronisiert und erhielt den Namen Thubten Gyatso oder «Ozean der Gelehrsamkeit».

Wie rückhaltlos die Mächte des Guten diese Geschehnisse begrüßten, erkennen wir daran, daß an jenem Tag über dem Potala-Palast ein strahlender Regenbogen erschien.

Tibet am Vorabend der Unabhängigkeit

Eigentlich sollte der Panchen Lama 1882 dem neuen Dalai Lama die Novizenweihen erteilen, jedoch verhinderten dies mönchische Querelen sowie die Pocken, die den V. Panchen Lama im Juni 1882 hinwegrafften. Zu jener Zeit besuchte der indische Gelehrte Sarat Chandra Das (1849–1917) Tibet. Im Juni 1882 wurde ihm eine Audienz beim kindlichen Dalai Lama gewährt, den er mit folgenden Worten schildert:

«Der Großlama ist ein Kind von acht Jahren[51], von zartem und schönem Körperbau mit rosigen Wangen. Seine Augen sind groß und sein Blick durchdringend, der Schnitt seines Gesichtes merkwürdig arisch, wenn auch etwas beeinträchtigt durch die Schiefstellung seiner Augen. Seine zarte Konstitution war vermutlich der Erschöpfung durch die höfischen Zeremonien und religiösen Obliegenheiten und dem asketischen Leben zuzuschreiben. Auf dem Kopfe trug er eine gelbe Mitra, deren herabhängende Klappen seine Ohren verbargen; ein gelber Mantel umhüllte seinen Körper. Er saß mit gekreuzten, untergeschlagenen Beinen, die inneren Handflächen zusammengelegt auf dem Throne, der von geschnitzten Löwen getragen und mit gelben Schärpen bedeckt und ungefähr vier Fuß hoch, sechs Fuß lang und vier Fuß breit war. Es drängten sich um ihn eine ganze Anzahl von hohen Beamten und Geistlichen, alle mit ernstem Gesichtsausdruck. Der eine hielt eine Schale mit gelbgefärbtem Weihwasser, ein anderer schwang das goldene, an drei Ketten hängende Weihrauchfaß, ein dritter trug eine goldene Teekanne usw. Zu beiden Seiten des Thrones brannten goldene Lampen, die in Form von Blumenvasen gearbeitet waren.»[52]

Dies sollte für geraume Zeit der letzte Bericht eines Ausländers über Tibet und den Dalai Lama sein. Die tibetischen Behörden verdächtigten Das, Spionage für die Briten zu treiben, weshalb er bald darauf des Landes verwiesen wurde.

Während Thubten Gyatso in den folgenden Jahren die ihm gemäße Erziehung mit ihren unerläßlichen religiösen Studien und Übungen genoß, brach abermals ein Grenzkonflikt mit den britisch-indischen Gurkhatruppen aus. Der neue Regent Lobzang Trinle Rabgyas (ca. 1854–1899), Nachfolger des 1886 verstorbenen Palden Chökyi Gyaltsen, vermochte nicht zu verhindern, daß die überlegen bewaffneten Gurkhas der tibetischen Armee 1888 erhebliche Verluste beibrachten.

Den am 17.3.1890 in Darjeeling beschlossenen Frieden handelten die Briten allein mit chinesischen Diplomaten aus, doch die chinesische Oberhoheit bestand zu dieser Zeit fast nur noch auf dem Papier. Was sollte man mit einem Protektor, der kaum noch in der Lage war, seine Schutzfunktion wahrzunehmen? Insgeheim wurde in Lhasa erwogen, sich eine neue Schutzmacht zu erwählen. Wer aber kam für diese Rolle in Betracht? Rußland eher als England, das sich bislang gegenüber Tibet feindselig verhalten und zum Lamaismus keinerlei Beziehung hatte.

Durch den chinesisch-japanischen Krieg von 1894–1895 taumelte das Kaiserreich in eine neue schwere Krise, die seinen Zerfall abermals beschleunigte. Dennoch verharrte der Regent Lobzang Trinle Rabgyas weiterhin in althergebrachter Demut gegenüber China. Die großen Lamas und der Kashag dagegen beschlossen, nun sei die Stunde des allmählichen Abschieds von Peking gekommen: Sie setzten den allzu chinafreundlichen Regenten kurzerhand ab und übertrugen dem XIII. Dalai Lama am 26.9.1895 auch die weltliche Macht.

Auf diese eigenmächtige Maßnahme reagierte Peking nur noch mit mattem Protest. Im Namen des Kaisers Aisin Gioro Zaitian (Regierungszeit 1875–1908), hinter dem die erwähnte Kaiserinwitwe Yehenara Xiaojin stand, wurde ein Edikt erlassen, doch das nach wie vor funktionierende System der Bestechung sorgte dafür, daß der kaiserliche Erlaß in Tibet gar nicht erst bekanntgemacht wurde.

Ohnehin hatte China ganz andere Sorgen. Nach der bitteren Niederlage gegen Japan mußte es die Insel Taiwan abtreten und sich verpflichten, Japan in Korea freie Hand zu lassen. Somit erschien Nippon als weitere aggressive Macht auf dem Plan, die ebenso wie Großbritannien, Frankreich und Rußland expansionslüstern nach China und Hochasien griff.

Bald darauf sollte sich Japan auch in Tibet bemerkbar machen. Nach Lhasa aber sandte der japanische Kaiser nicht Soldaten, sondern Mönche.

Die verzauberten Schuhe

Nach seiner Entmachtung überlegte der Ex-Regent, wie er das verlorene Amt von dem jungen Dalai Lama zurückgewinnen könne. Ob zu Recht oder nicht, bleibt ungewiß, jedenfalls machten ihn seine Gegner für die bizarre Affäre um die «verzauberten Schuhe» verantwortlich.

Im Jahr 1899 verkündete das Nechung-Orakel zweimal, das Leben des Dalai Lama sei in Gefahr – eine Weissagung, die nur allzu plausibel klang, nachdem keiner seiner vier Vorgänger auch nur das 20. Lebensjahr erreicht hatte. Um der Prophezeiung auf den Grund zu gehen, ließ der Dalai Lama das Medium des Orakels in seine Privatgemächer bringen. Dort offenbarte es im Trancezustand, daß ein Diener des Ex-Regenten Trinle Rabgyas einem Lama namens Sogyal ein Paar Schuhe ausgehändigt habe. Just von dieser Fußbekleidung gehe die Gefahr für Leib und Leben des Souveräns aus.

Auch der Lama Sogyal wurde nun befragt und räumte freimütig ein, daß er ein Paar Schuhe erhalten habe. Die Untersuchung des suspekten Gehwerks ergab zunächst überhaupt nichts. Doch als die geistlichen Ermittler die Schuhe in Stücke zerlegten, machten sie eine empörende Entdeckung: Im Absatz des einen Schuhs war ein magischer Spruch verborgen. Die Zauberformel umfaßte den Namen und das Geburtsdatum des Dalai Lama sowie den aufrichtigen Wunsch, daß Thubten Gyatso eines baldigen Todes sterben möge.

Da der Lama Sogyal beteuerte, nichts von dem fatalen Spruch gewußt zu haben, wurde der Ex-Regent in seinem eigenen Kloster Tangyeling inhaftiert und verhört. Endlich gestand er, den Zauberspruch in den Schuh gekerbt zu haben, und beichtete überdies, er habe auch mittels weiterer magischer Praktiken getrachtet, neuerlich an die Macht zu gelangen.

Ob der Unselige tatsächlich versuchte, sich in den Potala zurückzuzaubern? Möglicherweise war es genau umgekehrt und die ganze Affäre um die verhexten Schuhe wurde von seinen Widersachern inszeniert, um ihn ein für allemal auszuschalten. Im Juni 1899 jedenfalls starb er – eines natürlichen Todes, wie die offiziellen Berichte beteuern. Daß hier der Natur ein wenig nachgeholfen wurde, darf fast als sicher gelten; offen bleibt lediglich, ob sich die Mörder magischer Sprüche oder handfesterer Werkzeuge bedienten.

Diplomaten in Mönchskutten

Da im zaristischen Vielvölkerstaat auch zahlreiche Lamaisten lebten, war es nichts Ungewöhnliches, daß einige von ihnen nach Lhasa pilgerten, um sich im Heimatland des tibetischen Buddhismus zu Mönchen ausbilden zu lassen. Und da sich der Zarenhof als neue Schutzmacht zu empfehlen suchte, lag es für St. Petersburg auf der Hand, diese frommen Pilger zugleich als zaristische Diplomaten zu gebrauchen. In dieser nicht immer durchsichtigen Doppelrolle eines Botschafters im Mönchsgewand erschien gegen Ende des 19. Jahrhunderts ein burjät-mongolischer Mönch namens Ngawang Dorje (1853–1938) in Lhasa.

Der so fromme wie russophile Mann zog es vor, sich einer russifizierten Version seines Namens zu bedienen: Agvan Dorzhejev. Er stammte aus dem russischen Transbaikalgebiet und war schon als Kind von den Lamas eines heimatlichen Tempels zum Novizen geweiht worden. Nachdem er die Hochschule im mongolischen Urga besucht hatte, das damals noch zum chinesischen Kaiserreich gehörte, pilgerte er mit 35 Jahren nach Lhasa. Er studierte im Kloster Drepung und absolvierte eine beachtliche politische Karriere: Zunächst wurde er zu einem der sieben Hilfstutoren des jungen Dalai Lama ernannt; ab 1897 fungierte er sogar inoffiziell als Sekretär für auswärtige Angelegenheiten.

Diese Entwicklung beobachtete Rußland mit größtem Wohlwollen, England dagegen mit äußerstem Argwohn. Als enger Vertrauter des Dalai Lama flößte Dorzhejev diesem die Überzeugung ein, daß nicht das zerfallende China, sondern der russische Vielvölkerstaat, dem auch etliche lamaistische Völker angehörten, die natürliche Schutzmacht Tibets sei.

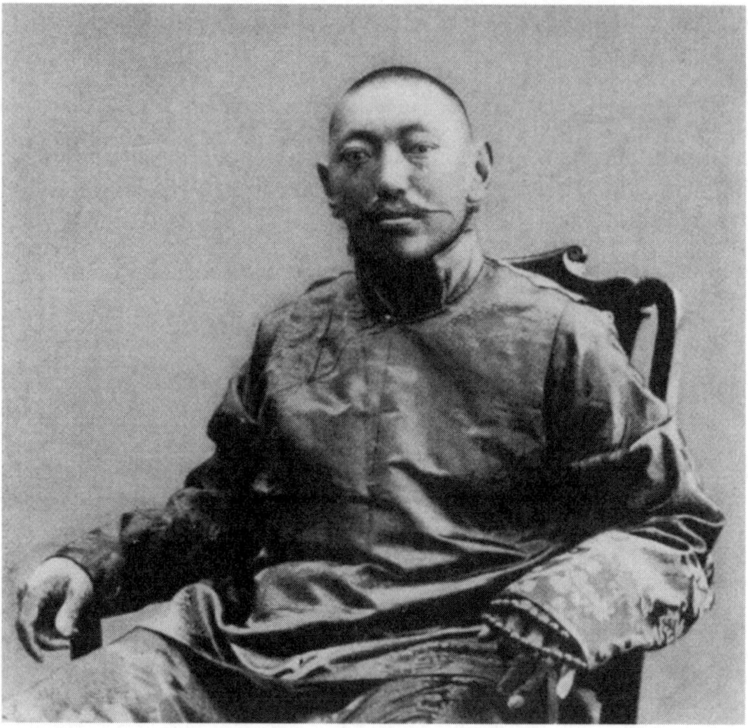

Thubten Gyatso, der XIII. Dalai Lama

Ob der XIII. Dalai Lama der russischen Regierung durch Dorzhejev tatsächlich signalisierte, daß man die chinesische gegen die russische Schutzherrschaft tauschen wolle, läßt sich nicht mehr mit Sicherheit feststellen. Unstrittig ist jedoch, daß Dorzhejev im Jahr 1900 mit einem Schreiben des Dalai Lama nach Jalta reiste, wo ihn Zar Nikolaj II. empfing.

Nicht allein der britische Geheimdienst beobachtete mißtrauisch diese russisch-tibetische Annäherung. Ab März 1900 hielt sich in Lhasa auch ein japanischer Mönch namens Kawaguchi Ekai auf, der ebenso wie Dorzhejev religiöse Studien mit einer diskreten diplomatischen Mission verband. Aufmerksam observierte er Dorzhejevs Aktivitäten und konnte nicht umhin, die Geschicklichkeit des Mongolen zu bewundern. Wie Kawaguchi gen Tokio vermeldete, hatte Dorzhejev eine Abhandlung verfaßt, die sich in Tibet großer Popularität erfreute. In dieser Schrift verkündete er, Rußland sei nichts anderes als das mythologische Land Shambala, jenes geheimnisvolle Königreich, das eines Tages als großer Beschützer und Verteidiger des Buddhismus erscheinen werde.

Kawaguchi war schlau genug, sich nicht als Japaner zu erkennen zu geben. Die neue Großmacht Japan sah im zaristischen Rußland ihren schärfsten Rivalen und verbündete sich daher immer unverhohlener mit England, das in Tibet keinerlei Sympathien genoß. Kawaguchi zog es daher vor, als chinesischer Mönch aufzutreten. In dieser Rolle erhielt er im September 1900 eine Audienz beim Dalai Lama und lebte danach fast zwei Jahre im Kloster Sera, bis man seine wahre Identität entdeckte und ihn des Landes verwies.

Invasion der Briten

Falls es noch eines Beweises bedurft hatte, so mußte der sogenannte «Boxeraufstand» in Peking und Umgebung den letzten Zweiflern vor Augen führen, daß China seine Rolle als Groß- wie als Schutzmacht nahezu ausgespielt hatte. In einer gemeinsamen Militäraktion schlugen die europäischen Großmächte sowie die neuen pazifischen Mächte USA und Japan den Aufstand nieder. Bei dieser Expedition wurden in der kaiserlichen Hauptstadt zahlreiche Denkmäler und Kostbarkeiten zerstört, darunter auch einige lamaistische Tempel. Als die Kaiserinwitwe die Flucht ergriff, war dies zumindest das symbolische Ende des scheinbar unbesiegbaren Kaiserreichs. Damit begann zugleich die brisanteste Phase im russisch-britischen Kampf um die Vorherrschaft über Tibet.

Lord Curzon, seit 1898 Vizekönig Britisch-Indiens, versuchte zunächst mit diplomatischen Mitteln den russischen Einfluß einzudämmen. Im Jahr 1900 sandte er dem Dalai Lama einen Brief, doch Thubten Gyatso weigerte sich, die Depesche zu öffnen. Die Begründung war dürftig – er dürfe die Ambans nicht übergehen –, das wahre Motiv seiner Weigerung unverkennbar: Während Lord Curzon den Potala umwarb, wurde hinter den Kulissen längst intensiv über ein russisch-tibetisches Bündnis verhandelt.

Doch der britisch-indische Vizekönig versuchte es ein zweites Mal auf diplomatischem Weg. 1901 ließ er dem Dalai Lama durch einen bhutanesischen Würdenträger einen weiteren Brief übermitteln, der folgendermaßen adressiert war: «To the Illustrious Dalailama Nag-wang Lo-zang Thee-dan Gyatso Gyon Rimboochay, Supreme Pontiff of the Great Buddhist Church». Indes ging auch dieses Schreiben ungeöffnet zurück, abermals mit der Begründung, der Dalai Lama dürfe den Brief nicht ohne Rücksprache mit den Ambans und dem Ministerrat öffnen.

Damit war die Geduld Lord Curzons erschöpft. Wenn es um die Russen ging, schien es Thubten Gyatso mit seinen Amtsbefugnissen durchaus nicht so genau zu nehmen; immerhin hatte er im selben Jahr eine Gesandtschaft unter Dorzhejevs Führung nach St. Petersburg geschickt. Doch nach den Berichten des spionierenden Mönches Kawaguchi hatten die Briten ohnehin wenig Hoffnung, in spiritueller Hinsicht mit dem Zarenhof konkurrieren zu können: Angeblich hielt der Dalai Lama Zar Nikolaj II. für einen Tulku, also eine hohe Wiederverkörperung. Nach dem Scheitern seiner zweiten diplomatischen Initiative begann Lord Curzon über eine militärische Lösung nachzudenken.

Währenddessen traf im Juni 1901 die tibetische Gesandtschaft bei Zar Nikolaj II. ein und übergab ihm Geschenke und Briefe des Dalai Lama. Man erörterte die in Lhasa herrschenden Verhältnisse und kam zu dem Ergebnis, Tibet müsse an das russische Reich angeschlossen werden, um alle britischen Ränke zu durchkreuzen. Dorzhejev erhielt einen Orden vom russischen Zarenpaar und kehrte mit zahlreichen Geschenken und einer Militäreskorte im September nach Tibet zurück.

Im Februar 1902 empfahl Lord Curzon in einem Memorandum, das für den Handel wichtige tibetische Chumbi-Tal durch britisch-indische Truppen zu besetzen, falls Lhasa nicht endlich auf die englischen Vorstellungen eingehe. Mit dieser Drohung konfrontiert, fügte sich der Dalai Lama den britischen Wünschen zumindest in einem Punkt: Im Juni 1903 schickte er Unterhändler in den tibetischen Grenzort Khampadzong, die mit britischen Emissären über den Grenzverlauf verhandeln sollten. Bald schon blieben die tibetischen Unterhändler jedoch diesen Treffen wieder fern. Und als die Tibeter dann noch einer Kolonne zur Proviantierung der englischen Gesandtschaft den Weg versperrten, nahm Curzon diesen Zwischenfall als Vorwand, um seine Truppen gen Tibet in Marsch zu setzen.

Der Zeitpunkt war aus britischer Sicht gut gewählt: Da sich der Konflikt zwischen Rußland und Japan zuspitzte, würde das Zarenreich nicht auch noch eine offene Auseinandersetzung mit den Briten riskieren, die ohnehin seit 1902 durch einen Beistandsvertrag mit Japan verbündet waren.

Im November 1903 stießen die anglo-indischen Truppen unter der politischen Führung von Francis Younghusband in das Chumbi-Tal vor. Im Januar 1904 erreichten sie Tuna, wo sie vergeblich auf die Ankunft einer tibetischen Delegation warteten. Daraufhin marschierte die Armee im März 1904 weiter gen Gyantse und traf in Guru erstmals auf tibetischen Widerstand, der jedoch rasch erlahmte. Seit Februar war Rußland in den Krieg mit Japan verstrickt und daher außerstande, seine geplante Rolle als neue Schutzmacht Tibets zu spielen.

In Gyantse, das sie im April besetzten, warteten die Briten abermals vergeblich auf tibetische Unterhändler. Nach einigen Scharmützeln und so zaghaften wie fruchtlosen Verhandlungen zwischen dem Potala und den Invasoren setzte Younghusband im Juli 1904 seine Truppen gen Lhasa in Marsch. Erst als die Expedition am 29. Juli den Tsangpo-Fluß erreichte und Anstalten machte, mit Fährbooten überzusetzen, schickte der Dalai Lama an Younghusband einen Brief, in dem er ihn um Unterhandlungen vor Ort ersuchte. Doch der Brite lehnte ab und setzte die Vorbereitungen für den Marsch nach Lhasa fort.

Spätestens zu diesem Zeitpunkt wurde dem Dalai Lama und seinen Beratern bewußt, daß die Partie verloren war: Thubten Gyatso mußte aus Lhasa fliehen. Als Regent wurde Lobzang Gyaltsen II. eingesetzt, der Tri Rinpoche von Ganden. In der Morgendämmerung des 30. Juli verließ Thubten Gyatso die Hauptstadt, begleitet von großem Gefolge, zu dem auch Dorzhejev gehörte, und floh in die Mongolei.

Am 3.8.1904 trafen die britischen Truppen in Lhasa ein. An den sofort aufgenommenen Verhandlungen nahmen der Amban Youtai und der neu ernannte Regent teil. Bereits am 7. September wurde ein Vertrag abgeschlossen, der die chinesische Oberhoheit über Tibet bestätigte und des weiteren festlegte, daß mit Britisch-Indien geschlossene Verträge zu erfüllen, die festgelegten Handelsrouten ins Chumbi-Tal, nach Garthog und Gyantse offenzuhalten seien und Tibet keine eigenständigen Beziehungen

Die Younghusband-Expedition nach Unterzeichnung des Vertrages

mit fremden Staaten anknüpfen dürfe. Außerdem verpflichtete sich Lhasa, als Kriegsentschädigung eine halbe Million Pfund Sterling zahlen. Um diese Forderung zu bekräftigen, hielten die Briten das Chumbi-Tal besetzt, zogen sich aber ansonsten noch im September 1904 aus Tibet zurück.

In London rief dieses eher klägliche Ergebnis der Militärexpedition wenig Begeisterung hervor. Waren die britischen Truppen nicht nach Tibet marschiert, um die Integration Lhasas in den Verband Britisch-Indiens voranzutreiben? Statt dessen hatte Younghusband die chinesische Oberhoheit vertraglich bekräftigt. Aber auch Peking reagierte auf diesen Zwischenfall verstimmt: Die an den Kaiserhof zurückgekehrte Kaiserinwitwe wies den Amban an, den Vertrag mit Britisch-Indien nicht zu unterzeichnen.

Zwei Kaiserhöfe umwerben den Dalai Lama

Auch die Flucht des XIII. Dalai Lama in die Mongolei verärgerte die chinesische Regierung. Noch in Anwesenheit der Engländer mußte der Amban am 13.9.1904 verkünden, daß Thubten Gyatso abgesetzt und die Würde eines Dalai Lama vorläufig abgeschafft sei. Die geistliche Oberhoheit wurde dem Panchen Lama übertragen. Der Dalai Lama, hieß es in dem Dekret aus Peking, habe sich gegenüber dem chinesischen Hof undankbar verhalten, obwohl Peking ihm und seinen Vorgängern seit 200 Jahren nichts als Wohltaten erwiesen habe. Thubten Gyatso selbst, zürnte die kaiserliche Regierung, habe diesen Krieg gewollt und sei daher für die Opfer verantwortlich, die er gefordert habe.

So dramatisch dieses Dekret klang, so wirkungslos blieb es: Nicht nur die Bevölkerung Lhasas ignorierte die Absetzung ihres Oberhaupts, auch die chinesischen Behörden empfingen den Dalai Lama im November 1904 mit allen Ehren in Urga. Während er sich in der Mongolei aufhielt, strömten ungeheure Pilgerscharen herbei, um ihn zu sehen und ihm Geschenke zu überreichen. So hatte Thubten Gyatso wenig Grund, sich vor Sanktionen aus Peking zu fürchten: Im Frühjahr darauf ließ er abermals eine Gesandtschaft nach St. Petersburg reisen, um die herzlichen Beziehungen zum Zarenreich fortzusetzen.

Mittlerweile drängten die chinesischen Behörden auf Thubten Gyatsos Rückkehr nach Tibet, doch der Dalai Lama zögerte. Erst im Frühjahr 1906 entschloß er sich endlich aufzubrechen. Auf diese Nachricht hin sandte Zar Nikolaj II. ein Abschiedstelegramm, in dem es hieß:

«Eine große Anzahl meiner Untertanen, die dem buddhistischen Glauben angehören, hatte das Glück, Ihrem großen Oberpriester während seines Aufenthaltes in der nördlichen Mongolei, die an das Russische Reich grenzt, ihre Ehrfurcht bezeigen zu können. Da ich mich freue, daß meine Untertanen den heilsamen geistigen Einfluß Eurer Heiligkeit haben genießen können, bitte ich Sie, den Ausdruck meiner aufrichtigen Dankbarkeit und meiner Achtung vor Ihnen entgegenzunehmen.»[53]

Nachdem alle Abschiedszeremonien absolviert waren, entschloß sich der Dalai Lama jedoch, seine Rückreise nach Lhasa abermals hinauszuzögern. Den Sommer verbrachte er wiederum in Urga, brach gegen Jahresende zwar nach Süden auf, überwinterte jedoch im Kloster Kumbum und reist auch im Jahr darauf nicht etwa nach Lhasa, sondern neuerlich gen Norden.

Was waren die Ursachen dieser scheinbaren Unschlüssigkeit? Die Vermutung liegt nahe, daß der Dalai Lama und seine Berater den Verlauf des japanisch-russischen Krieges und das revolutionäre Brodeln im Zarenreich mit beunruhigter Aufmerksamkeit beobachteten. Hatte man mit dem Zaren möglicherweise den falschen neuen Schutzherrn ausersehen? Würde sich China doch wieder von seinen bitteren Niederlagen erholen? Das Verwirrspiel um die Reiseroute des Dalai Lama war jedenfalls mit den Chinesen abgestimmt: Kaum hatte sich Thubten Gyatso zur Rückreise nach Norden entschlossen, da lud ihn die Kaiserinwitwe zu einem Besuch in Peking ein.

Auch wenn Zar Nikolaj in den Augen des Dalai Lama die Reinkarnation eines Erleuchteten war: Im Krieg von 1904/05 hatten ihn die Japaner zu Wasser und zu Lande vernichtend geschlagen. Der Friedensvertrag von Portsmouth räumte den Siegern die Kontrolle über Korea ein und beendete die russische Präsenz in der Mandschurei. In London triumphierte man nicht minder als in Tokio: Nach dem chinesischen Kaiser war auch das zaristische Rußland als Koloß auf tönernen Füßen vorgeführt worden. Und kaum war die Niederlage besiegelt, da brach im Zarenreich auch noch die Erste russische Revolution aus.

Von dieser empfindlichen Schwächung der Russen profitierten allerdings auch die Chinesen; daher die geänderten Reisepläne des Dalai Lama, der sich im rechten Moment auf den neuen alten Schutzherrn Lhasas besann. Tatsächlich bestätigte die chinesische Regierung noch im April 1906 den mit Britisch-Indien ausgehandelten Vertrag von Lhasa. Anstelle der Tibeter kam Peking für die Kriegsentschädigung auf und demonstrierte auf diese Weise unmißverständlich, daß man Tibet nach wie vor als der chinesischen Einflußsphäre zugehörig erachtete.

Sowohl die Briten als auch die Russen beobachteten dieses Wiedererstarken Chinas voller Argwohn. Im Petersburger Abkommen von 1907 vereinbarten sie schließlich, daß Tibet zur britischen, die Mongolei und Turkestan zur russischen Einflußsphäre gehören sollten. China wurde als Schutzherr Lhasas zwar formal anerkannt, zugleich aber drängten Russen wie Briten den Dalai Lama zur Rückkehr nach Lhasa. Dort war ihm offenkundig die Rolle eines russophilen Gegenpols zu Peking zugedacht; Thubten Gyatso aber war vorsichtig genug, sich diesem Spiel zu entziehen: Gegen den dringenden Rat von Briten und Russen nahm er die Einladung der Kaiserinwitwe an und reiste nach Peking.

Ein halber Kniefall vor dem kranken Kaiser

Unterwegs legte der XIII. Dalai Lama allerdings eine weitere ausgedehnte Pause ein: Fünf Monate blieb er in Wutai Shan, einem der heiligsten Kloster- und Pilgerorte Chinas. Während dieser Zeit versank Thubten Gyatso in Gebeten und Meditation. Auch suchten ihn dort zahlreiche Visionen heim; überdies wird von etlichen Wundern berichtet, die er in Wutai Shan vollbracht habe.

Aber selbst in klösterlicher Abgeschiedenheit nahm Thubten Gyatso auch staatsmännische Aufgaben wahr: Er empfing Besucher aus der politischen Welt, etwa den US-Botschafter William Woodville Rockhill, der die herzlichsten Grüße von Präsident Theodore Roosevelt übermittelte. Auch aus Japan, der neuen Großmacht in Ostasien, trafen eine Reihe von Delegationen ein, darunter buddhistische Mönche, der japanische Botschafter und der Militärattaché. Viele der japanischen Mönche ließen sich dauerhaft in Klöstern der Grenzregionen Chinas nieder.

Nach mehreren, immer dringlicher klingenden Aufforderungen aus Peking brach der Dalai Lama Ende September 1908 auf. Seine Abreise aus Wutai Shan vollzog sich unter großem Gepränge. Kaiserliche Prinzen warteten Thubten Gyatso auf, ein ganzes Armeekorps stand zu seinem Abschied Spalier, und Salutschüsse der kaiserlichen Artillerie ließen die sonst so stille Berglandschaft erzittern. Von dem Ort Baodingfu aus brachte ein Zug den Dalai Lama nach Peking. Dort wurde er nach prunkvollem Empfang in einer Sänfte zum Gelben Palast (Huang Si) gebracht, den einst der Shunzhi-Kaiser anläßlich des Besuchs des V. Dalai Lama im Jahr 1653 hatte erbauen lassen.

Indes war der V. Dalai Lama wie das Oberhaupt eines souveränen Staates behandelt worden. Dagegen sah das Protokoll für Thubten Gyatso den Kotau vor, dieselbe Unterwerfungsgeste, die man von allen Vasallen des chinesischen Reichs verlangte. Da der Dalai Lama sich weigerte, vor Kaiser Zaitian auf die Knie zu fallen, wurde die für den 6. Oktober geplante Audienz verschoben, bis ein so subtiler wie bizarrer Kompromiß gefunden worden war: Anstatt sich auf die Erde zu werfen, würde sich der Dalai Lama zur Begrüßung des Kaisers lediglich auf ein Knie niederlassen und den Boden bloß leicht mit der rechten Hand berühren.

Die Cixi-Kaiserinwitwe empfängt den XIII. Dalai Lama

Damit stand der ersten Audienz zwischen dem Dalai Lama und dem kränklichen Kaiser nichts mehr im Wege. Thubten Gyatso ließ zahlreiche Geschenke für den Monarchen und die Kaiserinwitwe überreichen, darunter die zeremoniellen Schals, je zwei Buddhastatuen und eine Ausgabe des tibetischen Kanons. Am 14.10.1908 traf er mit dem Kaiser zusammen; sechs Tage darauf kehrte die Kaiserinwitwe aus ihrem Sommerpalast zurück. Wenig später verschlechterte sich der Gesundheitszustand des Kaisers dramatisch.

Durch religiöse Zeremonien versuchte der Dalai Lama ihm Linderung zu verschaffen. Unter den argwöhnischen Blicken der kaiserlichen Regierung fand er dennoch genügend Zeit, um mit dem russischen Gesandten Pokotilov, dem US-Botschafter Rockhill und dem britischen Botschafter Sir John Jordan Gespräche zu führen. Wie sich indes zeigen sollte, war die Kaiserinwitwe entschlossen, auch vor den Augen der europäischen Diplomaten zu demonstrieren, daß man Tibet unverändert als Vasallen Chinas ansah.

Am 3.11.1908, dem 74. Geburtstag der Kaiserinwitwe, erließ sie ein kaiserliches Edikt, in dem es hieß:

«In der Vergangenheit erhielt der Dalai Lama den Titel ‹Hervorragender, aus sich selbst existierender Buddha des Westens›. Hinfort soll sein Titel ‹Aufrichtig gehorsamer, durch Wiederverkörperung hilfreicher, hervorragender, aus sich selbst existierender Buddha des Westens› lauten. Das Zeremonienamt und das Amt für die abhängigen Gebiete sind hiermit angewiesen, gemeinsam ohne Verzögerung die Zeremonien für die Verleihung des Titels auszuarbeiten und ein Memorandum zu erstellen. Weiterhin erhält der Dalai Lama eine jährliche Zuwendung von zehntausend Taels, die vierteljährlich vom Sichuan-Schatzamt für Tibeter auszuzahlen ist. Wenn der Dalai Lama diesen Titel erhalten hat, wird er unmittelbar nach Tibet zurückkehren. Alle Beamten entlang seiner Reiseroute haben ihm Eskorten zu stellen und Schutz zu gewähren. Nach seiner Rückkehr nach Tibet muß er sich in gebührender Weise den Gesetzen des souveränen Staates[54] unterwerfen und überall die aufrichtigen Absichten der chinesischen Regierung bekannt machen. Er ist gehalten, die Tibeter dazu anzuleiten, die Gesetze zu befolgen und Tugend zu praktizieren. Alles, was er mitteilen möchte, muß dem Residenten in Tibet berichtet werden, so wie es die Anordnungen vorschreiben. Dieser wird dann für ihn ein Memorandum ausarbeiten, und er hat die Entscheidung abzuwarten. Wir vertrauen darauf, daß die Grenzländer sich eines beständigen Friedens erfreuen, die Differenzen zwischen Priestern und Laien völlig beseitigt werden und man gebührende Wertschätzung für die feste Absicht des Hofes zeigt, die Gelbe Kirche zu unterstützen und dem Grenzland Frieden zu bringen.

Das Amt für abhängige Gebiete ist angewiesen, den Dalai Lama davon zu unterrichten, indem er das oben Gesagte ehrfurchtsvoll in Empfang nimmt und es in gebührender Weise beachtet.»[55]

Eine zweischneidige, um nicht zu sagen zwielichtige Ehrung: Mit nur scheinbar respektvollen Worten versuchte die Kaiserinwitwe den Dalai Lama gleichsam doch noch auf beide Knie zu zwingen. Thubten Gyatso protestierte gegen das im Edikt ausgesprochene Verbot, sich unmittelbar an den Kaiserhof zu wenden. Doch für eine Antwort blieb vorerst keine Zeit, denn mit einem Mal überschlugen sich die Ereignisse:

Am 14.11.1908 starb unter dubiosen Umständen Kaiser Zaitian; tags darauf verschied auch die Kaiserinwitwe, die jahrzehntelang Chinas Politik bestimmt hatte. Am 20. November erwies der Dalai Lama den aufgebahrten Majestäten seine Ehrerbietung und hielt danach im Kloster Yonghe Gong unter Mitwirkung von 108 Lamas einen großen Trauergottesdienst. Der zum kaiserlichen Regenten ernannte Aisin Gioro Zaifeng, Prinz Chun (gest. 1951), bedankte sich feierlich und sandte allen Lamas reiche Geschenke.

Am 2.12.1908 wurde der erst knapp dreijährige Aisin Gioro Puyi (1906–1967) inthronisiert, dem es bestimmt war, der letzte Kaiser Chinas zu werden. Am folgenden Tag erhielt der Dalai Lama den Bescheid, daß seine Änderungswünsche noch geprüft werden müßten. Inzwischen möge er über Kumbum zurückreisen; dort werde man ihm auch den neuen Titel verleihen, da dies in Peking wegen der Trauerfeierlichkeiten derzeit nicht möglich sei.

Eine für Lhasa mehr als ungünstige Wendung: Ohne über den Protest des Dalai Lama zu entscheiden, komplimentierte man ihn aus dem Land hinaus und verlieh ihm im Vorübergehen rasch noch den zweifelhaften Titel, mit dessen Annahme er im Grunde auch die sonstigen Bestimmungen des kaiserlichen Edikts akzeptierte.

Das Lamakloster Yonghe Gong in Peking

Der «Schlächter Zhao»

Hatte sich der Dalai Lama in den Fallstricken chinesischer List verfangen? Am 14. Dezember fand jedenfalls noch eine Unterredung mit Vertretern der kaiserlichen Regierung statt, in der Thubten Gyatso angeblich versprach, die Umwandlung Tibets in eine chinesische Provinz zu unterstützen. Die Zahl der chinesischen Beamten sollte erheblich vergrößert und das chinesische Heer in Tibet verstärkt werden. Außerdem wurde die Einrichtung von Volksschulen mit obligatorischem Unterricht in chinesischer Sprache beschlossen.

Als der Dalai Lama im Dezember 1908 endlich abreiste, waren seinem Sonderzug fünf Waggons für die vielen Geschenke angehängt. In Baodingfu mußte die Fracht auf tausend Lasttiere umgeladen werden, darunter 580 Kamele. Erst Ende Februar 1909 traf die schwerfällige Karawane im Kloster Kumbum ein, wo dem Dalai Lama am 4. März der neue Titel verliehen wurde.

Weitere Monate verstrichen, ohne daß er Anstalten machte, auf den seit langem verwaisten Potala-Thron zurückzukehren. Warum zögerte er diesmal? Er war nach Peking gereist, um Tibet vor der erdrückenden russisch-britischen Umarmung zu bewahren. Aber alle seine Versuche, für Lhasa ein wenig mehr Selbständigkeit gegenüber der chinesischen Schutzmacht zu erreichen, waren gescheitert. Schlimmer noch: Er hatte nicht zu verhindern vermocht – und möglicherweise zuletzt sogar befürwortet –, daß Tibet dem chinesischen Reich einverleibt werden sollte. Während er in Kumbum verharrte, widerhallte das Land bereits von Klagen und Vorwürfen der Tibeter über die neue Politik der Chinesen – eine Politik, in die Thubten Gyatso zumindest halbherzig eingewilligt hatte, indem er sich den absonderlichen Titel eines ‹Aufrichtig gehorsamen Buddha› verleihen ließ.

Erst im Herbst 1909 brach der Dalai Lama in Richtung Lhasa auf. Im Oktober erreichte er Nagchu, wo er feststellen mußte, daß die Chinesen in der Tat ihre Beamten und Truppen verstärkt hatten. Auch chinesische Landvermesser und eine Volkszählung bewiesen unmißverständlich die Absicht Pekings, Tibet als reguläre Provinz in ihr Reich zu integrieren.

Falls die Chinesen nach einem Anlaß gesucht hatten, um ihre neue Interventionspolitik zu rechtfertigen, so bot ihnen das unruhige Osttibet den gewünschten Vorwand. 1905 hatte der neue stellvertretende Amban Fengjian erklärt, seiner Ansicht nach müsse man das Kloster Bathang drastisch verkleinern und den meisten Mönchen Gelegenheit geben, sich in der Landwirtschaft nützlich zu machen. Daraufhin hatten die Mönche ihn kurzerhand ermordet und so einen Vergeltungsschlag des chinesischen Generals Ma Ditai heraufbeschworen: Mit einer ganzen Armee rückte er gegen das Kloster vor, zwang es zur Übergabe und ließ 322 Mönche hinrichten sowie ihren Besitz konfiszieren.

Auch im weiteren Verlauf nutzten die Chinesen diese Gelegenheit, einschüchternde Stärke zu demonstrieren. Noch im selben Jahr ließ General Zhao Erfeng die Angelegenheit abermals untersuchen und weitere vier Mönche töten. Wer gegen diese Maßnahmen zu protestieren wagte, wurde gleichfalls hingerichtet. Um jeden Widerstand der Mönche zu ersticken, ließ Zhao im Jahr 1906 weitere Armeen gegen Klöster marschieren. Teilweise wurden die Mönche regelrecht abgeschlachtet, ihre Reichtümer wurden geplündert und nach Sichuan gebracht. Spätestens von da an war der «Schlächter Zhao» der meistgehaßte Mann Tibets.

Indes erweckte er nicht den Eindruck, daß ihm an den Sympathien der Tibeter viel gelegen sei. 1907 besetzte er das südliche Kham und beschlagnahmte fast das ganze Getreide, ohne den Einwohnern eine Entschädigung zu bezahlen. Offenbar war geplant, nun im gleichen Stil ganz Tibet an China anzugliedern, wobei Zhao Erfeng möglicherweise die Rolle eines Gouverneurs übernehmen sollte. Im Jahr 1908 verstärkte er seine Truppen und schickte sich an, in Zentraltibet einzumarschieren.

Daraufhin beschwerte sich der Regent Lobzang Gyaltsen beim Amban von Lhasa, doch der weigerte sich, den tibetischen Protest zum Kaiserhof weiterzuleiten. Da entsandte der Kashag einen Repräsentanten nach Kalkutta, der von dort aus an das chinesische Außenministerium und das militärische Oberkommando in Peking telegrafierte. Auf die Forderung, der Kaiserhof solle den Rückzug Zhaos aus Kham veranlassen, antwortete Peking jedoch mit weiterer Truppenverstärkung: Auch die chinesische Garnison in Lhasa wurde vergrößert. Da der Kashag es gewagt hatte, sich unter Umgebung der Residenten direkt an Peking zu wenden, wurden die tibetischen Minister verhaftet und später hingerichtet. Als Oberbefehlshaber aller Truppen rückte der Mandschu Zhongyin mit seiner Armee auf Lhasa vor – etwa zur selben Zeit, als sich auch der Dalai Lama anschickte, in die Hauptstadt zurückzukehren.

Der Sturz des letzten Kaisers von China

Im Dezember 1909 traf der Dalai Lama wieder in Lhasa ein. Mehr als fünf Jahre war er im Exil und auf Reisen gewesen; kaum mehr als zwei Monate sollte er sich diesmal im Potala halten können.

Der Amban versicherte Thubten Gyatso zwar, die chinesische Armee werde nicht in die inneren Angelegenheiten Tibets eingreifen. Doch ihr Einmarsch in Lhasa am 12.2.1910 glich einem feindlichen Sturmangriff: Die chinesischen Soldaten beschossen tibetische Polizeieinheiten, den Jokhang-Tempel und die Regierung Tibets. Während die kaiserliche Armee sich bereits dem

Potala näherte, ernannte der Dalai Lama Lobzang Tenpai Gyaltsen zum neuen Regenten und verließ fluchtartig die Hauptstadt, in der er erst vor wenigen Wochen wieder eingetroffen war.

Thubten Gyatso floh in Richtung Tsangpo und Gyantse, verfolgt von den Chinesen. Durch hinhaltenden Widerstand am Tsangpo gelang es, ihm die weitere Flucht zu ermöglichen; am 20. Februar erreichte er das Chumbi-Tal. Man kann sich vorstellen, in welch bedrückter Stimmung er und seine Berater sich befanden: Sie hatten versucht, Tibet zwischen den wankenden Riesen Rußland und China ein wenig Autonomie zu bewahren, doch wie es nun aussah, hatten sie statt dessen den letzten Rest tibetischer Eigenständigkeit verspielt. Als der Dalai Lama tags darauf in Sikkim eintraf, blieb ihm keine andere Wahl mehr, als ausgerechnet die Briten um Unterstützung zu bitten.

Doch Thubten Gyatso war ein willensstarker Mann und überdies ein Diplomat von hohen Graden, der mit erstaunlicher Geschmeidigkeit den Frontwechsel vollzog. Vor den Briten, die ihn vor wenigen Jahren ins mongolische Exil gejagt hatten, klagte er nun die Chinesen, eben noch die Schmutzmacht Lhasas, der Unterdrückung seines Volkes an.

«Ich habe jede Gunst von der britischen Regierung erhalten», behauptete er, «wofür ich sehr dankbar bin. Ich erhoffe nun Ihren Schutz und vertraue darauf, daß die Beziehungen zwischen der britischen Regierung und Tibet die eines Vaters zu seinen Kindern sein werden. Mit dem Wunsch, von Ihnen geleitet zu werden, hoffe ich, daß Sie über meine Ankunft in Indien in aller Ausführlichkeit berichten werden.»[56]

Durch dieses Hilfeersuchen löste der Dalai Lama eine rege Reisediplomatie aus, an der auch er selbst sich beteiligte: Im März 1910 reiste er nach Kalkutta, wo er mit dem Vizekönig Lord Minto zusammentraf. Die Briten ebenso wie die Russen intervenierten in Peking und versuchten den Kaiserhof zum Rückzug seiner Truppen aus Tibet zu bewegen. Doch alle Bemühungen waren umsonst: Peking ignorierte die diplomatische Offensive. Schon am 25. Februar, unmittelbar nach Thubten Gyatsos Frontwechsel, hatte die chinesische Regierung den XIII. Dalai Lama zum zweiten Mal für abgesetzt erklärt.

Während der folgenden zwei Jahre änderte sich an der chinesischen Tibetpolitik wenig. Das Land blieb von kaiserlichen

Truppen besetzt und wurde mehr und mehr wie eine reguläre Provinz Chinas behandelt. Da die Bevölkerung jedoch weiterhin gegen die chinesische Politik protestierte, unternahm die kaiserliche Regierung einen halbherzigen Versuch, den Dalai Lama zur Rückkehr zu bewegen. Allerdings sollte er sich verpflichten, auf jede Einmischung in politische Angelegenheiten zu verzichten, was Thubten Gyatso unter Hinweis auf die Gewalttaten der chinesischen Truppen in Tibet brüsk von sich wies.

Im Jahr 1911 pilgerte er zu den vier heiligen Stätten des Buddhismus in Indien: den Orten, wo der historische Buddha geboren und wo er erleuchtet worden war, wo er seine erste Predigt gehalten hatte und wo er endgültig ins Nirwana eingegangen war. Im selben Jahr kam es auch noch einmal zu Verhandlungen mit der Mandschu-Regierung. Doch ehe man zu irgendeinem Ergebnis gelangte, brach im Oktober die chinesische Revolution aus. Durch dieses umwälzende historische Ereignis erfuhr auch das Schicksal Tibets eine völlig neue Wendung.

Zu den frühesten Opfern der Revolution zählte der «Schlächter» Zhao Erfeng: Er wurde zum Tode verurteilt und hingerichtet. Im revolutionären Tumult zog sich die überwiegende Mehrheit der chinesischen Truppen aus Tibet zurück. Am 12.2.1912 dankte die Regentin Longyu, Witwe des Guangxu-Kaisers, im Namen des jungen Kaisers Puyi ab – das klägliche Ende der einst allmächtigen chinesischen Monarchie.

Abgesehen von einer kleinen Garnison in Lhasa befanden sich im Frühjahr 1912 keine chinesischen Truppen mehr in Tibet. So konnte es der Dalai Lama wagen, über Kalimpong nach Hause zurückzukehren. Am 12.6.1912 hielt er feierlich Einzug in Lhasa. Damit waren die Jahrhunderte kaiserlicher Herrschaft faktisch beendet, und Tibet war buchstäblich im letzten Moment davor bewahrt worden, im chinesischen Reich unterzugehen. Allerdings hatten nicht der Dalai Lama und nicht die europäischen Kolonialmächte, sondern die chinesischen Revolutionäre Tibet gerettet. Deren Erben sollten sich indes bald schon wieder auf die vorrevolutionäre Tibetpolitik Pekings besinnen.

Der XIII. Dalai Lama proklamiert die Unabhängigkeit Tibets

Kaum war der Dalai Lama in den Potala zurückgekehrt, da befahl er, die verbliebenen Besatzungstruppen zu entwaffnen und nach China abzuschieben. Chinesen, die tibetische Frauen geheiratet hatten, konnten ihre Familien mitnehmen, wenn auch diese die Umsiedlung wünschten, oder als tibetische Untertanen im Hochland bleiben.

Die neue republikanische Regierung Chinas sah diesen Autonomievorbereitungen indes nicht tatenlos zu. Um Pekings Ansprüche auf Tibet zu bekräftigen, sandte Yuan Shikai (1859–1916), ein General des alten Regimes, der den provisorischen Präsidenten Sun Yat-sen abgelöst hatte, dem Dalai Lama ein Telegramm folgenden Inhalts: Er entschuldige sich für alle Übergriffe der chinesischen Truppen und setze hiermit den Dalai Lama wieder in seine alten Rechte ein. Thubten Gyatso blieb die Antwort nicht schuldig: Er bitte die chinesische Regierung um keinerlei Rang, telegrafierte er prompt zurück; vielmehr werde er aus eigenem Recht die geistliche und weltliche Macht in Tibet ausüben.

Deutlicher hätte er kaum ausdrücken können, daß Lhasa das seit 1720 bestehende Protektoratsverhältnis mit den Mandschu-Kaisern als aufgelöst ansah. Anfang Januar 1913 wurden die letzten chinesischen Truppen unter Zhongyin gewaltsam aus Lhasa vertrieben. Weitaus drastischer verfuhren die Anhänger des Dalai Lama mit den tibetischen Parteigängern der Chinesen: Das Kloster Tangyeling, dessen Mönche mit den Besatzern kollaboriert hatten, wurde bombardiert, zerstört und ausgeplündert; seine Bewohner aber wurden auf Geheiß des Potala in alle Himmelsrichtungen zerstreut.

Schon 1912 hatte sich die Äußere Mongolei aus dem Verband des zusammengebrochenen sino-mandschurischen Kaiserhauses gelöst. An die Spitze des Staates setzte man auch hier die bedeutendste Inkarnation des Landes, den VIII. Maidari Qutuqtu; dieser hohe geistliche Würdenträger, der als Verkörperung des Buddha Maitreya galt, war bei der Abreise des IV. Dalai Lama aus der Mongolei installiert worden. Begreiflicherweise zeigte insbesondere das zaristische Rußland großes Interesse an dieser Entwicklung.

Währenddessen wurde in Lhasa fieberhaft an der Unabhängigkeitserklärung gearbeitet. Am 14.2.1913 war es dann soweit: Der Dalai Lama proklamierte die Souveränität Tibets.

> Der Dalai Lama, höchst allwissender Vertreter des buddhistischen Glaubens, dessen Titel auf Befehl des Buddha aus dem herrlichen Land Indien verliehen wurde, spricht wie folgt zu euch:
> Ich spreche zu allen Klassen des tibetischen Volkes. Der Buddha aus dem berühmten Land Indien prophezeite, daß die Reinkarnation des Avalokiteshvara durch die aufeinanderfolgenden Herrscher von den frühen Religionskönigen bis auf den heutigen Tag über das Wohl Tibets wachen werde. Während der Zeit des Dschingis Khan und des Altan Khan von den Mongolen, der Ming-Dynastie der Chinesen und der Qing-Dynastie der Mandschus arbeiteten Tibet und China auf der Grundlage der Beziehung von Wohltäter und Priester zusammen. Vor einigen Jahren trachteten die chinesischen Behörden in Sichuan und Yunnan danach, unser Land zu kolonisieren. Sie brachten unter dem Vorwand der Überwachung des Handels eine große Anzahl von Truppen nach Zentraltibet. Deshalb verließ ich mit meinen Ministern Lhasa und begab mich zur indisch-tibetischen Grenze in der Hoffnung, dem Mandschu-Kaiser durch ein Telegramm zu erläutern, daß die bestehende Beziehung zwischen Tibet und China die zwischen Schutzherrn und Priester war und nicht auf der Unterordnung des einen unter den anderen beruhte. Es gab für mich keine andere Wahl, als die Grenze zu überschreiten, weil mich chinesische Truppen mit der Absicht verfolgten, mich tot oder lebendig zu fassen.
> Bei meiner Ankunft in Indien schickte ich mehrfach Telegramme an den Kaiser, aber seine Antwort auf meine Forderungen wurde durch korrupte Beamte in Peking verzögert. In der Zwischenzeit ist das Mandschu-Reich zusammengebrochen. Das ermutigte die Tibeter, die Chinesen aus Zentraltibet zu vertreiben. Auch ich kehrte sicher in mein rechtmäßiges und heiliges Land zurück und bin jetzt dabei, die Überreste der chinesischen Truppen aus Do Kham in

Osttibet zu vertreiben. Nun ist die chinesische Absicht, Tibet unter der Schutzherr-Priester-Beziehung zu kolonisieren, verschwunden wie ein Regenbogen am Himmel. Indem wir wieder einmal für uns selbst eine Periode des Glücks und des Friedens erlangt haben, habe ich jetzt an euch alle die folgenden Aufgaben zu verteilen, die ohne Verzögerung auszuführen sind:

(1) Friede und Glück können in dieser Welt nur durch die Bewahrung des buddhistischen Glaubens aufrechterhalten werden. Es ist deshalb ungeheuer wichtig, alle buddhistischen Einrichtungen in Tibet zu erhalten, wie den Jokhang-Tempel und den Ramoche in Lhasa, Samye, und Traduk in Südtibet sowie die drei großen Klöster, usw.

(2) Die verschiedenen buddhistischen Schulen in Tibet sollen in deutlich unterschiedenen und reinen Formen erhalten bleiben. Der Buddhismus soll gelehrt und erlernt werden, und man soll über ihn in der rechten Weise meditieren. Mit Ausnahme von besonderen Personen ist es den Administratoren der Klöster verboten zu handeln, Geld zu verleihen, mit jeglicher Art von Lebewesen zu handeln und/oder sich die Bediensteten anderer dienstbar zu machen.

(3) Die zivilen und militärischen Beamten der tibetischen Regierung sollen ihre Aufgaben mit offener und ehrlicher Beurteilung durchführen, wenn sie Steuern erheben oder mit den ihnen untertanen Bürgern zu tun haben, auf daß dies zum Wohle der Regierung gereiche, ohne die Interessen der Untertanen zu verletzen. Einige Beamte der Zentralregierung, die in Ngari Korsum in Westtibet und Do Kham in Osttibet eingesetzt sind, zwingen ihre Untertanen, Handelsgüter zu einem hohen Preis zu kaufen, und sie haben sich Transportrechte angemaßt, die über das hinausgehen, was die Regierung gestattete. Häuser, Besitzungen und Ländereien, die Untertanen gehören, wurden unter dem Vorwand kleinerer Gesetzesverstöße konfisziert. Ferner wurde die Amputation von Gliedmaßen von Bürgern als eine Art der Bestrafung durchgeführt. Ab sofort sind solche harten Strafen verboten.

(4) Tibet ist ein Land mit reichen natürlichen Ressourcen; aber in der Wissenschaft ist es nicht so entwickelt wie andere Länder. Wir sind eine kleine, religiöse und unabhängige Nation. Um mit dem Rest der Welt verkehren zu können, müssen wir unser Land verteidigen. Im Hinblick auf Invasionen von Ausländern in der Vergangenheit könnte unser Land mit bestimmten Schwierigkeiten rechnen, denen keine Beachtung geschenkt werden soll. Zur Sicherung und Bewahrung der Unabhängigkeit unseres Landes sollen alle freiwillig hart arbeiten. Unsere Untertanen, die in der Nähe der Grenzen leben, sollen wachsam sein und die Regierung durch besondere Boten über verdächtige Entwicklungen informieren. Unsere Untertanen dürfen nicht aus nichtigen Anlässen große Zusammenstöße zwischen zwei Nationen herbeiführen.

(5) Tibet ist ein ausgedehntes Land, auch wenn es nur dünn besiedelt ist. Einige lokale Beamte und Landbesitzer halten andere Leute eifersüchtig davon ab, unbebautes Land zu kultivieren, obgleich auch sie selbst dieses nicht bebauen. Leute mit solchen Absichten sind Feinde des Staates und unseres Fortschritts. Von jetzt an ist es niemandem erlaubt, irgend jemanden daran zu hindern, irgendein unbebautes Land, das erhältlich ist, zu kultivieren. Landsteuern sollen erst nach Ablauf von drei Jahren erhoben werden; danach sollen die Bebauer des Landes jedes Jahr Steuern an die Regierung und den Landbesitzer zahlen, bemessen nach dem Pachtzins. Das Land wird dem Bebauer gehören.

Eure Pflichten gegenüber der Regierung und dem Volk werden erfüllt sein, wenn ihr all das ausgeführt habt, was ich an dieser Stelle gesagt habe. Dieses Schreiben muß in jedem Distrikt Tibets ausgehängt und verkündet, eine Kopie muß in den Akten der Ämter eines jeden Distrikts aufbewahrt werden.

Aus dem Potala-Palast (Siegel des Dalai Lama)[57]

Von dieser Erklärung unbeeindruckt, beharrte der chinesische Präsident Yuan Shikai auf dem Suzeränitätsrecht Chinas. Allerdings verfügte er über keine Möglichkeiten, seinem Standpunkt Geltung zu verschaffen: Wegen des Kriegszustandes in Osttibet konnte er auf diesem Weg keine Beamten nach Zentraltibet entsenden, und deren Einreise über Indien untersagte die britische Regierung.

So wenig die Briten daran interessiert waren, daß die Chinesen neuerlich Einfluß auf Tibet gewannen, so sehr fürchteten sie, daß Lhasa sich nun wieder enger an Rußland anlehnen würde. Entgegen solchen Bedenken ließ der Dalai Lama aber die tibetische Armee nicht durch russische Instrukteure, sondern von dem pensionierten japanischen Militärexperten Yajima Yasuhiro ausbilden. Zusammen mit dessen Instrukteuren trafen auch einige japanische Mönche zu langjährigen Studien in Tibet ein.

Auf Initiative der Briten fand 1913/14 eine Dreierkonferenz in der britisch-indischen Sommerresidenz Simla statt. Neben Chinesen und Briten war Tibet durch seinen Ministerpräsidenten Lonchen Shatra vertreten, einen vehementen Befürworter der tibetischen Souveränität.

Die zähen Verhandlungen endeten am 27.4.1914 mit einem Kompromiß: Das Suzeränitätsrecht Chinas wurde anerkannt,

Britische, tibetische und chinesische Delegierte auf der Konferenz von Simla (1914)

umgekehrt akzeptierte China die Autonomie Tibets und verpflichtete sich, nicht mehr in tibetische Angelegenheiten einzugreifen. Außerdem wurde vereinbart, ein Äußeres Tibet vom Inneren oder Osttibet zu trennen; letzteres sollte stärkerer chinesischer Kontrolle unterworfen werden, wobei allerdings der Grenzverlauf zwischen den beiden Tibets strittig blieb. Überdies mußte Tibet hinnehmen, daß der chinesischen Regierung gestattet wurde, einen hohen Beamten mit einer Eskorte von dreihundert Mann in Lhasa zu stationieren.

Nachdem dieser Kompromiß mühselig ausgehandelt war, weigerte sich die chinesische Regierung, den Vertrag zu ratifizieren. Daraufhin informierte die Regierung Britisch-Indiens die chinesischen Machthaber, daß man diesen Vertrag notfalls auch mit Tibet separat abschließen werde. So geschah es dann auch am 3.7.1914, da Peking bei seiner Weigerung blieb. Völkerrechtlich gesehen gab China damit seinen Anspruch auf die Schutzherrschaft über Tibet auf.

Der Dalai Lama rüstet auf

Als im folgenden Monat der Erste Weltkrieg ausbrach, bot die tibetische Regierung den Briten an, tausend Mann an Hilfstruppen für den Krieg in Europa zu stellen. Nur die Existenz des Empires, so argumentierte der Dalai Lama, könne auch die Existenz Tibets garantieren. Die Engländer lehnten das Angebot nicht ab, machten allerdings auch keinen Gebrauch davon.

Wie es der Dalai Lama in der Unabhängigkeitserklärung angekündigt hatte, begannen die Tibeter nun mit dem Aufbau eines regulären, nach europäischen Prinzipien ausgebildeten Heeres. Hierfür entsandten Rußland, Japan und Großbritannien – die Mächte, die China besiegt hatten – Ausbilder, die je ein tibetisches Regiment instruierten. Wie nachhaltig die tibetische Armee durch dieses Training erstarkte, zeigte sich 1917 im Kampf gegen chinesische Truppen in Osttibet: Die Soldaten des Dalai Lama schlugen den chinesischen Überfall nicht nur zurück, sondern erzielten sogar größere Geländegewinne.

Als sie nach der Eroberung von Derge auf Dajianlu vorrückten, ersuchten die Chinesen um Vermittlung der Briten, die ihren

Konsularoffizier Eric Teichmann mit dieser Aufgabe betrauten. In zwei Abkommen wurde beschlossen, das umstrittene Gebiet Osttibets ungefähr entlang dem Lauf des oberen Yangzi zwischen Tibet und China zu teilen, alle Feindseligkeiten einzustellen und die beiderseitigen Truppenkontingente zurückzuziehen.

Indes erschöpften sich die Reformmaßnahmen des Dalai Lama keineswegs im Aufbau einer Armee. Bereits 1915 hatte er das Nechung-Orakel abgesetzt. Das Kloster Drepung, wo sich viele osttibetische und chinafreundliche Mönche aufhielten, hatte sich mehrfach als Zentrum oppositioneller Kräfte erwiesen; daher entzog ihm Thubten Gyatso die Polizeigewalt, über die es bis dahin während des Mönlam-Festes verfügt hatte. Was er als V. Dalai Lama gegeben habe, so seine weise Begründung, könne er als XIII. Dalai Lama auch wieder nehmen. Doch die Mönche von Drepung, durch dieses Argument anscheinend wenig besänftigt, suchten ihr Heil in der Revolte. Als der Dalai Lama Regierungstruppen aufmarschieren ließ, gaben die Rebellen indes rasch wieder klein bei.

Dagegen ließ sich der VI. Panchen Lama Chökyi Nyima (1883–1937) weder durch gute Worte noch durch sanfte Gewalt von der energischen Politik des Dalai Lama überzeugen. Die höheren Staatsausgaben erforderten auch eine höhere Besteuerung der großen Klöster, die jetzt nach dem Umfang der Liegenschaften bemessen wurden. Auch das Kloster Tashilhunpo, der Sitz des Panchen Lama, mußte höhere Abgaben bezahlen, was die Beamten des Klosters insgeheim als Strafmaßnahme ansahen. Der Panchen Lama nämlich stand im Verdacht, enge Beziehungen zu China zu unterhalten. Schon 1904 und 1910, als der Dalai Lama abgesetzt worden war, hatte der Kaiserhof versucht, den Panchen Lama zum neuen Oberhaupt Tibets zu ernennen und so gegen den Dalai Lama auszuspielen. Chökyi Nyima hatte sich auf dieses Spiel zwar nicht eingelassen, nun aber fühlte er sich durch den Vorwurf, mit Peking zu paktieren, offenkundig bedroht. Ende Dezember 1923 floh er über Namru und Xining in die Mongolei und von dort weiter nach China.

Nach der Einschätzung von Charles Bell, einem engen Freund Tibets, der auch als britischer Verhandlungsführer die politischen Verhältnisse genauestens kannte, verfügte der VI. Panchen Lama wohl weder über das politische Talent noch über Energie und

Ehrgeiz des XIII. Dalai Lama. Bell charakterisiert Chökyi Nyima als liebenswürdig und bescheiden, während ihm Thubten Gyatso stets herrisch und machtbewußt erschienen sei.

Der wohl zu Unrecht verdächtigte Chökyi Nyima erreichte Peking im Februar 1925. Zu dieser Zeit neigte sich die Regentschaft der chinesischen Kriegsherren ihrem Ende zu; in den folgenden Jahren übernahm die nationalistische Guomindang-Partei unter Führung des militärischen Oberkommandierenden Chiang K'ai-shek (1887–1975) die Macht in China und einte das von Bürgerkrieg zerrissene Land. Für die chinesischen Nationalisten war die Flucht des Panchen Lama ein Glücksfall, da sie ihn fortan als Prätendenten gegen den Dalai Lama ausspielen konnten. Er blieb bis zu seinem Tod im Jahr 1937 in China, wo er als Mittelpunkt zahlreicher Intrigen eine eher unglückliche Rolle spielte. Die stets über Lhasa schwebende Drohung, daß er eines Tages im Gefolge chinesischer Truppen zurückkehren könnte, erfüllte sich zum Glück für Tibet aber nicht.

Unter britischem Einfluß versuchte die tibetische Regierung auch auf etlichen anderen Gebieten das rückständige und isolierte Land zu modernisieren. So wurde 1925 in Lhasa ein Postamt eingerichtet, das auch Briefmarken herausgab und den Postverkehr zwischen den großen Städten des Landes betrieb. Im selben Jahr entstand eine Telegrafenverbindung über Gyantse nach Kalkutta. Der Dalai Lama betrieb sogar die Gründung einer Staatsbank, die eigenes tibetisches Geld in Umlauf brachte. Dieses sollte langfristig die chinesischen Münzen ersetzen und der Regierung überdies die Kontrolle des Geldumlaufs ermöglichen. Zu den großen Modernisierungsprojekten gehörte darüber hinaus ein Wasserkraftwerk, das die Tibeter mit britischer Hilfe in Lhasa errichteten.

Dies alles bedeutete jedoch nicht, daß Tibet im allgemeinen und die theokratische Elite im speziellen sich nun rückhaltlos und enthusiastisch der Moderne und der westlichen Kultur geöffnet hätten. Im Gegenteil: Vergleicht man die Entwicklung Tibets Anfang dieses Jahrhunderts mit der anderer asiatischer Gesellschaften wie China, des britischen Burma oder Thailands, so wird deutlich, daß einzig Tibet sich nach kurzer und oberflächlicher Öffnung rasch wieder vor der Moderne verschloß. Aus Sorge um ihre Privilegien, Macht und politischen Einfluß verhinderte die geistliche Elite letztlich jede tiefgreifende Modernisierung des Landes und erreichte in vielen Fällen sogar, daß ihr mißliebige Neuerungen wieder abgeschafft wurden. So setzten die Mönche beispielsweise durch, daß eine englische Schule, die 1924 in Gyantse eröffnet worden war, zwei Jahre später wieder schließen mußte. Auch im Bergbau oder allgemein im Gebrauch von Maschinen sahen viele Geistliche einen frevlerischen Bruch mit der Tradition. In wie geringem Ansehen die westliche Maschinenkultur in Lhasa stand, erkennt man auch an der Tatsache, daß Mitte der zwanziger Jahre in ganz Tibet nur zwei Personen ein Privatauto besaßen: der Dalai Lama persönlich und Thubten Kunphela, sein junger Minister für Banknoten, Munitionsimporte und Elektrifizierung.

Den wenigen Befürwortern moderner Technologie standen allein in den drei großen Klöstern Sera, Ganden und Drepung etwa 20 000 Mönche gegenüber. Diese orthodoxe Elite setzte sich letzten Endes durch, so daß die meisten Reformprojekte bald schon wieder einschliefen. Der Postdienst mit Indien wurde eingestellt, die – gegen den Widerstand des Militärs eingeführte – Polizeiorganisation verfiel. Auch die Beziehungen zu Großbritannien kühlten binnen weniger Jahre wieder ab, zumal es auch mit Hilfe der Briten bis dahin nicht gelungen war, China zur Anerkennung der tibetischen Souveränität zu bewegen.

Angriff der Sichuan-Chinesen

Ermutigt durch die wachsende Distanz zwischen London und Lhasa versuchte die Sowjetunion, an die einstmals herzlichen Beziehungen zwischen Tibet und dem Zarenreich anzuknüpfen. Allerdings hatte sich der diplomatische Stil der Russen mit der Revolution erheblich gewandelt: Anstelle von Diplomaten in Mönchskutten sandten sie 1927/28 mongolische Agitprop-Kommissare nach Tibet. Doch die Tibeter ließen sich von den kommunistischen Parolen nicht beeindrucken. Überdies aktivierte die Regierung in Lhasa ihre abgekühlten Beziehungen zu den Briten, um die Sowjets auch durch Druck aus London zum Abzug ihrer Propagandisten zu bewegen.

Brisanter wurde die Situation, als die chinesische Goumindang-Regierung mit dem Potala Kontakt aufnahm: Im Jahr 1930 sandte sie Yungon Dzasa, den tibetischen Abt des Pekinger Lama-

Tempels, nach Lhasa. Ihr Angebot: ein bilaterales Abkommen unter Ausschluß der Briten. Der Dalai Lama zeigte sich nicht abgeneigt, beharrte jedoch auf seinem Standpunkt: Man könne diplomatische Beziehungen aufnehmen, jedoch erkenne Lhasa keine Suzeränitätsrechte Chinas an.

Noch während des zaghaften Beginns dieser Gespräche brach zwischen den osttibetischen Klöstern Beri und Dargyas Streit aus. Der Kriegsherr von Sichuan, Liu Wenhui, stellte sich auf die Seite von Beri und schickte sich an, unter diesem Vorwand der Hilfeleistung ganz Osttibet zu annektieren. Daraufhin setzte die tibetische Regierung ihre Armee in Marsch, um die Dargyas-Partei zu unterstützen. Abermals zeigte sich, daß die ausländischen Instrukteure die Schlagkraft des tibetischen Militärs nachhaltig gesteigert hatten: 1931 wurden die Truppen von Liu Wenhui vernichtend geschlagen und mußten sich nach Dajianlu zurückziehen.

Der XIII. Dalai Lama (um 1930)

Dieser kriegerische Zwischenfall erboste jedoch die chinesische Zentralregierung, obwohl Liu Wenhui überhaupt nicht unter ihrer Kontrolle stand. Sie beschuldigte nun die Briten, für die Niederlage der Chinesen verantwortlich zu sein, da britische Offiziere den tibetischen Angriff gesteuert hätten. Außerdem besann sich die Guomindang-Regierung auf den im Pekinger Exil lebenden Panchen Lama, den sie im Juni 1931 quasi zum weltlichen Oberhaupt Tibets proklamierte: Er erhielt den Titel «Großer Meister von unendlicher Weisheit, Verteidiger der Nation und Verbreiter des Glaubens» sowie eine großzügige Apanage. Die Vertreter des Dalai Lama in Nanjing, der damaligen chinesischen Hauptstadt, protestierten heftig gegen diesen Schachzug, und mit der zögerlichen Annäherung zwischen Chinesen und Tibetern war es vorerst wieder vorbei.

Währenddessen hatten sich die Sichuan-Chinesen von ihrer Niederlage erholt: Im April 1932 schlugen sie zurück, und diesmal waren es die Truppen Lhasas, die in fünf Monate währenden Kämpfen Schritt um Schritt zurückweichen mußten. Doch es sollte noch schlimmer kommen: Auch Ma Bufang, der muslimische Gouverneur der Provinz Qinghai, nahm Streitigkeiten zwischen einigen Klöstern zum Vorwand für einen Eroberungsfeldzug und stieß gleichfalls über die tibetische Grenze vor. Bis zum August 1932 hatten die Armeen des Dalai Lama soviel Territorium verloren, daß die tibetische Regierung sich gezwungen sah, Britisch-Indien um Hilfe zu ersuchen. Die Briten entsandten einen politischen Beamten nach Nanjing, doch es war wohl weniger dessen diplomatischem Geschick als vielmehr internen Machtkämpfen der Sichuan-Chinesen zu verdanken, daß sich kurz darauf die Lage beruhigte: Im Oktober 1932 wurde ein Waffenstillstandsabkommen mit Liu Wenhui geschlossen, in dem beide Seiten den Yangzi-Fluß als neue Grenze akzeptierten; im Oktober trat ein ähnlicher Vertrag mit dem muslimischen Qinghai-General in Kraft.

Falls man sich im Potala-Palast in der Hoffnung gewiegt hatte, daß die Autonomie Tibets nun gesichert sei, so sah man sich durch die jüngsten Auseinandersetzungen mit China eines Besseren belehrt. Sobald es den Chinesen gelingen würde, ihre Kräfte wieder in den Händen einer starken Zentralregierung zu bündeln, mußte man in Tibet auf neue Annexionsversuche gefaßt sein. Auch der Macht Britisch-Indiens hatte Tibet nach wie vor wenig entgegenzusetzen, und da war es für den Dalai Lama allenfalls ein schwacher Trost, daß zumindest die Briten keine weiteren Expansionspläne zu hegen schienen.

Um so finsterer sah es dafür in der Mongolei aus: Nach dem Tod des VIII. Maidari Qutuqtu hatte das kommunistische Regime kurzerhand dessen Wiederverkörperung verboten. Khorlogin Choibalsan (1895–1952), der «mongolische Stalin», ließ buddhistische Klöster zerstören und zwang die Mönche zum Eintritt in seine Armee. Diese systematische Verfolgung erweckte in Lhasa die Befürchtung, daß die mongolischen Kommunisten versuchen würden, den tibetischen Buddhismus regelrecht auszumerzen in ihrem Land, das der III. Dalai Lama im 16. Jahrhundert für den Lamaismus gewonnen hatte. Diese düstere Vision sollte sich zwar bestätigen; indes zeigt sich seit dem Ende des dortigen kommunistischen Regimes, daß der tibetische Buddhismus trotz jahrzehntelanger Unterdrückung auch in der Mongolei überdauert hat, wo er seit 1991 in beeindruckender Weise wieder aufgeblüht ist.

Das politische Testament Thubten Gyatsos

Das neue Nechung-Orakel, das der XIII. Dalai Lama 1931 einführte, prophezeite Ende desselben Jahres, «der kostbare Beschützer» werde «sich bald zur verehrungswürdigen Ebene erheben». In Erwartung seines nahen Endes verfaßte Thubten Gyatso ein Schriftstück voll düsterer Visionen, das als sein politisches Vermächtnis gilt:

> Unsere beiden mächtigsten Nachbarn sind Indien und China, die beide sehr starke Armeen besitzen. Deshalb müssen wir danach streben, mit beiden dauerhafte Beziehungen herzustellen. Es gibt auch eine Reihe kleinerer Staaten an unseren Grenzen, die starke Truppen besitzen. Deshalb ist es wichtig, daß auch wir eine schlagkräftige Armee aus jungen und gut ausgebildeten Soldaten haben, die in der Lage ist, die Sicherheit unseres Landes zu gewährleisten. In der gegenwärtigen Zeit scheinen fünf große Verfallserscheinungen

in einem solchen Ausmaß die Erde zu beherrschen, daß Kampf und Auseinandersetzung Teil des Gebildes der menschlichen Gesellschaft geworden sind. Wenn wir keine Vorbereitungen treffen, uns selbst gegen das Überschwappen der Gewalt zu verteidigen, werden wir nur geringe Überlebenschancen haben.

Insbesondere müssen wir uns gegen die barbarischen roten Kommunisten schützen, die Terror und Vernichtung mit sich bringen, wo immer sie hingehen. Sie sind die Schlimmsten der Schlimmen. Sie haben bereits einen Großteil der Mongolei in Beschlag genommen, wo sie die Suche nach einer Reinkarnation des Jebtsun Dampa[58], des wiederverkörperten Oberhaupts des Landes, für ungesetzlich erklärt haben. Sie haben die Klöster ausgeraubt und zerstört und die Mönche gezwungen, in die Armee einzutreten, anderenfalls sie als Rechtlose getötet werden. Sie haben die Religion vernichtet, wo immer sie ihr begegneten, und nicht einmal dem Namen des Buddhadharma ist es gestattet, in ihrem Strudel zu verbleiben. Ich bin sicher, daß ihr von den Berichten gehört habt, die aus Ulan Bator und anderen Orten zu uns gedrungen sind.

Es wird nicht lange dauern, bis wir den roten Angriff vor unserer eigenen Haustür finden werden. Es ist nur eine Frage der Zeit, bis wir in unmittelbare Auseinandersetzung mit ihm kommen, entweder aus unseren eigenen Reihen oder sonst als Bedrohung von einer auswärtigen Nation.

Und wenn dies eintrifft, müssen wir bereit sein, uns selbst zu verteidigen. Sonst werden unsere geistigen und kulturellen Traditionen vollkommen vernichtet werden. Sogar die Namen der Dalai und Panchen Lamas werden ausgelöscht werden, wie auch die anderer Lamas, Reinkarnationen und heiligen Wesen. Die Klöster werden geplündert und zerstört und die Mönche und Nonnen getötet oder vertrieben werden. Die bedeutenden Werke unserer edlen Gesetzeskönige der alten Zeit werden ungetan und alle unsere kulturellen und geistigen Einrichtungen verfolgt, zerstört und vergessen sein. Das Geburtsrecht und der Besitz des Volkes werden gestohlen werden. Wir werden von unseren Eroberern wie Sklaven gehalten und gezwungen sein, wie Bettler hilflos umherzuwandern. Jedermann wird gezwungen sein, im Elend zu leben, und die Tage und Nächte werden langsam und mit großem Leiden und Schrecken vorübergehen. Deshalb müssen wir jetzt, wo wir die Stärke des Friedens und des Glücks besitzen, wo wir die Macht haben, etwas an unserer Lage zu ändern, jede Mühe auf uns nehmen, uns selbst vor diesem drohenden Unheil zu beschützen. Wendet friedliche Maßnahmen an, wenn es möglich ist; aber wenn es nicht möglich ist, zögert nicht, auf gewaltsame Mittel zurückzugreifen. Arbeitet jetzt fleißig, wo ihr noch Zeit dazu habt. Dann wird es keine Klagen geben.

Die Zukunft des Landes liegt in Eurer Hand. Ob Du Premierminister oder einfacher Regierungsbeamter bist, Mönch oder Laie, Lehrer oder Schüler, weltlicher Führer oder gewöhnlicher Bürger, ich appelliere an Euch alle, Euch zusammen zu erheben und für das gemeinsame Gut nach Eurem persönlichen Können zu arbeiten. Eine Person allein kann die Bedrohung, die uns bevorsteht, nicht abwehren, aber gemeinsam können wir am Ende gewinnen. Vermeidet Rivalitäten und kleinlichen Eigennutz und blickt statt dessen auf das Wesentliche.

Wir müssen gemeinsam mit einer positiven Einstellung für das Wohl aller kämpfen, indem wir in Übereinstimmung mit den Lehren des Buddha leben. Wenn wir so handeln, werden wir ohne Zweifel unter dem Schutz unseres nationalen Schutzheiligtums Nechung leben, das vom Acharya[59] eingerichtet wurde, um der langen Reihe der Dalai Lamas in ihrem Bemühen um Tibet beizustehen.

Auch ich meinerseits werde alles tun, was ich kann, um für das Gemeinwohl zu arbeiten, und richte meinen Segen auf die, die in gleicher Weise handeln. Ich biete ihnen meine Gebete an, auf daß ihre Bemühungen den gewünschten Erfolg haben werden.

Wer in dieser kritischen Zeit nicht in der richtigen Weise handelt, den wird das Schicksal ereilen, das er gerechterweise verdient. Auch wer vorübergehend durch seine nachlässige Haltung in Wohlstand lebt, wird am Ende ins Verderben stürzen. Jetzt sitzen sie bloß herum und lassen träge die Zeit vergehen. Aber in kürzester Zeit werden sie ihre Teilnahmslosigkeit bedauern. Aber dann wird es zu spät sein, die Versäumnisse zu bedauern.[60]

So prophetisch manche Passagen dieses staatsmännischen Testamentes anmuten, nicht einmal der XIII. Dalai Lama wird zum Zeitpunkt der Niederschrift geahnt haben, daß die Kommunisten wenige Jahre darauf die Macht über ganz China erlangen und in der Folge auch die staatliche Autonomie Tibets massiv bedrohen würden. Im Jahr 1933, dem Todesjahr des XIII. Dalai Lama, sah es dagegen noch nach einem Sieg der nationalistischen Goumindang-Regierung aus, die soeben den vierten Einkreisungs- und Vernichtungsfeldzug gegen die kommunistischen Gebiete im Süden Chinas begonnen hatte.

Den sogenannten «Langen Marsch», die Antwort der letztlich siegreichen Kommunisten unter Mao Zedong, erlebte Thubten Gyatso nicht mehr. Im November 1933 zog er sich eine schwere Erkältung zu, an deren Folgen er am 17.12.1933 verstarb. Zuvor hatte er noch einen nepalesischen Fotografen zu sich kommen lassen, der ihn ein letztes Mal abgelichtet hatte: im Lotossitz auf seinem Thron im Potala sitzend, erst 58 Jahre alt, doch nach einem pflichtenreichen Leben müde und ausgezehrt.

Ohne Zweifel war der XIII. Dalai Lama eine der herausragenden Gestalten der tibetischen Geschichte. Er selbst sah sich nicht nur allgemein als Wiederverkörperung seiner Vorgänger, sondern insbesondere als Inkarnation des «Großen Fünften», dessen Vorbild er gerade in der Politik nacheiferte.

Aber auch als geistliches und geistiges Oberhaupt Tibets hatte er vielfältige Aufgaben zu erfüllen. So prüfte er jedes Jahr die Mönche im Norbulingka-Palast und begutachtete ihre Debatten in Dialektik. Während des Mönlam-Festes führte er weitere Prüfungen durch und traf seine Auswahl unter den begabten Mönchen. Doch trotz dieser zahlreichen Pflichten fand auch er Zeit, spirituelle Schriften zu verfassen. Eine kleine Auswahl stellen wir zum Abschluß dieses Kapitels vor.

Aus den Werken des XIII. Dalai Lama

Predigt Nummer 11: Das Wasservogel-Jahr

Gyalwa Ngawang Lobzang Gyatso[61] schrieb einst:
Mit Verständnis für die Lehre und der Liebe für die Lebewesen
Höre auf die Lehren und meditiere über ihre Bedeutung.
Wenn dann die innere Erfahrung erlangt worden ist,
Übertrage die Methoden zur Befreiung auf andere.
Das ist die Grundlage, die Wohlfahrt und Freude hervorbringt.

Der Buddhadharma ist eine Medizinpflanze, die den Lebewesen sowohl unmittelbares wie auch dauerhaftes Glück bringt.

Buddha Shakyamuni selbst war von der inneren Verwirklichung erfüllt, erfahren in den Mitteln, die die Welt zur Reife bringen, und er hatte großes Mitleid mit den Lebewesen. Er verstand die unterschiedlichen Eigenarten und Fähigkeiten jener, die ausgebildet werden, und aufgrund dieser Voraussetzungen lehrte er die verschiedenen Fahrzeuge (Yanas).

Alles, was er lehrte, wies unmittelbar oder mittelbar auf die Anschauung von der Bedingtheit hin, der gegenseitigen Abhängigkeit als das Wesen der Phänomene. Alle seine Anweisungen sind ausschließlich Methoden, um Schüler zu dieser Wahrheit zu führen, und dadurch führt er sie den irrtumslosen Pfad entlang, der zu einem höheren Seinszustand, der Befreiung und der Erleuchtung führt.

Lama Tsongkhapa schrieb:
Alle Lehren, die Du [der Buddha] uns gegeben hast,
Beginnen und enden mit dem Entstehen in Abhängigkeit.
In der Umkehr führt dies zum Nirwana.
Letztendlich war es beim Lehren immer Deine Absicht,
Nichts anderes als den Weg zum inneren Frieden zu zeigen.

Wie in diesem Zitat ausgedrückt wird, sind alle Lehren in der Sutra- wie der Tantra-Tradition Methoden zur Entwicklung einer inneren Erfahrung von Frieden. Die Unterschiedlichkeit dieser Methoden besteht aufgrund der Unterschiedlichkeit der Voraussetzungen der Praktizierenden. Wer sich diesen Methoden durch Studium, Kontemplation und Meditation annähert, erreicht leicht dauerhaftes Wohlbefinden. Dieses Wohlbefinden ist nicht begrenzt auf diese Lebenszeit allein, sondern erstreckt sich für immer in zukünftige Leben. Darüber kann kein Zweifel bestehen.

Der Große Fünfte schrieb:

Ein mit den Merkmalen der Vollkommenheit geschmückter Körper,
Eine Sprache, die durch die sechzig Qualitäten angereichert ist,
Und ein Geist, der beides versteht – die Einheit und
Die Unterschiedlichkeit aller Gegenstände des Wissens:
So war das Wesen des Buddha Shakyamuni.
Wenn man in der richtigen Weise praktiziert, erzeugen seine Lehren dauerhaftes Wohlbefinden.

Während der vergangenen Jahre haben wir über die sechs Vorbereitungen diskutiert, die vor jeder Meditationssitzung auszuführen sind. Wir haben an der fünften Vorbereitung gearbeitet, der siebengliedrigen Hingabe. Letztes Jahr vollendeten wir das fünfte dieser sieben Glieder, das der Befragung der Buddhas nach den zehn Richtungen, in die man das Rad des Dharma dreht. Dieses Jahr will ich mich auf das sechste konzentrieren, das Glied der Befragung der Buddhas nach den zehn Richtungen, bei denen man nicht in das endgültige Nirwana (Parinirwana) eingeht.

Die Natur des Todes eines Buddha ist im folgenden Vers beschrieben:

Die Buddhas gehen niemals ins Parinirwana ein,
Und der Dharma verschwindet niemals.
Aber um die Auszubildenden auszubilden
Geben die Buddhas zeitweise vor, für immer fortzugehen.

Die vollkommen vollendeten Buddhas haben gelobt, im Samsara zum Wohle der Lebewesen bis zum endgültigen Ende der zyklischen Existenzen zu bleiben. Deshalb können sie niemals tatsächlich aus dem Samsara in das Parinirwana übergehen. Doch gelegentlich ziehen sie ihre natürliche Manifestation zurück und geben vor, für immer fortzugehen, um einige Auszubildende zu bändigen. Als Folge davon besteht die Notwendigkeit, sie zu ersuchen, doch zu bleiben und nicht in das Parinirwana einzugehen.

Die Art und Weise dieses Ersuchens sieht wie folgt aus:

Beginne mit der Erinnerung an die Buddhas des Verdienstfeldes wie früher beschrieben. Erinnere dich ebenso an die Millionen von Emanationen dieses Verdienstfeldes zusammen mit allen Bud-

dhas in allen Buddhafeldern in den zehn Richtungen.
Dann stelle dir vor, daß du aus dir selbst unzählige Formen emaniers. Diese singen alle gleichzeitig den Vers aus dem Gebet des Arya Samantabhadra, wo der Buddha ersucht wird, nicht ins Parinirwana einzugehen.

O Meister, die ihr wünscht, das Parinirwana zu zeigen,
Ich ersuche euch, bei uns zu bleiben und zu lehren,
Um Güte und Freude zu den Wesen zu bringen,
Für so viele Äonen, wie es Staubkörner gibt.

Ein Spiegel, der die Fehler reflektiert

1. Om svasti!
O Buddhas und Bodhisattvas, zeigt Eurer Mitleid,
Damit ich ausdrücklich die Fehler und Unzulänglichkeiten ausreiße
Aus den weltlichen und geistlichen Aspekten meines Lebens.
O Avalokiteshvara, Bodhisattva des Mitleids
Schenke mir für einen Augenblick Deine Aufmerksamkeit.

2. In diesen Tagen gibt es viele falsche Praktizierende,
Die vorgeben, die drei höheren Übungen zu beherrschen.
Sie sollen ihre Gedanken vom Umherwandern abhalten
Und auf diese Worte von mir achten.
Um von einem Gespräch zu profitieren,
Muß man es verstehen; so dringe ein in die Hülle
Des Intellekts des Verstandes und höre gut zu.

3. Seit anfangslosen Zeiten bis zum gegenwärtigen Leben
Haben wir zahllose samsarische Körper besessen,
Die durch die Kräfte des ausgereiften Karman geboren wurden.
Aber die Gelegenheit, die Schrift und
Den Einblick in die Lehren der Buddhas zu erhalten,
Haben wir erst jetzt erhalten.

4. Durch die Macht des vorangegangen guten Karmans
Haben wir diesen juwelengleichen menschlichen Körper erlangt;
Doch aufgrund unserer tiefen Verhaftung

In der täglichen weltlichen Routine
Geschieht es sehr selten, daß wir uns treffen
Mit einem ausgebildeten spirituellen Meister.

5. Und auch wenn wir versuchen, uns selbst hinzugeben
Einem Lehrer des Großen Weges,
Scheint sich unser Vertrauen in die Lehrer-Schüler-Beziehung
Auf bloße Worte zu beschränken.
Denn aufgrund unserer negativen Einstellung
Machen wir wenig, sondern öffnen sogar weiter
Das Tor zu den unteren Bereichen.

6. Obgleich wir somit die Mittel in unseren eigenen Händen halten
Zum Wohle von diesem und den zukünftigen Leben,
Haben wir sie aufgrund unserer eigenen Dummheit weggeworfen
Und laufen statt dessen falschen Bildern hinterher, die erscheinen.
Ein ganzes menschliches Leben vergeht auf diese Weise!

7. Dieser leicht zu verlierende Körper, der aus Elementen besteht,
Wird die Hülle des Bewußtseins nicht für lange besitzen;
Und wenn wir nicht über die vier großen Leiden nachdenken –
Geburt, Krankheit, Alter und Tod –,
Werden wir mit Sicherheit mit leeren Händen
Von diesem Leben in das nächste gehen.

8. Wir haben nicht die Fähigkeit vorherzusagen,
Wie lange wir in diesem Leben verbleiben
Noch wohin wir im nächsten gehen werden.
Und auch wenn wir hundertfache Anstrengungen machen,
Um den Geist durch materielle Dinge zu befriedigen,
Ist nicht die kleinste Frucht erlangt worden.

9. Wir sehen, daß die Körper der Alten,
Der Jungen und derer dazwischen nichts werden
Als Futter für Hunde und Geier,
Doch irgendwie erfassen wir nicht, daß unseren eigenen Körper

Bald dasselbe Schicksal ereilen wird.
Wenn unsere natürlichen Gegebenheiten nur zum Tod führen,
Wie verwunderlich ist es da, daß wir gleichgültig herumsitzen,
Obgleich unsere Zeit ständig zerrinnt.

10. Die Worte des Buddha beschreiben klar
Das Wesen der heißen und kalten Höllen;
Aber wir vermögen nicht deren Bedeutung zu erfassen,
Und sogar jetzt fahren wir fort, Pläne zu machen
Über noch mehr bedeutungslose weltliche Werke.
Es ist, als ob unser Verstand gefallen sei
Unter den Fluch der Agenten der Finsternis.

11. Vielen von uns hatten die ausgezeichnete Gelegenheit gehabt
Die Gelübde der Brahmacharya-Übung zu erhalten
In Gegenwart eines Abtes und eines Acharyas;
Doch wir erfüllen nicht unsere Verpflichtungen, und statt dessen
Überschreiten wir sowohl die natürlichen wie auch die erlassenen
Vorschriften.
Wir sind nur schamlose Nachbildungen des Sangha,
Die sich fälschlicherweise an den Opfern der Gläubigen erfreuen.

12. Mit einem Verstand, der belastet ist durch das Gewicht
Dieser vielen Verfehlungen und Abstürze,
Hören wir einige Predigten
Des unermeßlichen und tiefen Dharma.
Aber obgleich wir beanspruchen,
Zur Gruppe der reinen Praktizierenden zu zählen,
Ist die Grundlage unserer inneren Motivation nur
Eifersucht, Stolz und der Geist des Wettstreits.

13. Die mitleidende Energie der erleuchteten Wesen
Ist in allen Zeiten und Plätzen vorhanden;
Aber die Buddhas können unsere Schlechtigkeiten nicht beseitigen,
Indem sie uns mit Wasser waschen,
Noch können sie unsere Leiden beseitigen
Wie man einen Dorn mit seinen Händen herauszieht.

14. Nur durch das Mittel ihrer Lehren
Sind sie in der Lage, zu unserem Wohl beizutragen;
Aber wir ignorieren ihre Lehren!
So wandern wir schwach und schutzlos
Unter den dunklen Mächten von Karman und Täuschung,
Und sind dabei, über die Klippe zu stürzen
Und in die drei unteren Bereiche zu fallen.
Mögen die großen Lehrer auf uns schauen
Und uns in ihrem Mitleid auffangen.

15. Mögen wir uns beständig bewußt sein
Der Verfehlungen weltlicher Genüsse,
Und nicht von vergänglichen Werken abgelenkt werden.
Mögen wir die Ströme unseres Seins reinigen
Durch die Mittel der drei höheren Übungen
Und vollenden die Taten
Der Stufen und Pfade der Erleuchtung.

16. In diesem und allen zukünftigen Leben,
Mögen wir wandeln auf den reinen und höchsten Pfaden,
Mögen wir die Stufe der höchsten Befreiung erreichen,
Und zu spirituellen Führern für die zahllosen Wesen werden.

17. Das geistlose Geschwätz in diesem Gedicht,
Geschrieben von einem verrückten, unreligiösen Bettler,
Möge für die Gelehrten ein Gegenstand des Scherzes werden.
In der Tat muß ich offen bekennen,
Daß ich hier nichts getan habe,
als meine eigenen Verfehlungen zu hören
Und diese anderen zuzuschreiben.

Ein Lied, um die Praxis zu stärken

1. Kye-ma-hoh
Ich verbeuge mich vor den Füßen der Wurzellehrer
und Traditionshalter,
Wohnstätten der Gegenstände der Zuflucht,
Essenz der Güte der Edlen.

Ich rufe zu Euch aus den Tiefen meines Herzens:
Neigt Euch uns zu mit den Armen des Mitleids
Und Rücksicht für die Lebewesen, bis die große Erleuchtung erlangt ist.

2. In diesem argen Zeitalter, das durch die fünf Entartungen gekennzeichnet ist,
Sind die Lebewesen schwach im Geiste und
Festgehalten im Gefängnis des Samsara.
Ihr Verstand ist von begrenztem Verstehen, und
Sie sind gebunden durch den Strick der fünf seelischen Gifte.
Deshalb offenbart sich das Mitleid der Buddhas
Besonders stark zu dieser Zeit.

3. Daher ist es auch die Zeit für die Gelegenheit, und
Es wird wichtig, uns selbst der Freude zu widmen,
Den Dharma-Methoden, die vollenden den Zweck
Dieses Lebens, den Bardo[62] und alle künftigen Geburten.
Mache dir in deinem Geist ganz genau klar
Die Schritte auf dem höchsten Pfad, der führt
Zu den Zuständen von Befreiung und Allwissenheit.

4. Einen einzigen Tag der Pflege des Guten zu widmen,
Ohne es mit irgend etwas Schlechtem zu vermischen
Ist so selten wie ein Stern in der Mittagszeit.
Die acht weltlichen Befindlichkeiten und die Handlungen,
Die dieser einen Lebenszeit allein von Nutzen sind,
Scheinen uns völlig zu beherrschen,
Betrügen uns um die dauerhafte Freude.

5. Dann, aufgrund der Instinkte, die sich angesammelt haben
Durch die ständige Vertrautheit mit dem Oberflächlichen,
Kommen wir in den Besitz des mit Vorurteilen behafteten Verstandes,
Der die Wahrheit des Karman-Gesetzes zurückweist
Und den drei höchsten Gegenständen der Zuflucht mißtraut,
So wie wir zynisch an den Handlungen eines Zauberers zweifeln.
Auf diese Weise von einer falschen Einstellung beherrscht,
Wird unser Verstand mit schlechten Angewohnheiten vertraut,

Und wir sammeln eine Menge von schlechtem Karman
Durch Lächerlichmachen und Herabsetzen der Heiligen.

6. Diese Last der Irreleitung ist schwer
Und verfinstert noch mehr den Verstand.
Dann, wenn man ein Leben führt, das der Wahrheit widerspricht,
Zögern wir, etwas Wertvolles zu tun.
In der Tat ist es schlimm, jene zu beobachten,
Die auf diese Weise das juwelengleiche menschliche Potential mißbrauchen
Und sich von einem verantwortungsvollen Leben abwenden.

Tenzin Gyatso, XIV. Dalai Lama

geb. am 6.6.1935 in Taktser/Amdo; XIV. Dalai Lama seit 24.11.1939, weltliches Oberhaupt Tibets vom 17.11.1950–31.3.1959, seitdem im Exil

Mordgerüchte und ein Putschversuch

Nach dem plötzlichen Tod des XIII. Dalai Lama kamen Gerüchte auf, er sei vergiftet oder durch schwarze Magie getötet worden. Unter Verdacht gerieten vor allem seine engsten Mitarbeiter. Die starken Männer der Regierung waren der technischen Neuerungen aufgeschlossene Kunphela und, eher im Hintergrund agierend, der ehemalige Armee-Oberkommandierende Tsarong sowie Ex-Verteidigungsminister Lungshar.

Lungshar hatte sein Amt aufgrund eines Übergriffs auf die nepalesische Botschaft aufgeben müssen, fungierte aber noch immer als Finanzminister und hatte in dieser Eigenschaft großen Einfluß auf den Tsongdu, die Nationalversammlung Tibets. Da er – ob zu Recht, sei dahingestellt – Kunphela für seinen Sturz als Verteidigungsminister verantwortlich machte, versuchte er seinerseits, auch den Bank-, Munitions- und Elektrizitätsminister zu entmachten. So empfahl er den neuen Armee-Einheiten, die sein Widersacher aufgebaut hatte, die Selbstauflösung und begründete diesen Rat damit, das Leben als Soldat sei zu hart für Söhne aus wohlsituierten Familien.

Tatsächlich forderte daraufhin das gesamte Regiment vor dem Norbulingka-Palast, wo Ministerrat und Nationalversammlung tagten, seine Entlassung. Trotz eines Appells des Kashag verließen die Truppen ihre Posten. Damit hatte Lungshar freie Hand, als er auf Anordnung des Tsongdu am 21.12.1933 Kunphela und zwei weitere Berater des XIII. Dalai Lama verhaftete. Die Anklage warf ihnen dann allerdings nur vor, nicht rechtzeitig über die plötzliche Erkrankung des Verstorbenen unterrichtet worden zu sein.

Bald darauf wurden die drei Angeklagten ins Exil nach Kongpo geschickt.

Im Januar 1934 wählte der Tsongdu durch Losentscheid den neuen Regenten aus. Die Wahl fiel auf Jampel Yeshe Gyaltsen (1911–1947), die Inkarnation des Klosters Reting (daher oft auch Reting Rinpoche genannt), der sein Amt am 21.2.1934 antrat. Ihm zur Seite stellte man den jungen Ministerpräsidenten (1926–1939) Langdun Kunga Wangchuk, einen Neffen des XIII. Dalai Lama, anders als dieser jedoch eine blasse Persönlichkeit.

Lungshar plante den Sturz der Regierung und die Errichtung einer Republik, in der sich der Ministerrat der Nationalversammlung unterordnen sollte. Der Plan wurde jedoch rechtzeitig entdeckt, der Verschwörer verhaftet und wegen Hochverrats angeklagt. Abwechselnd wurde ihm unterstellt, er habe eine Republik errichten oder eine kommunistische Revolution anzetteln, sich zum Mitregenten aufschwingen oder sogar die Königswürde erringen wollen. Das Gericht sah seine Schuld jedenfalls als erwiesen an: Für seine Verschwörung mußte Lungshar mit dem Verlust des Augenlichts büßen.

Ein chinesischer Kondolenzbesucher

Unter Leitung des Generals Huang Musong traf im April 1934 eine chinesische Delegation zu einem Kondolenzbesuch in Tibet ein. Der General verteilte Geschenke an die Klöster und verlieh dem verstorbenen Dalai Lama posthum ein Siegel, das dieser zu seinen Lebzeiten gewiß nicht akzeptiert hätte. Nach diesen öffentlichen Staatsakten traf sich Huang mit dem Regenten und anderen hohen Beamten zu Gesprächen über die chinesisch-tibetischen Beziehungen. Er machte einen Vorschlag, der einmal mehr bewies, daß die Guomindang-Regierung zumindest bei ihrer Tibetpolitik nahtlos an die einstige kaiserliche Politik anknüpfte: Tibet solle integraler Teil Chinas, die Verteidigung von Truppen der chinesischen Zentralregierung übernommen und ein chinesischer hoher Kommissar in Lhasa stationiert werden. Die Tibeter lehnten diesen altbekannten Vorschlag ab und wiederholten ihrerseits den vertrauten Standpunkt Lhasas: Man sei bereit, die Suzeränität Chinas anzuerkennen, wenn dieses den

Abkommen von Simla aus dem Jahr 1914 beitrete und die Briten als dritten Vertragspartner anerkenne. Diesen Vorschlag wies wiederum der General zurück, und so kam es abermals zu keiner Übereinkunft.

China selbst sah turbulenten Jahren entgegen. Der nationalistischen Guomindang-Regierung war es zwar gelungen, das chinesische Kernland zu einen; viele Randprovinzen wie Xinjiang (Ostturkestan), Sichuan oder Qinghai, wo der Kriegsherr Ma Bufang herrschte, waren aber weiterhin ihrer Kontrolle entzogen. Schon 1931 hatten die Japaner die Mandschurei überfallen und dort einen Marionettenstaat namens Manzhuguo ausgerufen. An die Spitze setzten sie den letzten Kaiser von China, Aisin Gioro Puyi, und vergrößerten Manzhuguo in den folgenden Jahren immer weiter auf Kosten der Republik China.

Überdies harrte das Problem mit den chinesischen Kommunisten noch immer der Lösung. Deren Territorium im Süden Chinas hatten die Guomindang-Truppen zwar aufgerollt, aber der endgültigen Einschließung waren die Roten Armeen entgangen. Seitdem befanden sie sich auf dem «Langen Marsch» nach Nordchina. Unter dem Druck der nationalistischen Truppen wichen sie im Nordwesten auf tibetisches Gebiet aus – die erste Berührung zwischen Tibetern und den chinesischen Kommunisten, die noch während des «Langen Marsches» im Januar 1935 Mao Zedong zu ihrem Führer wählten. Schließlich erreichten sie ihr Stützpunktgebiet in Yan'an, wodurch sie fürs erste aus dem Gesichtskreis der Tibeter verschwanden.

Die wundersame Auffindung Tenzin Gyatsos

Zwei Jahre waren seit dem Tod des XIII. Dalai Lama bereits verstrichen, und noch immer war seine Wiederverkörperung nicht aufgefunden worden. Das Nechung-Staatsorakel hatte lange Zeit keine genauen Angaben gemacht, doch endlich wies es den Regenten auf den «See der Visionen» hin. Im Sommer 1935 reiste er mit seinem Gefolge, darunter auch Wangchuk Deden Shakabpa, der spätere Verfasser einer Geschichte Tibets, zum Kloster Chorkhorgyal. Die Gruppe verstreute sich in tiefer Stille vor dem See, und der Reting Rinpoche und seine Beamten meditierten. In einer Vision erblickte der Regent die drei Buchstaben *Ah, Kah* und *Mah,* sodann einen zweistöckigen Tempel mit einem goldenen Dach und schließlich einen verschlungenen Weg, der zu einem einfachen, fremdartig gebauten Bauernhaus führte. Wie Shakabpa berichtet, hatten er selbst und einige andere keine Visionen, doch viele Leute hätten ihm von ihren Gesichten erzählt.

Der Regent kehrte nach Lhasa zurück und erstattete Bericht, doch nun stellte sich die Frage, wo man nach den visionär geschauten Gebäuden suchen solle. Da besannen sich die Hierarchen auf ein Phänomen, das beobachtet worden war, als man den Leichnam des XIII. Dalai Lama einbalsamiert hatte: Sein Gesicht war nach Osten gerichtet, während es vorher nach Süden gekehrt war.

Da auch andere Zeichen nach Osten wiesen, beschloß die Kommission, je einen Suchtrupp nach Südosttibet, nach Kham in Osttibet und nach Amdo im fernen Nordosten auszusenden, das als Provinz Qinghai von dem chinesischen Kriegsherrn Ma Bufang beherrscht wurde. Erst im Herbst 1936 brachen diese Suchtrupps auf. Inzwischen hatte sich auch das Orakel von Nechung neuerlich geäußert, diesmal mit der konkreten Anweisung, eine Karawane solle zum See Kukunor – also nach Amdo – aufbrechen und Gegenstände des früheren Dalai Lama sowie Kopien davon mitnehmen. Diese Delegation erreichte im Februar 1937 die Stadt Jyekundo nahe Xining in der Provinz Qinghai. Dort traf sie allerdings nicht etwa auf die gesuchte Wiederverkörperung des XIII. Dalai Lama, sondern auf Chökyi Nyima, den VI. Panchen Lama.

Mit Hilfe der Guomindang-Regierung in Nanjing, die ihm den Titel eines «Besonderen Kulturellen Bevollmächtigten für die Westlichen Gebiete» verliehen hatte, betrieb der Panchen Lama seit einiger Zeit energisch seine Rückkehr nach Tibet. Seit 1935 hielt er sich mit einem chinesischen Repräsentanten und einer Eskorte von 500 chinesischen Soldaten in der Provinz Qinghai auf. Die Absicht war unmißverständlich: Der Panchen Lama sollte wieder in seine alten Rechte eingesetzt werden. Dem stimmte die tibetische Regierung grundsätzlich auch zu, sie weigerte sich jedoch, den Titel anzuerkennen und die Einreise der chinesischen Eskorte zu gestatten. Da der Panchen Lama weder auf seinen Titel noch auf die chinesischen Soldaten verzichten wollte, saß er seither in Qinghai fest. Die tibetische Regierung versuchte zwar, mit Hilfe britischer Politbeamter dieses Problem zu lösen, doch Nanjing und der Panchen Lama blieben lange Zeit unnachgiebig. Chökyi Nyima empfing im Februar 1937 die Delegation aus Lhasa, darüber hinaus aber beteiligte er sich nicht an der Suche nach dem XIV. Dalai Lama. Statt dessen bemühte er sich während des ganzen Jahres 1937, mit seiner chinesischen Eskorte nach Tibet zurückzukehren. Endlich rückte er sogar bis zu dem Grenzort Rakshi Lungon vor, wurde dort aber von tibetischen Beamten aufgehalten.

Die Wiederherstellung der Suzeränität über Tibet zählte zu diesem Zeitpunkt zu den geringsten Sorgen der Chinesen. Im Juli 1937 hatten die Japaner ihren Aggressionskrieg gegen China begonnen, bei dem sie Peking und große Teile Nordchinas besetzten. Auf ihren zügigen Vorstößen nahmen sie im Dezember 1937 auch Nanjing und Shanghai ein und zwangen die Guomindang-Regierung, ihren Regierungssitz nach Hankou und dann nach Chongqing in Sichuan zu verlegen, also in die Nähe des tibetischen Siedlungsgebiets. Noch ehe die chinesische Regierung Zeit fand, den Rückzug der Eskorte und des Panchen Lama nach Jyekundo anzuordnen, war Chökyi Nyimas Traum von seiner Rückkehr nach Tibet endgültig ausgeträumt: Nach einer plötzlichen Erkrankung starb er am 1.12.1937.

Die Suche nach dem neuen Dalai Lama konzentrierte sich währenddessen auf einen Jungen in Amdo. Die Kandidaten der beiden anderen Suchtrupps waren mittlerweile ausgeschieden: Das eine Kind war bereits verstorben, das zweite disqualifizierte sich, indem es beim Anblick der Suchexpedition schreiend davonrannte. Unter der Führung des Lama Kyitsang Rinpoche, eines Mönchs aus Sera, näherte sich die dritte Delegation nun dem kleinen Ort Taktser in Amdo. Diese Reiseroute hatte man gewählt, da der ebenfalls in der Vision gesichtete zweigeschossige Tempel aus Gold an das nur 40 Kilometer entfernte Kloster Kumbum erinnerte. Um jeder Verfälschung ihrer Untersuchung vorzubeugen, hatten sich Kyitsang Rinpoche und die meisten seiner Begleiter als Diener verkleidet und die Führung einem niederen Beamten namens Tsedrung Lobzang Tsewang übertragen. Tatsächlich stießen sie in Taktser auf das in der Vision des Regenten geschaute Haus.

Es gehörte einem relativ wohlhabenden Bauern halbchinesischer Abkunft namens Chökyab Tsewang und seiner Frau Dekyi Sonam Tshering. Wie sich herausstellte, hatte das Paar bereits mehrere Söhne und Töchter, darunter den am 6.6.1935 geborenen Pabo Dondup. Während die Familie den kurzfristig zum Führer der Gruppe ernannten Tsedrung Lobzang Tsewang empfing, wurden die vermeintlichen Diener in die Küche geschickt, wo zur selben Zeit der kleine Pabo Dondup spielte. Sobald er Kyitsang Rinpoche erblickte, lief er ihm entgegen und rief «Lama, Lama», eine in mehrfacher Hinsicht außergewöhnliche Reaktion. Denn zum einen war der Rinpoche ja verkleidet, und zum andern werden die geistlichen Meister im Amdo-Dialekt nicht «Lama», sondern «Aga» genannt.

Als der Junge dem Lama gegenübersaß, griff er nach dem Rosenkranz um dessen Hals, der einst dem XIII. Dalai Lama gehört hatte, und sagte: «Das ist meiner; kann ich ihn bitte haben?»

«Du kannst ihn bekommen», antwortete Kyitsang Rinpoche, «aber erst sage mir, wer ich bin.»

«Du bist der Sera-Aga», antwortete der Junge, ohne zu zögern.

Nach diesen einleitenden Fragen wurde das Kind eingehender geprüft, besonders anhand der Gegenstände des verstorbenen Dalai Lama, die Pabo Dondup zur Zufriedenheit der Delegation allesamt identifizieren konnte. Nun wurde auch die Bedeutung der Buchstaben *Ah, Kah* und *Mah* verständlich: *Ah* stand für Amdo, *Kah* und *Mah* für das Kloster Kumbum. Mit ziemlicher Sicherheit stand somit fest, daß Pabo Dondup niemand anderes als die neue Inkarnation war. Dennoch wurde beschlossen, alle Kandidaten nach Lhasa zu bringen und dort erst die endgültige Entscheidung zu fällen.

Damit war jedoch Ma Bufang, der von Nanjing de facto unabhängige Kriegsherr der Provinz Qinghai, keineswegs einverstanden. Zwar sträubte er sich nicht grundsätzlich, das Kind nach Tibet reisen zu lassen, verlangte aber, daß es sofort als Dalai Lama anzuerkennen sei. Die Mönche des Klosters Kumbum, die den Jungen nun aufnahmen und zum Novizen weihten, schlugen sich auf die Seite des Generals, dem es allerdings weder um geistliche Fragen noch um kirchliche Machtpolitik ging: Er verfolgte den schlichten Plan, seinen unerwartet kostbaren Untertan so teuer wie möglich an die Delegation aus Lhasa zu verkaufen.

Der junge XIV. Dalai Lama mit seinen Eltern (ca. 1939)

Nach einigem Feilschen erklärte sich General Ma bereit, den Jungen gegen Zahlung von 100 000 chinesischen Dollars reisen zu lassen. Kaum hatte er den Betrag eingestrichen, schob er allerdings neue Forderungen nach, welche die Delegation nicht sogleich erfüllen konnte. Auch die Guomindang-Regierung, obwohl von den Japanern hart bedrängt, mischte sich in die Angelegenheit ein, konnte aber wenig ausrichten: Der General ließ sich von chinesischen Nationalisten sowenig wie von tibetischen Geistlichen beeindrucken; das einzige, was ihm imponierte, war Geld. So zogen sich die Verhandlungen noch bis Juli 1939 hin: Erst als der General weitere 350 000 chinesische Dollar erhalten hatte, darunter 50 000 Dollar der Guomindang-Regierung, ließ er den vierjährigen Jungen mit einer Eskorte nach Lhasa ziehen.

Wie sich zeigte, hatten alle Beteiligten auf den richtigen Kandidaten gesetzt: Nach Begutachtung der Prüfungsergebnisse entschied sich die Nationalversammlung für das Kind aus Takster. Am 8.10.1939 traf Pabo Dondup in Lhasa ein; am 24.11.1939 schor ihm der Regent Jampel Yeshe Gyaltsen das Haupthaar und gab ihm den Namen Tenzin Gyatso.

Am 22.2.1940 wurde der XIV. Dalai Lama in Anwesenheit des britischen Politbeamten Basil Gould, der Repräsentanten von Nepal und Bhutan sowie von Wu Zhongxin, dem Abgesandten der chinesischen Regierung, feierlich inthronisiert. Zu diesem Zeitpunkt konnte noch niemand ahnen, welche Tragödie bald darauf über Tibet hereinbrechen sollte. Ebensowenig ließ sich im Februar 1940 wohl voraussehen, daß der neue Dalai Lama in der ganzen Welt eine Popularität erlangen würde, die keiner seiner Vorgänger auch nur annähernd erreicht hatte. Eine schier unübersehbare Flut von Büchern und Artikeln über ihn sowie von ihm selbst verfaßte Werke sind mittlerweile in fast allen großen europäischen Sprachen erschienen.

In den ersten Jahren nach der Inthronisierung des XIV. Dalai Lama sah es noch so aus, als ginge in Lhasa weiterhin alles seinen traditionellen Gang. Jedoch konnte selbst ein so abgeschottetes und entlegenes Land wie Tibet auf Dauer nicht unberührt bleiben von den Katastrophen, die ringsum die Welt erschütterten: dem Zweiten Weltkrieg, der sich von Europa her unaufhaltsam ausbreitete, und dem chinesisch-japanischen Krieg, der seit 1941 mit dem Pazifischen Krieg verschmolz.

Tibet im Zweiten Weltkrieg

Jampel Yeshe Gyaltsen war nicht der erste Regent Tibets, dem die Öffentlichkeit Geldgier und Chinesenfreundlichkeit vorwarf. Im Jahr 1939 suchte ihn ein schwerer Traum heim, der ihm dringend empfahl, sich unverzüglich von allen weltlichen Dingen abzuwenden. Astrologen bekräftigten diese Warnung, und so trat der Reting Rinpoche im Januar 1941 zurück. Sein Nachfolger wurde der 63jährige Lhundrup Thobten Gyaltsen, der sogenannte Taktra Rinpoche, unter dessen Regentschaft Tibet bald schon in die weltweit tobenden Kriege verwickelt werden sollte.

Der Überfall der Japaner auf Pearl Harbour und ihre Angriffe auf die britischen Besitzungen in Südostasien hatten China, die USA und Großbritannien über Nacht zu Verbündeten gemacht. Da die japanische Armee in China immer bedrohlicher vorrückte, benötigte die Guomindang-Regierung effektivere Transportwege für ihren Nachschub. Die Burma-Straße allein reichte nicht aus, und so gab Generalissimus Jiang Jieshi Anfang 1941 den Befehl, von Südwest-Sichuan aus eine Straße zu erbauen, die durch Südosttibet und von dort nach Assam führen sollte. Im Namen der Chinesen ersuchte die Regierung Britisch-Indiens um die Bauerlaubnis, doch Lhasa lehnte ab. Daraufhin drängten die Engländer die tibetische Regierung, wenigstens zu gestatten, daß der Nachschub auf Tragtieren über die bereits vorhandenen Straßen transportiert wurde. Als der Regent auch diesen Vorschlag zurückwies, verstärkte London seinen Druck auf Lhasa und drohte schließlich sogar, Tibet die britische Unterstützung zu entziehen.

Von der chinafeindlichen Nationalversammlung und den mit China verbündeten Briten gleichermaßen bedrängt, fanden Regent und Ministerrat nur einen weder rechtlich noch politisch befriedigenden Ausweg: Ohne die Nationalversammlung zu konsultieren, gestatteten sie den Briten, zumindest nichtmilitärische Güter durch Tibet nach China zu transportieren.

Im übrigen aber blieb die Regierung auf antichinesischem Kurs. Wegen Verletzung tibetischen Rechts verwies sie den chinesischen Verbindungsoffizier Gong Jingzong des Landes. Die Regierung in Chongqing drängte Lhasa, sich offiziell an den Transporteinrichtungen zu beteiligen, doch der Regent lehnte ab und ordnete sogar an, für China bestimmte Waren erst dann wieder nach Tibet hereinzulassen, wenn ein endgültiges Abkommen erzielt sei.

Diese Situation nutzte Generalissimus Jiang Jieshi seinerseits aus, indem er im April 1943 Liu Wenhui und Ma Bufang – die Kriegsherren von Xikang und Qinghai – anwies, Tibet zu besetzen. Zum Glück für Lhasa wies Liu Wenhui jedoch dieses Ansinnen zurück. Und Ma Bufang, der General mit dem ausgeprägten Erwerbssinn, ließ sich zwar Waffen liefern, dann aber nur zu kleineren Übergriffen hinreißen.

In diesen tibetisch-chinesischen Transportkonflikt schalteten sich 1942 auch die USA ein. Präsident Roosevelt entsandte zwei

Offiziere nach Lhasa, die ein an den Dalai Lama, «Oberster Priester der Lama-Kirche, Lhasa», adressiertes Schreiben überbrachten. Der Brief ist auf den 3.7.1942 datiert und lautet wie folgt:

> Eure Heiligkeit,
> zwei meiner Landsleute, Ilia Tolstoy und Brooke Dolan, wünschen Ihr Priesteramt und die historische und weltberühmte Stadt Lhasa zu besuchen. Es gibt in den Vereinigten Staaten von Amerika viele Leute, darunter ich selbst, die ein ausgedehntes und großes Interesse an Ihrem Land und Volk haben und eine solche Gelegenheit sehr hoch einschätzen.
> Wie Sie wissen, ist das Volk der Vereinigten Staaten zusammen mit 27 anderen Staaten jetzt in einen Krieg verwickelt, welcher der Welt durch Länder aufgezwungen wurde, die nach Eroberung trachten und überall die Freiheit des Denkens, der Religion und des Handelns vernichten möchten. Diese Alliierten kämpfen derzeit für die Verteidigung und Bewahrung ihrer Freiheit; sie vertrauen darauf, daß wir siegreich sein werden, weil unsere Sache gerecht, unsere Möglichkeiten angemessen und unsere Entschlossenheit unerschütterlich sind.
> Ich ersuche Ilia Tolstoy und Brooke Dolan, Ihnen als Zeichen meiner freundschaftlichen Gefühle für Sie ein kleines Geschenk zu übermitteln.
> Mit herzlichen Grüßen
> Ihr sehr ergebener
> (gezeichnet) Franklin D. Roosevelt

In ihrem Antwortschreiben ging die tibetische Regierung auf diesen Brief ein und betonte im zweiten Teil ausdrücklich die Unabhängigkeit Tibets:

> Tibet schätzt ebenfalls seine Freiheit und Unabhängigkeit, derer es sich seit undenklichen Zeiten erfreut; und weil es der große Sitz der buddhistischen Religion ist, versuche ich trotz meines zarten Alters unsere religiösen Gebote zu halten und zu verbreiten, um dadurch den frommen Taten meiner Vorgänger nachzueifern. Ich hoffe inbrünstig auf eine

schnelle Beendigung der Feindseligkeiten und bete dafür, auf daß sich die Völker der Welt eines dauerhaften und gerechten Friedens erfreuen mögen, der auf den Prinzipien von Freiheit und gutem Willen beruht.

Als ein Zeichen meiner Aufmerksamkeit sende ich Ihnen hiermit einen Ehrenschal, drei tibetische Münzen aus dem wertvollsten Metall, mein Foto und drei mit der Hand verfertigte Thangkas[63], welche die sechs mit einer langen Existenz Gesegneten, die vier ihrer Pflicht nachkommenden Brüder und die acht Glückszeichen abbilden, alle von blauer Brokatseide eingerahmt.

Ergebenst Ihr

Dalai Lama von Tibet (Siegel des Dalai Lama von Tibet)

Gegeben am 19. Tag des ersten tibetischen Monats des Wasser-Schaf-Jahres, das dem 24. Februar 1943 entspricht

Wir dürfen davon ausgehen, daß dieser Brief nur im Namen Tenzin Gyatsos verfaßt wurde, der damals noch nicht einmal acht Jahre zählte. Doch immerhin zeigt das Dokument, daß Roosevelt als erster in einer langen Reihe ausländischer Politiker vom XIV. Dalai Lama mit einem Ehrenschal beschenkt wurde – ein alter tibetischer Brauch, den Roosevelt anscheinend zu würdigen wußte, im Unterschied zu dem deutschen Außenminister Klaus Kinkel, der viele Jahrzehnte später das nämliche Geschenk unrühmlich zurückwies.

Der Dalai Lama selbst durchlief während der Weltkriegsjahre die seiner Stellung angemessene religiöse Ausbildung. Seine Familie wohnte nun in der Nähe des Potala-Palastes, und sein älterer Bruder Lobzang Samten nahm an seinen Studien teil. Auch Tenzin Gyatsos Interesse an mechanischen Dingen datiert aus dieser Zeit. Mit seinem Bruder Lobzang Samten spielte er oft in den Parks des Norbulingka-Palasts oder fuhr mit einem Boot über den dortigen künstlichen See. So wuchs er, kaum behelligt von der großen Politik, in Lhasa auf.

Währenddessen bat die tibetische Regierung nach weiteren Drohgebärden der Chinesen abermals in Britisch-Indien um Beistand. Als die Briten demonstrativ tibetische Soldaten in Gyantse ausbildeten, ließen die Spannungen nach, und im Sommer 1944 wurde der chinesischen Regierung gestattet, über Indien einen neuen Verbindungsoffizier namens Shen Zonglian nach Tibet zu entsenden.

Deutlicher denn je zuvor wurde der tibetischen Regierung bewußt, wie sehr gute Beziehungen mit anderen Ländern davon abhingen, daß möglichst viele Tibeter die englische Sprache beherrschten. Aufgrund dieser Einsicht wurde im Frühjahr 1945 in Lhasa eine englische Schule eingerichtet. Aber bereits nach einigen Monaten erhob sich starker Protest seitens der großen Klöster, die behaupteten, eine solche Schule beeinflusse die religiösen Glaubensvorstellungen des Landes negativ. Daraufhin mußte die Schule wieder geschlossen werden, und als Kompromißlösung entsandte die Regierung lediglich einige Studenten zur Ausbildung nach Indien.

Am 2.9.1945 ging mit der bedingungslosen Kapitulation Japans auch in Ostasien der Zweite Weltkrieg zu Ende. Zur Siegesfeier ließ der neue chinesische Verbindungsoffizier Shen eine Parade veranstalten, bei der viele chinesische Fahnen gezeigt wurden. Daraufhin kam es jedoch zu großen Tumulten, und die Veranstaltung endete in einem Chaos, das auch für die zukünftigen Beziehungen der verfeindeten Nachbarn China und Tibet wenig Gutes erwarten ließ.

Eine Palastintrige im Stil der alten Zeit

Ungeachtet dieser antichinesischen Ausschreitungen verfolgte die Guomindang-Regierung beharrlich den alten, noch aus der Kaiserzeit stammenden Plan, Tibet dem chinesischen Staat einzuverleiben. Daher überredete der Verbindungsoffizier Shen die tibetische Regierung, eine offizielle Delegation nach Nanjing zu entsenden, wo im Mai 1946 ein wichtiges Treffen stattfinden sollte. Der Kashag stimmte zwar zu, schickte jedoch, um die Unabhängigkeit Tibets zu betonen, eine zweite Delegation nach Indien und erklärte beide Gesandtschaften zu Freundschaftsmissionen anläßlich des Siegs der Alliierten.

Der damalige britisch-indische Vizekönig Lord Wavell begrüßte die eine Delegation herzlich. Die nach China entsandten Tibeter jedoch wurden in Nanjing als Delegierte der Chinesischen Nationalversammlung vorgestellt. Aufgrund innerer Schwierigkeiten konnte diese nicht wie vorgesehen am 5.5.1946 einberufen werden. Daraufhin wurden die Tibeter monatelang in Nanjing festgehalten, bis im November 1946 endlich die Nationalversammlung tagte. Abermals stellte man die Tibeter als chinesische Parlamentarier vor, einen von ihnen sogar als Mitglied des Präsidiums. Die tibetischen Delegierten blieben jedoch standhaft und weigerten sich, die Entschließungen der chinesischen Nationalversammlung zu unterzeichnen, da sie nicht Mitglieder des Parlaments, sondern nur als Beobachter angereist seien.

Positiver für Lhasa verlief die Asienkonferenz, die im folgenden Jahr unter Federführung der indischen Kongreßpartei in Delhi stattfand. Die Tibeter nahmen mit einer unabhängigen Delegation und eigener Flagge teil, ohne irgendeine Verbindung mit der chinesischen Delegation, was deren wütenden Protest hervorrief. Die Chinesen hatten auch allen Grund, alarmiert zu reagieren, da Tibet auf dieser Konferenz Verbindung mit Mahatma Gandhi und Jawaharlal Nehru sowie Sarojini Naidu aufnahm, den prominentesten Führern der Kongreßpartei, die Indien noch im gleichen Jahr in die Unabhängigkeit führen sollten.

Sowenig die Chinesen im Augenblick offiziell gegen Lhasa vorgehen konnten, sowenig waren sie nach wie vor bereit, Tibets Autonomie zu akzeptieren. Daher besann man sich auf eine Methode, die in gewissen tibetischen Kreisen wie seit Jahrhunderten diskrete Wertschätzung genoß: die Staats- und Palastintrige. Auch die Rolle des obersten Verschwörers in dieser altehrwürdigen Tragödie schien seit langem festgelegt zu sein: Einmal mehr ließ sich ein Ex-Regent von der Hoffnung verführen, mit geistlicher und chinesischer Unterstützung die verlorene Macht wiederzuerlangen.

Unstrittig ist, daß Jampel Yeshe Gyaltsen, Ex-Regent und oberster Verschwörer, von den Mönchen des Klosters Sera unterstützt wurde; höchstwahrscheinlich hatte aber auch die Guomindang-Regierung ihre Hände im Spiel. Schon am Butterfest im Februar 1947 hatte der gegenwärtige Regent, der Taktra Rinpoche, nicht teilgenommen, weil man einen Hinterhalt aufrührerischer Elemente befürchtete. Zwei Wochen darauf wurde ihm ein Paket zugestellt, das eine Bombe enthielt. Diese explodierte, als ein Bediensteter das Paket öffnete, jedoch wurde glücklicherweise niemand verletzt.

Die sofort eingeleiteten Ermittlungen zur Herkunft der Bombe blieben zunächst ergebnislos. Einen Monat darauf wurde dem Kashag eine telegraphische Botschaft zugespielt, mit welcher der Ex-Regent den chinesischen Generalissimus Jiang Jieshi um Hilfe ersuchte, weil er die ungerechte Herrschaft des Taktra Rinpoche beenden wolle. Daraufhin wurde der Reting Rinpoche in seinem Kloster verhaftet und nach Lhasa überführt, wo man ihn und seine Anhänger unter Hausarrest stellte.

Die vorgefundenen Dokumente entlasteten den Ex-Regenten zumindest insoweit, als er selbst sich gegen die Anwendung von Gewalt ausgesprochen hatte. Nicht er, sondern seine Mitverschwörer waren demnach für die geplanten und bereits durchgeführten Anschläge verantwortlich. Aber noch während der Untersuchungen, am 8.5.1947, starb unerwartet der Reting Rinpoche. Dies rief einige Unruhe bei den Mönchen von Sera hervor, doch nach offiziellen Aussagen konnten keine Anzeichen eines gewaltsamen Todes festgestellt werden. Für den Historiker Richardson steht gleichwohl fest, daß der Reting Rinpoche ermordet wurde. Seine Anhänger wurden wegen erwiesener Verschwörung teils zu lebenslänglichem Gefängnis verurteilt, teils ins Exil geschickt.

Ein Drache warnt vor der roten Flut

Diese Palastintrige im Stil früherer Jahrhunderte wirkte wie ein allerletzter Versuch, die Uhren noch einmal zurückzudrehen. Aber hierfür war es längst entschieden zu spät: 1947 wurde Indien unabhängig; 1949 rief Mao Zedong in Peking die Volksrepublik China aus. Damit hatte sich die Welt aus tibetischer Sicht binnen zweier Jahre grundstürzend gewandelt.

Im Juli 1947, kurz bevor Indien seine Unabhängigkeit proklamierte, erklärten die britische und die indische Regierung, daß Rechte und Pflichten aus Verträgen zwischen Britisch-Indien und Tibet auf den Nachfolgestaat übergingen. Die Beziehungen Lhasas zu Indien entwickelten sich im großen und ganzen freundschaftlich; um so unheilvoller sollte sich aber das Verhältnis zum kommunistischen Riesenreich gestalten.

Noch ehe die chinesischen Kommunisten an die Macht gelangten, mußte sich Tenzin Gyatso, inzwischen 13 Jahre alt, im

Sommer 1948 den üblichen Disputationen unterziehen. Die Mönche der drei großen Klöster prüften seine Kenntnisse, Berufung und Eignung in langwierigen öffentlichen Zeremonien, die allein in Drepung sieben Tage dauerten. Vor einem Auditorium von Tausenden von Mönchen und den mächtigen Äbten, Schatzmeistern und inkarnierten Lamas zeigte sich Tenzin Gyatso äußerst gewandt, lebhaft und kenntnisreich. Nahm er am Schluß einer Disputation auf seinem Thronsitz Platz, so reichte ihm seine Mutter, die einzige anwesende Frau, in einer goldenen Schale Tee.

Außerhalb der festlich geschmückten Klöster herrschte zur selben Zeit eine gedrückte Stimmung. In den Straßen Lhasas wurde von düsteren Omen gemunkelt, die für die Zukunft Tibets wenig Gutes zu verheißen schienen. Trotz trockenen Wetters floß auf dem Dach des Jokhang-Tempels aus einem drachengestaltigen Wasserspeier ständig ein Wasserstrahl. Wochenlang erhellte ein Komet den nächtlichen Himmel. Am Fuß des Potala brach ohne erkennbaren Grund ein Säulenkapitell zusammen. Und die Stadt schwirrte vor Gerüchten, wonach im ganzen Land riesige Vögel gesichtet worden seien.

Welche bedrohliche Flut kündigte der wasserspeiende Drache an? Die Antwort ließ nicht lange auf sich warten: Täglich verlor die korrupte Guomindang-Regierung gegen die chinesischen Kommunisten weiter an Boden. Durch ihren Widerstandskrieg gegen Japan und die Bodenreform hatten die Maoisten in China beträchtliche Popularität gewonnen. Ihre Volksbefreiungsarmee schlug in den Jahren 1948 und 1949 die nationalchinesischen Truppen und eroberte Nordchina.

Im Sommer 1949 war es nur noch eine Frage der Zeit, bis ganz China in die Hände der Kommunisten fallen würde. So gespannt das Verhältnis zwischen Tibet und den chinesischen Nationalisten auch gewesen war, von den künftigen Machthabern konnte Lhasa noch weitaus weniger Gutes erwarten. Auch die tibetische Regierung wurde nun entschieden nervös. Da einige in Lhasa weilende Chinesen im Verdacht standen, kommunistische Agenten zu sein, wies der Kashag den nationalchinesischen Repräsentanten und die gesamte chinesische Mission nach Indien aus. Zur gleichen Zeit bemühte sich die tibetische Regierung fieberhaft um eine Aufrüstung der eigenen Armee.

Was aber konnten tibetische Soldaten gegen die Volksbefreiungsarmee Mao Zedongs ausrichten? Am 1.10.1949 rief der neue Machthaber die Volksrepublik China aus. In seiner Proklamation hieß es unter anderem, man beabsichtige das gesamte, ehemals von der Qing-Dynastie beherrschte Territorium einschließlich der Außenländer unter die unmittelbare Kontrolle der neuen Zentralgewalt zu bringen. Überdies verkündete Radio Peking, Tibet sei ein Teil Chinas; die Volksbefreiungsarmee werde nach Tibet marschieren, «um die Tibeter von ausländischen Imperialisten zu befreien». Nicht anders als vor ihnen die Nationalchinesen präsentierten auch die Kommunisten einen Panchen Lama, der ihre Ansprüche unterstützte. Die Echtheit dieses VII. Panchen Lama war allerdings so fragwürdig wie seine Pekingtreue unzweifelhaft.

Tenzin Gyatso, der XIV. Dalai Lama (um 1950)

Der VI. Panchen Lama war 1937 gestorben, und seine Anhänger hatten sich nach einigen Verwicklungen für ein Kind aus Amdo entschieden, das im Mai 1944 im Kloster Kumbum in den Mönchsorden aufgenommen wurde und den Namen Chökyi Gyaltsen (1938–1989) erhielt. Dieser VII. Panchen Lama fand zwar die Anerkennung des Klosters Tashilhunpo, jedoch keineswegs die des gesamten tibetischen Klerus. Viele sahen in ihm ein Instrument der Chinesen, da ihn noch die untergehende Guomindang-Regierung als Inkarnation von Chökyi Nyima proklamiert hatte. Mit der Eroberung Qinghais kamen dann jedoch die chinesischen Kommunisten in den Besitz des Panchen Lama, in dessen Namen ein Glückwunschtelegramm an Mao Zedong geschickt wurde – der politische Auftakt zur Invasion Tibets.

Einmarsch der «Befreier»

In dieser bedrohlichen Lage unternahm die tibetische Nationalversammlung einen letzten verzweifelten Versuch, die Chinesen zur Anerkennung der Unabhängigkeit Tibets zu bewegen. Im Februar 1950 wurde eine Delegation mit folgender Botschaft nach China entsandt:

> Tibet, das Land des Schnees, regiert von den aufeinanderfolgenden Reinkarnationen des Chenrezi (Avalokiteshvara), ist ein unabhängiges und friedliebendes Land, das der Religion ergeben ist. Der Friede des Landes ist durch das mögliche Eindringen von geschlagenen chinesischen Soldaten des Bürgerkrieges in China gestört und gefährdet, und obwohl das Außenministerium der Regierung von Tibet am 12. Tag des neunten Monats des Erdochsen-Jahres[64] einen Brief an Mao Zedong, den Führer des kommunistischen China, geschickt hat, damit er seine Autorität einsetze, chinesische Truppen vom Eindringen auf tibetisches Gebiet abzuhalten, ließen die Chinesen das Ersuchen unbeantwortet. Statt dessen beanspruchten Radioankündigungen aus Xining und Peking Tibet als Teil von China und stachelten das Volk zur Befreiung Tibets auf. Die Delegation besitzt die uneingeschränkte Vollmacht, über die Angelegenheiten

> Tibets zu verhandeln, und ist gekommen, um über die folgenden Punkte zu verhandeln:
> 1. betreffend den unbeantworteten Brief an den Vorsitzenden Mao Zedong vom Außenministerium der Regierung von Tibet;
> 2. betreffend die abscheuliche Radioankündigung aus Xining und Peking;
> 3. um eine Versicherung zu erreichen, daß die territoriale Integrität Tibets nicht verletzt wird; und
> 4. um die Regierung von China darüber zu informieren, daß das Volk und die Regierung von Tibet keine Einmischung in die aufeinanderfolgende Herrschaft des Dalai Lama dulden wird und seine Unabhängigkeit bewahren will.
> Die Delegation ist angewiesen, über die obengenannten Punkte mit einem chinesischen Repräsentanten an einem Ort in der Nähe Chinas zu verhandeln.

Erwartungsgemäß führten diese Gespräche zu keinerlei Ergebnissen: China beharrte auf seinem Souveränitätsanspruch über Tibet. Die tibetische Regierung versuchte nun, mit indischer Hilfe die Unabhängigkeit ihres Landes zu bewahren. Aber auch dieser diplomatische Vorstoß blieb wirkungslos, da Delhi zumindest die Suzeränitätsansprüche Chinas über Tibet mittlerweile akzeptiert hatte. Noch während die Regierung verzweifelt nach Verbündeten suchte, begann die Volksbefreiungsarmee am 7.10.1950 mit ihrem massiven Angriff auf das osttibetische Kham. Der tibetische Widerstand in Kham wurde schnell gebrochen. Am 25. Oktober verkündete die Volksrepublik China, daß «Einheiten der Volksarmee angewiesen wurden, nach Tibet einzudringen, um drei Millionen Tibeter von imperialistischer Unterdrückung zu befreien und die nationale Verteidigung an den Westgrenzen Chinas sicherzustellen». Indische Proteste wiesen die Invasoren brüsk als Einmischung in die inneren Angelegenheiten der Volksrepublik zurück.

Als letzten Ausweg rief die tibetische Regierung am 7.11.1950 die Vereinten Nationen um Hilfe an, doch dieser Appell wurde auf Betreiben Indiens vertagt. Zehn Tage darauf trat der Regent von Lhasa von seinem Amt zurück. Die tibetische Nationalversammlung bot dem XIV. Dalai Lama die Übernahme der weltlichen Macht an, die allerdings de facto längst in den Händen der Chinesen lag.

Tenzin Gyatso stimmte zu und beugte sich zugleich der Empfehlung, er möge Lhasa verlassen, ehe die Chinesen sich seiner bemächtigen konnten. Er ernannte Lobzang Tashi und Lukhangwa zu gemeinsamen Ministerpräsidenten, die sich um die Angelegenheiten des Staates kümmern sollten, dann begab er sich mit einigen führenden Beamten nach Yatung im Chumbi-Tal, nahe der Grenze zu Indien.

Der Dalai Lama im kommunistischen Komitee

Mittlerweile hatten die Chinesen ganz Osttibet unter ihre Kontrolle gebracht und besaßen in Westtibet einen Stützpunkt. Dennoch verzichteten sie darauf, auch das restliche Land mit militärischen Mitteln zu erobern, und setzten statt dessen auf Verhandlungen und politischen Druck. Nur auf dem Verhandlungsweg ließ sich erreichen, was auch den Kommunisten ratsam erschien: den Dalai Lama in ein Abkommen über die künftige Koexistenz einzubeziehen.

Nach viermonatigen Verhandlungen wurde ein chinesisch-tibetischer Vertrag über die «Maßnahmen zur friedlichen Befreiung Tibets» abgeschlossen – das erste Abkommen zwischen den beiden Staaten seit dem Friedensvertrag von 822, der damals den Kriegszustand zwischen dem tibetischen Königreich und der chinesischen Tang-Dynastie beendet hatte. Der Vertrag garantierte Tibet und seinen religiösen sowie politischen Institutionen eine ähnliche Stellung wie unter der Qing-Dynastie: Die Zentralregierung verpflichtete sich, das bestehende politische System in Tibet aufrecht zu erhalten sowie Status, Funktion und Vollmachten des Dalai Lama nicht anzutasten. Ebenso garantierte Peking den Schutz der bestehenden religiösen Bräuche und Institutionen und versicherte, daß es keinen Zwang zu Reformen ausüben werde.

Aber auch die Chinesen konnten für sich beanspruchen, in einigen zentralen Punkten ihre Auffassung durchgesetzt zu haben: Der Vertrag bestimmte, daß die tibetische Armee in der chinesischen aufgehen solle. Die Erfüllung des Vertrags überwachte ein militärisches und administratives Komitee in Lhasa. Faktisch lag die Staatsgewalt in den Händen des neu ernannten chinesischen Kommissars für Tibet, General Zhang Jingwu.

Der General bemühte sich nun um die Rückkehr des Dalai Lama nach Lhasa. Noch immer hielt sich Tenzin Gyatso im Chumbi-Tal auf, wo ihm die indische Mahabodhi-Gesellschaft Reliquien des historischen Buddha und seiner Schüler Shariputra und Maudgalyayana übergeben hatte. Zhang reiste über Indien in das Chumbi-Tal ein und bewog den Dalai Lama zur Rückkehr nach Lhasa, wo er am 17.9.1951 eintraf. Fast ein Jahr lang war er nicht in der Hauptstadt gewesen, und wie drastisch hatte sich die Lage seitdem verändert.

Wenige Tage vor dem Dalai Lama trafen unter dem Kommando von Wang Jimei mehrere tausend chinesische Soldaten in Lhasa ein. Ihnen folgten bald 20 000 weitere Soldaten, die über ganz Tibet auf die strategisch wichtigen Stellungen verteilt wurden. Zugleich begannen die Chinesen mit dem Ausbau von Straßen zwischen China und Tibet sowie in Westtibet für den motorisierten Verkehr. Um eine so zahlreiche Truppe unterbringen und versorgen zu können, forderten die Chinesen Land für die Militärlager sowie erhebliche Mengen an Nahrungsmitteln. Damit beschworen sie die erste große politische Machtprobe seit Abschluß des Vertrages herauf – und wie sich nur allzu rasch erweisen sollte, bestand die tibetische Autonomie einzig noch auf dem Papier.

Die beiden tibetischen Premierminister widersetzten sich den chinesischen Forderungen, die Tibet in unzumutbarer Weise belasteten, und verlangten den Abzug der chinesischen Truppen. Daraufhin forderte jedoch Zhang Jingwu den Dalai Lama auf, die beiden Ministerpräsidenten wegen angeblicher Verschwörung zu entlassen.

Hatten die Chinesen nicht vertraglich zugesichert, in das bestehende politische System nicht einzugreifen? Nun, sie ließen es ja nach außen hin bestehen und erlaubten sich nur, es ein wenig zu manipulieren. Tenzin Gyatso ordnete die Entlassung seiner beiden Premiers an. Auf Anordnung der chinesischen Administration durften Regierungsmitglieder künftig nur noch mit ihrer Einwilligung ernannt werden.

Am 28.4.1951 traf Chökyi Gyalsten, der VII. Panchen Lama, in Lhasa ein.[65] Nach seinem Besuch beim Dalai Lama reiste er weiter zu seinem Sitz in Tashilhunpo, das seit der Flucht seines Vorgängers im Jahr 1923 keinen Panchen Lama mehr beherbergt hatte.

Etwa um diese Zeit begann auch die eher subtile antireligiöse Propaganda der Chinesen: Sie griffen die Stellung der Klöster als Geldverleiher und Ratgeber an und schränkten deren Vorrechte bei bestimmten Festen ein. Um den Tibetern den dortigen Fortschritt zu zeigen, luden sie möglichst viele Gruppen von Besuchern nach China ein. Besondere Aufmerksamkeit widmete man dabei Lamas, höheren Beamten und Dorfvorstehern sowie jungen Mönchen und Adligen, die zahlreiche Stipendien für Hochschulen in China erhielten.

Der Dalai Lama selbst unterstützte die mit großem propagandistischen Aufwand verkündete Kampagne gegen Grundherrn, die Pächter ausbeuteten, und zur Neuverteilung des Bodens. Tenzin Gyatso plante sogar, die Domänen der Großgrundbesitzer und der Klöster gegen eine angemessene Entschädigung einzuziehen und an frühere Besitzer und landlose Bauern zu verteilen. Gegen diese Reformpläne erhob jedoch die chinesische Administration Einspruch, die anscheinend ihr Monopol auf solche Maßnahmen gefährdet sah.

In den ersten Jahren der chinesischen Okkupation war das Verhältnis zwischen Besatzern und Tibetern sicherlich nicht herzlich, doch beide Seiten verhielten sich im wesentlichen korrekt und diszipliniert. Die Chinesen hofften, durch Modernisierungsmaßnahmen wie die Einrichtung von Krankenhäusern oder Verbesserungen in der Landwirtschaft das tibetische Volk allmählich für die kommunistische Ideologie zu gewinnen. Wie sich jedoch schon in den ersten Jahren zeigte, entwickelten die Tibeter für den chinesischen Kommunismus keinerlei Sympathien. Um die chinesische Herrschaft zu zementieren, wurde daraufhin in Peking beschlossen, 40 000 chinesische Familien in Tibet anzusiedeln. Außerdem wurden die chinesischen Streitkräfte in den besetzten Gebieten abermals verstärkt.

Auch gegenüber Indien sicherten die Chinesen ihre Herrschaft über Tibet weiter ab: Im April 1954 schlossen beide Regierungen ein Abkommen über die «Fünf Prinzipien» («Panch

Mao Zedong empfängt den XIV. Dalai Lama und den VII. Panchen Lama (rechts) in Peking (1954)

Shila») der friedlichen Koexistenz, in dem sie die beiderseitigen Handelsplätze festlegten und Indien sich zum Abzug seiner Militäreskorten verpflichtete. Schon vorher waren die indischen Gesandtschaften in Generalkonsulate umgewandelt worden. Damit hatte Indien seine Vermittlungsrechte aus den Verträgen von 1904 und 1914 aufgegeben, darunter auch das wichtige Recht, unmittelbar mit der tibetischen Regierung zu verhandeln.

Unleugbar war der Dalai Lama zu dieser Zeit nur noch eine Galionsfigur der chinesischen Machthaber. Im gleichen Jahr 1954 lud die Regierung in Peking ihn und den Panchen Lama zu einem Besuch der chinesischen Nationalversammlung ein. Dort trafen die beiden Würdenträger auch mit Mao Zedong und anderen chinesischen Führungsfiguren zusammen, des weiteren mit den Sowjetführern Nikita Chruschtschow und Nikolaj Bulganin sowie mit Indiens Ministerpräsident Nehru. Während dieser Besuchszeit war viel von den ausgezeichneten Beziehungen zwischen Tibet und China sowie dem Fortschritt in Tibet die Rede. Doch kaum war der Dalai Lama im März 1955 nach Lhasa zurückgekehrt, da setzten die Chinesen ein «einheitliches Vorbereitungskomitee für die Autonome Region Tibet» ein. Vorsitzender dieses Komitees war zwar der Dalai Lama, aber seine Regierung verfügte nur über 15 von 51 Stimmen. Ohnehin mußte das Komitee alle Entscheidungen der chinesischen Behörden ausführen, ohne daß ihm ein Widerspruchsrecht eingeräumt wurde.

Aufstand der Osttibeter

Anfangs hatten sich die chinesischen Kommunisten auch in Osttibet Zurückhaltung auferlegt, doch Ende 1954 hielt man die Zeit für einen radikalen gesellschaftlichen Umbruch für gekommen. Zunächst versuchten die Chinesen, die noch stark nomadisch geprägten Khampas, bei denen jeder freie Mann eine Waffe trug, zu entwaffnen. Als sich dagegen Widerstand regte, zogen sie die Steuerschraube an, konfiszierten große Güter und setzten eine Bodenreform durch. Wie bereits in den Anfangsjahren der Volksrepublik, erhob man nun auch in Osttibet öffentlich Anklage gegen Großgrundbesitzer, deren einige hingerichtet wurden. Gleichzeitig begannen massive Angriffe auf die Religion und ihre Repräsentanten, die Lamas. Wer dem Verbot der Religionsausübung zuwiderhandelte, mußte mit einer schweren Strafe und Einzug seines Eigentums rechnen. Widersetzten sich Bauern den Anordnungen, pflegten die Chinesen deren junge Töchter nackt durch die Straßen zu treiben. Nonnen wurden mehrfach von chinesischen Soldaten vergewaltigt, Mönche und Nonnen zum Geschlechtsverkehr gezwungen. Häufig kam es auch zu grausamen Folterungen, bei denen viele Tibeter verstümmelt wurden oder ums Leben kamen.

Die empörten Osttibeter reagierten mit einem großen Volksaufstand. Sie zerstörten Straßen und Brücken, blockierten die Nachschublinien und überfielen chinesische Vorposten. Daraufhin schlugen die Chinesen mit großer Härte zurück. Bei umfangreichen militärischen Operationen setzten sie auch Panzer und Flugzeuge ein. Klöster wie Changtreng, Lithang und Bathang wurden zu Zentren des Widerstandes erklärt und durch Beschießung und Bombardierung zerstört. Als sich der Aufstand dennoch bis Xikang und Qinghai ausdehnte, steigerten die Chinesen ihren Terror abermals: Vermeintliche Aufrührer wurden zwangsdeportiert, Familien systematisch auseinandergerissen, indem man Kinder nach China schickte, um sie dort im kommunistischen Geist zu erziehen.

Was konnte der Dalai Lama in dieser furchtbaren Situation unternehmen, um die Not seiner Gläubigen zu lindern? Im Juli 1956 sandte er den Minister Ngabo und einen hochrangigen Lama nach Osttibet. Sie versuchten die Khampas zur Aufgabe des bewaffneten Kampfes zu überreden, was aber nicht gelang. Allerdings hatten die Aufständischen auch wenig Anlaß, dem Minister von Gnaden der Chinesen über den Weg zu trauen: Das gesamte Regierungskomitee, einschließlich des Dalai Lama, war in dieser Situation nichts anderes als eine Versammlung von Marionetten der Chinesen. Aber noch immer hoffte der Dalai Lama, durch Zusammenarbeit mit den Chinesen mehr für sein Land erreichen zu können als durch den schmerzlichen Ausweg, zu dem schon sein Vorgänger gezwungen worden war: Flucht über die Grenze und in die Ungewißheit des Exils.

In dieser Haltung bestärkte ihn auch der indische Ministerpräsident Nehru, mit dem Tenzin Gyatso im selben Jahr zusammentraf. Indien feierte den 2500. Gedenktag des Todes des historischen Buddha, der sich 543 v.Chr. ereignet haben soll. Erst nach langem Zögern hatten die Chinesen dem Dalai Lama und dem Panchen Lama gestattet, aus diesem Anlaß Indien zu besuchen, und dem Dalai Lama überdies genaue Instruktionen sowie vorbereitete Reden mitgegeben. Zum Ärger der Chinesen aber hielt sich doch hielt sich Tenzin Gyatso nicht an diese Anweisungen. Statt dessen äußerte er sein Bedauern darüber, daß kleine, unabhängige Länder von starken, großen Nationen verschlungen würden, während alle Welt den Frieden predige. Auch wenn er nicht die Namen dieser Länder nannte, war es doch offensichtlich, auf wen diese Anspielungen vor allem gemünzt waren.

Einiges deutet darauf hin, daß der Dalai Lama bereits bei diesem Besuch erwog, im indischen Exil zu bleiben. Nehru aber zerstreute seine Zweifel und ermutigte ihn, nach Tibet zurückzukehren und friedlich mit den Chinesen zusammenzuarbeiten. Vermutlich wird auch in Tenzin Gyatso neue Hoffnung aufgekeimt sein, da just zu dieser Zeit Mao Zedong öffentlich verkündete, Tibet sei für weitere Reformen noch nicht bereit. Die Landreform, so erläuterten synchron die chinesischen Behörden in Tibet, solle für sechs Jahre zurückgestellt werden; wenn das tibetische Volk dann noch immer nicht bereit sei, werde man sie für weitere 15 oder sogar 50 Jahre aufschieben.

Verheißungsvolle Worte. Wie sich indes noch im selben Jahr zeigen sollte, dienten alle diese Ankündigungen einzig dazu, die Öffentlichkeit zu beruhigen und vor allem die Aufständischen in Osttibet durch trügerische Friedensangebote zu lähmen. Als der Dalai Lama am 1. April wieder in Lhasa eintraf, waren alle chinesischen Versprechungen, die Reformen zu verschieben, längst vergessen und verhallt. Statt dessen schickten sich die Chinesen nun an, den Landbesitz der Klöster und Großgrundbesitzer zu kollektivieren und die Macht der Klöster zu brechen.

Anstatt die Waffen niederzulegen, hatten die Khampas ihren Widerstand verschärft. Von den Chinesen aus Osttibet vertrieben, sickerten Anfang 1958 viele Guerillakämpfer nach Zentraltibet ein. Zahlreiche Mönche hatten ihre Klöster verlassen, unbeeindruckt von der beschwichtigenden Geste der Chinesen, die begonnen hatten, die bombardierten Klöster wieder instandzusetzen. Damit befand sich auch Zentraltibet am Rand eines Guerillakriegs.

Angeblich waren die Guerillatruppen im Mai 1958 auf 10 000 Mann angewachsen. 35 Kilometer vor Lhasa überfielen sie einen chinesischen Militärposten und töteten tausend Mann. In dieser explosiven Situation bat der Dalai Lama nochmals Nehru um Hilfe und lud ihn sogar zu einem Besuch in Lhasa ein. Aber weder dieser Besuch noch ein geplantes Treffen zwischen Nehru und Zhou Enlai kamen zustande: Wegen der angespannten Lage wurden sie auf unbestimmte Zeit verschoben.

Die Flucht des Dalai Lama

Mitte 1958 befanden sich fast ganz Südtibet südlich des Tsangpo sowie viele Distrikte Osttibets in den Händen der Aufständischen. Da den Chinesen die Kontrolle zu entgleiten drohte, bauten sie zunächst ihre Stellungen mit mehr und besser ausgerüstetem Militär aus. Begünstigt durch die Fertigstellung einer neuen Straße von Xinjiang nach Nordwesttibet, bereiteten sie überdies im geheimen weitreichende Operationen vor.

Trotz der bedrohlichen Lage kam der Dalai Lama auch in dieser Zeit noch seinen geistlichen Pflichten nach. Ende des Sommers 1958 begab er sich zu religiösen Gesprächen in das Kloster

Drepung. Als jedoch im Herbst 1958 in mehreren tibetischen Zeitungen ein chinesischer Propagandaartikel erschien, der die buddhistische Religion schmähte und den Buddha als Reaktionär bezeichnete, schien es nicht mehr unmöglich, daß auch die Sicherheit des Dalai Lama gefährdet war. Während des Mönlam-Festes im Februar 1959 legte Tenzin Gyatso seine endgültigen Prüfungen in buddhistischer Metaphysik ab. Es sollte für den jungen Dalai Lama das letzte Fest in seiner Heimat sein.

Am 9.3.1959 erhielt er eine Einladung des chinesischen Kommandanten von Lhasa, in dessen Hauptquartier an einer Tanzdarbietung teilzunehmen. Eines war hierbei äußerst ungewöhnlich: Ausdrücklich wurde der Dalai Lama aufgefordert, ohne seine Minister und seine Eskorte zu erscheinen. Als dies in den Straßen Lhasas bekannt wurde, strömten viele Tibeter zum Sommerpalast Norbulingka und flehten den Dalai Lama an, sich nicht auf diese Einladung einzulassen, weil sie befürchteten, er solle bei dieser Gelegenheit festgenommen werden. Binnen weniger Tage schwoll die Menge auf 30 000 Menschen an, darunter auch viele tibetische Soldaten mit ihren Kommandanten, die bereit waren, notfalls den Palast zu verteidigen. Während die tibetische Regierung nach einer Krisensitzung erklärte, daß Tibet die chinesische Herrschaft nicht länger anerkenne, versuchte Tenzin Gyatso noch einmal, die Katastrophe abzuwenden: Er sandte Briefe an den chinesischen General Tan Guansan, um ihn von der Friedfertigkeit des tibetischen Volkes zu überzeugen.

Doch zu diesem Zeitpunkt war es für eine einvernehmliche Lösung bereits zu spät: In Südtibet hatten die Guerilleros die chinesischen Verbindungen unterbrochen; Repräsentanten der Bevölkerung von Lhasa forderten Indien zu einer antichinesischen Intervention auf. Als die Chinesen im März 1959 zwei Granaten auf das Gelände des Norbulingka-Palastes feuerten, mußte auch der Dalai Lama seine Bemühungen als gescheitert ansehen: Er folgte dem Rat seiner Minister, in Indien Asyl zu suchen. Noch in derselben Nacht floh er verkleidet aus dem Palast. Unbemerkt von den Chinesen, gelangte er mit seinem Gefolge an das Südufer des Tsangpo und somit in den Schutz der Guerillakämpfer.

Möglicherweise ahnten die Chinesen, daß der Dalai Lama geflohen war. Jedenfalls eröffneten sie am 19. März das Feuer auf den Palast. Der tibetische Widerstand wurde rasch gebrochen;

Der XIV. Dalai Lama auf der Flucht nach Indien (1959)

unmittelbar nach dem Ende der Kämpfe begannen die Chinesen mit der Hinrichtung der sogenannten Rädelsführer der Erhebung sowie der Verschleppung vieler Gefangener. Jedoch gelang es mehreren tausend Tibetern – Mönche wie Laien –, dem Dalai Lama gen Indien zu folgen.

Währenddessen flüchteten Tenzin Gyatso und seine Begleiter auf Pferden in Richtung Indien. Ende März 1959 erreichten sie den assamesischen Grenzposten Chutangmo, wo der Dalai Lama erfuhr, daß die Chinesen die tibetische Regierung aufgelöst hatten. Daraufhin bildete er aus den Reihen seiner Begleiter, zu denen auch Minister und Mönche gehörten, eine neue Übergangsregierung. Am 20. April traf er in Mussoorie im nordindischen Bundesstaat Himachal Pradesh ein, wo man für ihn eine Residenz eingerichtet hatte.

Noch im selben Jahr errichteten die Chinesen in Tibet eine Militärdiktatur und entsandten weitere Truppen, um die Rebellion niederzuwerfen. Ein scharfes Kontrollsystem schränkte die Bewegungsfreiheit der Tibeter erheblich ein. Gegen den Klerus gingen die Chinesen mit äußerster Härte vor: Die drei großen Klöster von Lhasa wurden aufgehoben, die Mönche zusammen-

Nach seiner Flucht trifft der XIV. Dalai Lama in Tezpur ein (1959)

getrieben, verhört und teilweise gefoltert. Große Teile der Bevölkerung von Lhasa zwang man ebenso wie die Mönche zur Arbeit im Straßenbau. Die Güter der geflohenen Adligen wurden ebenso wie die Klöster beschlagnahmt, der Grundbesitz an die Bauern verteilt. Damit war ein jahrhundertealtes politisches System zerschlagen. Allerdings stützten sich die Chinesen immer noch auf tibetische Beamte, die zur Kollaboration bereit waren. Vor allem stellten sie nun den Panchen Lama stärker in den Vordergrund.

Der XIV. Dalai Lama im Exil

Ende April 1959 traf der indische Premierminister in Mussoorie mit dem Dalai Lama zusammen. Auch wenn sich Nehru nur zurückhaltend zur Lage in Tibet äußerte, fühlte sich Peking provoziert: Die Chinesen protestierten gegen die Aufnahme des Dalai Lama sowie zahlreicher tibetischer Flüchtlinge und warfen Indien vor, mit den «Imperialisten» zusammenzuarbeiten. Erst am 20. Juni durfte Tenzin Gyatso seine erste Pressekonferenz halten, auf der er sich für die Aufnahme der tibetischen Flüchtlinge bedankte. Zudem erklärte er, daß das Ziel der Chinesen sei, sein Volk auszurotten. Daher kündige er den chinesisch-tibetischen Vertrag von 1951, der von den Chinesen gebrochen worden sei.

Einige Monate später besuchte er Delhi, wo er mit den Führern der indischen Regierung und verschiedenen Würdenträgern fremder Staaten zusammentraf. In einer Rede verkündete er anschließend: «Unter den gegenwärtigen Umständen haben wir uns ungeachtet des Ratschlags der indischen Regierung entschlossen, an die Vereinten Nationen zu appellieren. Es ist unsere starke Hoffnung und unser inbrünstiger Glaube, daß, wie auch immer das Ergebnis dieses Appells sein wird, schließlich die Sache der Wahrheit und der Menschlichkeit triumphieren wird.»

Auf Antrag der Föderation von Malaya (dem heutigen Malaysia) und der Republik Irland gelangte die Tibet-Frage tatsächlich auf die Tagesordnung der nächsten Sitzungsperiode der Vereinten Nationen. Trotz heftiger Kritik des Vertreters der Sowjetunion, der eine «imperialistische Verschwörung» unter Führung der USA argwöhnte, wurde im Oktober ausführlich über die Tibet-Frage diskutiert. In der Resolution 1253 wies man auf die Verletzung der Menschenrechte in Tibet hin und verlangte deren strikte Beachtung sowie die Bewahrung der kulturellen und religiösen Eigenarten des tibetischen Volkes. Die Frage der Unabhängigkeit Tibets klammerte die Resolution jedoch schlichtweg aus. Somit änderte sich trotz dieser Bemühungen vor dem Forum der Weltöffentlichkeit an der Situation in Tibet nichts.

Währenddessen schwoll der Flüchtlingsstrom gen Indien stetig an. Bis Ende 1959 waren etwa 17 000 Tibeter in indischen Lagern – durchweg in Hochgebirgsregionen – aufgenommen worden. Im Jahr darauf wies Indien der tibetischen Exilregierung den Ort Dharamsala als Regierungszentrum und Siedlungsort für Tibeter zu. In der Umgebung stellte man Land für tibetische Pächter bereit, deren Zahl sich bereits den 100 000 näherte. Auch in weiteren Hochgebirgsländern – Nepal und der Schweiz – entstanden bedeutende Flüchtlingszentren. Erst durch diese Fluchtbewegung kam ein größeres Publikum in Europa und Amerika mit Tibet und seiner Kultur in Berührung. Viele führende Mönche wanderten in die USA oder nach Westeuropa aus, wo sie häufig Schulzentren ihrer religiösen Lehren gründeten und dadurch westliches Interesse am tibetischen Buddhismus weckten.

Zwischen 1960 und 1965 sah es der XIV. Dalai Lama als seine Hauptaufgabe an, für die Aufnahme weiterer Flüchtlinge in Indien zu sorgen. Neue Lager mußten eingerichtet und sodann regelrechte und Siedlungen mit der entsprechenden Infrastruktur errichtet werden. In der ganzen nichtkommunistischen Welt eröffnete die tibetische Exilregierung Büros; das erste im nepalesischen Kathmandu, kurz darauf weitere in New York, Zürich, Tokio, London und Washington.

Die Exilregierung von Dharmsala sollte als Modell für ein zukünftiges freies Tibet dienen. Daher führte Tenzin Gyatso am 2.9.1960 eine neue demokratische Regelung ein: Neben dem Dalai Lama und dem Kashag besteht seitdem eine Kammer, die alle drei Jahre neu gewählt wird. Deren 17 Vertreter repräsentieren die Provinzen Amdo, Kham und Ü-Tsang sowie die religiösen Schulen Nyingmapa, Kagyüpa, Sakyapa, Gelugpa und die alte Bön-Religion. Um diese demokratischen Reformen zu verankern, gab der Dalai Lama am 10.3.1963, dem vierten Jahrestag der Erhebung von Lhasa, auch eine schriftliche Verfassung heraus, die sich stark an die Menschenrechtserklärung der Vereinten Nationen anlehnt.

In Tibet selbst blieb die Lage währenddessen brisant. Noch immer leisteten Guerilleros den chinesischen Truppen vereinzelt Widerstand. Der in Tibet verbliebene Panchen Lama verfaßte 1962 ein Memorandum für den Vorsitzenden Mao Zedong, in dem er scharfe Kritik an den Methoden der Chinesen gegenüber seinen Landsleuten übte. Als er während des Mönlam-Festes im Jahr 1964 aufgefordert wurde, eine Ansprache zu halten, erklärte er vor der versammelten Menge, der Dalai Lama sei der wahre Führer des tibetischen Volkes. Daraufhin wurde er mit vielen anderen Mönchen des Klosters Tashilhunpo verhaftet und in ein Hochsicherheitsgefängnis nach China gebracht. Lange Jahre glaubte man im Westen, er sei während der Wirren der Kulturrevolution umgekommen.

Der 1962 ausgebrochene Grenzkrieg zwischen Indien und China führte schließlich auch zu einer Neuorientierung der indischen Politik: Bei internationalen Abstimmungen hinsichtlich Tibets enthielt sich Delhi nun nicht mehr der Stimme, sondern sprach im Sinne des tibetischen Volks.

Die Folgen der Kulturrevolution

Die sogenannte Kulturrevolution Mao Zedongs entfesselte ab 1966 in ganz China einen Sturm der Verwüstung, der bald schon auch Tibet erreichte. In China selbst gingen die jugendlichen Roten Garden gegen alle möglichen Institutionen und kulturellen Einrichtungen vor. Im August 1966 tauchten sie auch in Tibet auf und begannen ihr Zerstörungswerk. Völlig vernichtet wurden das Kloster Ganden, aber auch Sa-skya, Narthang und die Medizinschule von Lhasa, um nur die wichtigsten zu nennen[66]. Daraufhin flackerte auch der fast erloschene tibetische Widerstand neuerlich auf: Die Kämpfer, nun mit US-Waffen ausgerüstet, errichteten ihre Stützpunkte in den Flüchtlingslagern Nepals; China reagierte mit Drohgebärden gegen das Himalaya-Königreich. Vergeblich forderte der Dalai Lama, der neues Blutvergießen verhindern wollte, die Widerstandskämpfer durch einen Gesandten auf, die Waffen niederzulegen.

Nach der heißen Phase der Kulturrevolution, die 1969 zu Ende ging, wurden die Nachrichten aus Tibet noch spärlicher. Dennoch geriet das Land des Schnees nicht in Vergessenheit, denn der Dalai Lama und seine Mitarbeiter bemühten sich weiterhin weltweit um humanitäre und politische Hilfe. So begann Tenzin Gyatso 1967 seine ausgedehnte Reisetätigkeit, die ihn seitdem rund um die Welt geführt hat. Er besuchte zunächst Japan und Thailand, zwei buddhistische beziehungsweise vom Buddhismus stark geprägte Länder. Im Herbst 1973 weilte er mehr als einen Monat lang in Westeuropa: In Rom traf er mit Papst Paul VI. zusammen; die Schweiz würdigte er als das Land, welches viele tibetische Flüchtlinge großzügig aufgenommen hatte. Des weiteren besuchte er Großbritannien, den ehemaligen Machthaber in Indien, sowie neben anderen Ländern auch die Bundesrepublik Deutschland.

Das Ende der Kulturrevolution in China – Mao starb im September 1976, kurz darauf wurde die «Viererbande» verhaftet – brachte auch für Tibet eine gewisse Beruhigung. Deng Xiaoping, der neue starke Mann, liberalisierte zwar hauptsächlich die chinesische Wirtschaft; jedoch bedauerte Li Xiannian, das neue chinesische Staatsoberhaupt, 1978 ausdrücklich auch mit Blick auf Tibet die Auswüchse der Kulturrevolution.

Hätte Tenzin Gyatso diese Phase der Entspannung nutzen sollen, um nach Tibet zurückzukehren? Die chinesischen Avancen waren unmißverständlich: Jigme Ngabo, ehemals Gouverneur von Kham und nunmehr ein hoher kommunistischer Funktionär, erklärte, daß China auf eine Rückkehr des Dalai Lama und seiner Anhänger hoffe. Auch der Interimsgeneralsekretär der Partei, Hua Guofeng, machte deutlich, daß Peking ein Interesse daran habe, die tibetischen Bräuche und Einrichtungen zu restaurieren – allerdings nach wie vor unter chinesischer Kontrolle. Immerhin ließen die Chinesen im November 1978 als Zeichen ihres guten Willens 34 Gefangene frei.

Im Februar 1979, nach der gegenseitigen Anerkennung Chinas und der USA, trat erstmals seit seiner Verhaftung auch der Panchen Lama wieder in der Öffentlichkeit auf. Wenn sich der Dalai Lama, erklärte er in einer Ansprache, wirklich für «Glück und Wohlergehen der tibetischen Volksmassen» interessiere, werde sich auch ein Weg für seine Rückkehr finden. Als Reaktion hierauf ermahnte Tenzin Gyatso die Chinesen, sie sollten jene Exil-Tibeter in ihre Heimat zurückkehren lassen, die ihre Familien wiedersehen wollten, und fragte über die chinesische Botschaft in Neu Delhi an, ob ihm gestattet sei, eine offizielle Mission nach Tibet zu entsenden. Sein Bestreben, den Kontakt mit seiner Heimat zu intensivieren, wurde durch seinen Mongolei-Besuch im Juni 1979 noch beflügelt. Dort war in bescheidenem Maß die Religionsausübung wieder gestattet; allerdings hatte das Land mit den Chinesen gebrochen und sich der Sowjetunion angenähert. Dennoch kehrte Tenzin Gyatso mit der Hoffnung, eine ähnliche Liberalisierung auch für Tibet zu erreichen, von dieser Reise zurück.

Mitte 1979 reiste eine Gesandtschaft des Dalai Lama nach Peking, um dort eine Route für die Weiterreise nach Tibet festzulegen. Als sie schließlich in Lhasa eintrafen, bereitete ihnen die einheimische Bevölkerung einen begeisterten Empfang und erkundigte sich immer wieder nach dem Dalai Lama. Doch was die Reisenden nach ihrer Rückkehr berichteten, deprimierte Tenzin Gyatso zutiefst: Zahlreiche ehemalige Klöster waren entweder völlig ruiniert oder in Fabriken, Lagerhallen oder Ställe umgewandelt worden. Seit 1955 hatten die Chinesen fünfzig Millionen Bäume in Tibet gefällt; große Teile des Bodens waren maßlos

Der XIV. Dalai Lama besucht Japan (1980)

überweidet. Tief erschüttert durch diese Berichte, beschlossen der Dalai Lama und seine Regierung dennoch, den einmal aufgenommenen Kontakt nicht wieder abreißen zu lassen.

Zu diesem Zweck reiste Anfang April 1982 erneut eine Delegation der tibetischen Exilregierung nach Peking, um über die Zukunft Tibets zu verhandeln. Die Chinesen zeigten sich gesprächsbereit, waren aber offensichtlich vor allem an einem interessiert: an der Rückkehr des Dalai Lama, der durch seine zahlreichen Reisen zu einem unbequemen Mahner geworden war. Im selben Jahr unternahm Tenzin Gyatso von Juli bis November seine bislang ausgedehnteste Auslandsreise, die ihn nach Malaysia, Singapur, Indonesien, Australien, in die Sowjetunion, die Mongolei, nach Ungarn, in den Vatikanstaat, nach Spanien, Frankreich, Italien und in die Bundesrepublik Deutschland führte. Spätestens seit damals spielt der Dalai Lama auch auf dem Parkett der internationalen Politik eine nicht mehr zu übersehende Rolle.

Als neuerliches Zeichen ihres guten Willens ließen die Chinesen in Tibet viele Klöster wieder aufbauen oder restaurieren. Allerdings dienen diese Heiligtümer seither nur noch als Museen für den aufblühenden Tourismus, den Peking auch durch den Bau moderner Hotels in Lhasa förderte. Auf Verhandlungen über den Status Tibets ließ sich Peking nach wie vor nicht ein. Statt dessen siedelte man immer mehr Chinesen in Tibet und insbesondere in Lhasa an, das bald den Charakter einer chinesischen Stadt annahm.

Ein Erfolg der Reisetätigkeit des Dalai Lama in die USA war der Brief von 91 Kongreßabgeordneten an den chinesischen Präsidenten Li Xiannian im Juli 1985, in dem man die Volksrepublik China aufforderte, den berechtigten Forderungen des Dalai Lama und seines Volkes Gehör zu schenken. Außerdem veröffentlichte der Kongreß einen Bericht über Menschenrechtsverletzungen in Tibet und lud zur gleichen Zeit erneut Tenzin Gyatso ein. Am 21.9.1985 trug der Dalai Lama im Kapitol einen Friedensplan nebst Regierungsprogramm vor, der fünf Punkte umfaßte:

1. Errichtung einer Friedenszone in ganz Tibet einschließlich der Regionen Amdo und Kham;
2. Verzicht Chinas auf seine Ansiedlungspolitik, welche die Existenz der Tibeter als Volk gefährdet;
3. Beachtung der Grundrechte und der demokratischen Freiheit des tibetischen Volkes;
4. die natürliche Umwelt Tibets soll wiederhergestellt und geschützt werden; China soll künftig auf deren Nutzung zur Waffenproduktion und zur Ablagerung von Nuklearabfällen verzichten;
5. Beginn echter Verhandlungen über den zukünftigen Status Tibets sowie die Beziehungen zwischen den Völkern Chinas und Tibets

Peking bezeichnete diesen Plan als reinen Separatismus und lehnte ihn rundweg ab. Aber die von den Chinesen gezeigte Dialogbereitschaft sowie das Eintreffen von Delegationen hatten Hoffnungen bei den Tibetern geweckt, die nun auf Kundgebungen ihre Freiheitsrechte einforderten. Auch in China hatte die Liberalisierungspolitik Kräfte freigesetzt, die sich für demokratische Reformen aussprachen. Selbst in der kommunistischen Partei Chinas errangen Reformer wie der Generalsekretär Hu Yaobang (1915–1989) und der Premierminister Zhao Ziyang (Amtszeit

1980–1987) einflußreiche Positionen. Dies war jedoch nicht im Sinn Dengs, der lediglich eine wirtschaftliche Liberalisierung wollte, nicht aber die demokratische Kontrolle der Partei. Daher wurde Hu 1987 durch Zhao als Generalsekretär ersetzt, dem im Amt des Ministerpräsidenten der Hardliner Li Peng folgte.

Noch vor der Unterdrückung der Demokratiebewegung in China selbst reagierten die Chinesen mit scharfen Maßnahmen auf den wieder aufflackernden Freiheitswillen der Tibeter. Bei den Mönlam-Feierlichkeiten im März 1988 verstärkten sie ihre Militär- und Polizeieinheiten erheblich. Als sich die Volksmenge dem Jokhang-Tempel näherte, mischten sich in die Gebete laute Rufe nach Unabhängigkeit – die chinesischen Einheiten reagierten mit einem Massaker und der Erstürmung des Tempels. Noch weitaus blutiger endeten die zaghaften Liberalisierungsversuche in China, als die chinesische Demokratiebewegung im Juni 1989 auf dem Tian'anmen-Platz in Peking gewaltsam niedergeschlagen wurde. Auch in Lhasa fuhren Panzerwagen der Armee, und über ganz Tibet wurde das Kriegsrecht verhängt.

Der Friedensnobelpreis

Forderungen, die Menschenrechte zu beachten, weist Peking seither brüsk zurück; Staaten, die weiterhin darauf beharren, müssen mit Einschränkung der Wirtschaftsbeziehungen rechnen. Die prosperierende Volksrepublik und künftige Weltmacht China hat gar den Spieß umgedreht und verlangt ihrerseits von den demokratischen Staaten, die mit Peking Handel treiben wollen, Wohlverhalten in der Tibet-Frage. Während sich bis heute allzu viele westliche Länder dieser Forderung beugen, bewies zumindest das Nobelkomitee in Oslo Courage, das dem Dalai Lama für seine außerordentlichen Bemühungen um eine friedliche Lösung zwischen Tibet und China und um den Weltfrieden 1989 den Friedensnobelpreis verlieh. Aus diesem Anlaß hielt der XIV. Dalai Lama eine Rede, in der er nochmals seine Prinzipien darlegte:

«Meine Brüder und Schwestern, es ist mir eine Ehre und Freude, heute bei Ihnen zu sein. Ich freue mich aufrichtig, so viele alte Freunde aus den unterschiedlichsten Weltgegenden zu treffen und neue Freunde zu gewinnen, die ich einmal wiederzusehen hoffe. Wenn ich in vielen Teilen der Welt mit Leuten zusammenkomme, erinnert mich das immer daran, daß wir im Grunde immer gleich sind: Wir sind alle Menschen. Wir tragen vielleicht verschiedene Kleider, unsere Hautfarbe ist verschieden, oder wir sprechen verschiedene Sprachen. Doch das sind Unterschiede an der Oberfläche. Im Grunde sind wir die gleichen Menschen. Das verbindet uns. Das ermöglicht uns, einander zu verstehen und Freundschaft und Nähe zu entwickeln.

Ich habe mich entschlossen, Ihnen einige meiner Gedanken zu Problemen mitzuteilen, die uns als Mitglieder der Menschheitsfamilie alle angehen. Da wir alle diesen kleinen Planeten Erde miteinander teilen, müssen wir lernen, miteinander und mit der Natur in Einklang und Frieden zu leben. Das ist nicht bloß ein Traum, sondern Notwendigkeit. Wir sind in so vielfacher Hinsicht voneinander abhängig, daß wir nicht länger in isolierten Gemeinschaften leben und ignorieren können, was außerhalb dieser Gemeinschaften geschieht. Wir müssen einander helfen, wenn wir Schwierigkeiten haben, und uns gegenseitig an unserem Wohlergehen teilhaben lassen. Ich spreche zu Ihnen von Mensch zu Mensch als ein einfacher Mönch. Wenn Sie meine Worte sinnvoll finden, hoffe ich, daß Sie danach zu handeln versuchen.

Ich möchte Ihnen heute auch sagen, was ich über die Not und die Hoffnungen des tibetischen Volkes denke. Der Nobelpreis ist eine Ehrung, die dieses Volk für seinen Mut und seine unerschütterliche Entschlossenheit in vierzig Jahren der Besetzung durch ausländische Truppen sehr wohl verdient hat. Als freier Sprecher für meine gefangenen Landsleute sehe ich es als meine Pflicht an, in ihrem Namen das Wort zu ergreifen. Ich tue das nicht mit Wut oder Haß auf die, die für das unermeßliche Leid unseres Volkes und für die Zerstörung unseres Landes, unserer Häuser und unserer Kultur verantwortlich sind. Auch sie sind Menschen, die nach Glückseligkeit streben und unser Mitleid verdienen. Ich will Sie über die traurige Lage in meinem Land und über die Hoffnungen meines Volkes informieren, denn in unserem Kampf für die Freiheit ist die Wahrheit unsere einzige Waffe.

Wenn wir uns klarmachen, daß wir im Grunde alle gleich sind, Menschen, die nach Glückseligkeit streben und Leid zu vermeiden suchen, dann hilft uns das, ein Gefühl der Brüderlichkeit zu entwickeln, ein warmes Gefühl der Liebe und des Mitleids für andere. Das wiederum ist entscheidend, wenn wir in dieser immer kleiner werdenden Welt überleben wollen. Denn wenn jeder von uns selbstsüchtig nur das verfolgt, was er für seine eigenen Interessen hält, ohne sich um die Nöte anderer zu kümmern, werden wir schließlich nicht nur anderen schaden, sondern auch uns selbst. Das ist im Laufe dieses Jahrhunderts ganz deutlich geworden. Wir wissen zum Beispiel, daß es einem Selbstmord gleichkäme, heute einen Atomkrieg zu riskieren, und daß wir durch Verschmutzung der Luft und der Meere für einen kurzfristigen Gewinn die Grundlage unseres Überlebens zerstören. Weil die einzelnen und die Völker immer mehr voneinander abhängig werden, haben wir keine andere Wahl, als ein Gefühl der universalen Verantwortung zu entwickeln.

Heute sind wir wirklich eine erdumspannende Familie. Was in einem Teil der Welt geschieht, kann uns alle betreffen. Das gilt natürlich nicht nur für die negativen, sondern auch für die positiven Entwicklungen. Nicht nur wissen wir dank der außerordentlich entwickelten Kommunikationstechniken, was anderswo passiert, wir werden auch von weit entfernten Ereignissen direkt betroffen. Wir sind traurig, wenn Kinder in Ostafrika verhungern. In ähnlicher Weise verspüren wir Freude, wenn eine Familie, nach Jahrzehnten der Trennung durch die Mauer in Berlin, wieder vereint ist. Unsere Ernten, unser Vieh werden vergiftet, unsere Gesundheit, unsere Lebensgrundlagen sind bedroht, wenn sich viele Kilometer entfernt in einem anderen Land ein atomarer Zwischenfall ereignet. Unsere eigene Sicherheit wird gefestigt, wenn kriegführende Parteien auf anderen Kontinenten Frieden schließen.

Doch Krieg oder Frieden, Zerstörung oder Schutz der Umwelt, Bruch oder Förderung der Menschenrechte und der demokratischen Freiheiten, Armut oder Wohlstand, Mangel an moralischen und geistlichen Werten oder ihr Bestehen und ihre Entwicklung, Zusammenbruch oder Verbesserung der Verständigung unter den Menschen sind keine isolierten Erscheinungen, die man unabhängig voneinander analysieren und in Angriff nehmen kann. Vielmehr sind sie auf allen Ebenen eng miteinander verbunden; aus diesem Verständnis heraus muß man mit ihnen umgehen.

Frieden im Sinne von Abwesenheit von Krieg hat geringen Wert für jemanden, der vor Hunger und Kälte stirbt. Einem Gefangenen, der wegen seiner Überzeugung eingesperrt ist, wird ein solcher Frieden die Schmerzen der Folterung nicht nehmen. Er ist kein Trost für die, welche ihre Angehörigen bei Überschwemmungen verloren haben, die durch sinnlose Abholzungen in einem Nachbarland verursacht wurden. Frieden kann nur von Dauer sein, wo die Menschenrechte respektiert werden, wo die Menschen zu essen haben und wo der einzelne und die Völker frei sind. Wahren Frieden mit uns selbst und mit der Welt um uns herum können wir nur durch die Entwicklung von innerem Frieden erlangen. Die anderen genannten Phänomene sind auf ähnliche Weise miteinander verbunden. So erkennen wir zum Beispiel, daß eine saubere Umwelt, Wohlstand oder Demokratie wenig bedeuten angesichts eines Krieges, vor allem eines Atomkrieges, und daß materielle Entwicklung nicht ausreicht, um das Glück der Menschen zu garantieren.

Natürlich ist materieller Fortschritt wichtig für die Entwicklung der Menschen. In Tibet haben wir uns viel zuwenig um den technischen und wirtschaftlichen Fortschritt gekümmert, und heute merken wir, daß das ein Fehler war. Andererseits kann materielle Entwicklung ohne eine spirituelle Entwicklung ebenfalls ernste Probleme schaffen. In einigen Ländern widmet man äußerlichen Dingen zu viel Aufmerksamkeit, der inneren Entwicklung wird wenig Bedeutung beigemessen. Ich glaube, daß beide wichtig sind und nebeneinander wachsen müssen, um einen ausgeglichenen Zustand zu erreichen. Die Tibeter werden von ausländischen Besuchern immer als glückliches, freundliches Volk beschrieben. Das gehört zu unserem Volkscharakter, der von kulturellen und religiösen Werten geprägt ist, welche die Bedeutung des inneren Friedens durch die Entwicklung von Liebe und Güte zu allen lebenden und fühlenden Wesen, Menschen wie Tieren, unterstreichen. Innerer Friede ist der Schlüssel: Wenn Sie in Ihrem Inneren von Frieden erfüllt sind, beeinträchtigen äußere Probleme nicht dieses tief empfundene Gefühl von Frieden und Ruhe. In diesem Geisteszustand können Sie Situationen ruhig und vernünftig bewältigen und dabei Ihre innere Fröhlichkeit bewahren. Das ist sehr wichtig. Ohne diesen inneren Frieden können Sie, wie bequem Ihr Leben materiell gesehen auch sein mag, dennoch wegen irgendwelcher Umstände ängstlich, verwirrt oder unglücklich sein.

Es ist deshalb von großer Bedeutung, die Wechselbeziehungen zwischen diesen und anderen Erscheinungen zu verstehen und zu versuchen, Probleme auf eine ausgeglichene Weise zu lösen, die diese unterschiedlichen Aspekte berücksichtigt. Das ist natürlich nicht einfach. Aber es nützt wenig, sich um die Lösung eines Problems zu bemühen, wenn dabei ein genauso ernstes neues Problem entsteht. Wir haben also keine Wahl: Wir müssen ein Gefühl der universalen Verantwortung entwickeln, und zwar nicht nur im geographischen Sinn, sondern auch im Hinblick auf die verschiedenen Probleme, die unseren Planeten bedrohen.

Die Verantwortung tragen nicht nur die Führer unserer Länder oder die, die für eine bestimmte Aufgabe ernannt oder gewählt worden sind. Verantwortung trägt jeder von uns. Frieden zum Beispiel fängt bei jedem einzelnen an. Wenn wir inneren Frieden besitzen, können wir mit den Menschen um uns herum in Frieden leben. Wenn unsere Gemeinde in Frieden lebt, kann sie diesen Frieden mit Nachbargemeinden teilen und so weiter. Wenn wir Gefühle der Liebe und Güte für andere haben, fühlen sich nicht nur die anderen geliebt und beachtet, sondern es hilft auch uns selbst, innere Fröhlichkeit, inneren Frieden zu entwickeln. Es gibt durchaus Möglichkeiten, bewußt an der Entwicklung von Gefühlen der Liebe und Güte zu arbeiten. Für einige von uns besteht die wirkungsvollste Möglichkeit dazu in der Religionsausübung. Für andere mögen es nichtreligiöse Übungen sein. Wichtig ist, daß jeder von uns sich ehrlich bemüht, unsere Verantwortung füreinander und für die Umwelt ernst zu nehmen.

Die Entwicklungen, die um uns herum stattfinden, ermutigen mich. Nachdem die Jugend in vielen Ländern, vor allem im nördlichen Europa, wiederholt die Beendigung der gefährlichen Umweltzerstörung gefordert hat, die im Namen der wirtschaftlichen Entwicklung vorangetrieben wurde, beginnen die politischen Führer in aller Welt, mit bedeutenden Maßnahmen dieses Problem in Angriff zu nehmen ... Nun, da die Ära des Kalten Krieges zu Ende zu gehen scheint, leben die Menschen überall mit neuer Hoffnung. Leider wurden die mutigen Anstrengungen des chinesischen Volkes, ähnliche Veränderungen auch in seinem Land zu bewirken, im vergangenen Jahr brutal zunichte gemacht.

Aber auch seine Bemühungen sind eine Quelle der Hoffnung. Die militärische Macht hat die Sehnsucht des chinesischen Volkes nach Freiheit und seine Entschlossenheit, sie zu erringen, nicht ausgelöscht. Ich bewundere ganz besonders, daß diese jungen Leute, die man gelehrt hatte, die Macht komme aus dem Lauf der Gewehre, statt dessen die Gewaltfreiheit als Waffe wählten.

Diese positiven Veränderungen zeigen, daß Vernunft, Mut, Entschlossenheit und die unauslöschliche Sehnsucht nach Freiheit letztlich siegen können. Im Kampf zwischen den Kräften des Krieges, der Gewalt und der Unterdrückung auf der einen Seite und denen des Friedens, der Vernunft und der Freiheit auf der anderen sind die letzteren dabei, die Oberhand zu gewinnen. Das erfüllt uns Tibeter mit der Hoffnung, daß auch wir eines Tages wieder frei sein werden ...

Wie Sie wissen, ist Tibet seit vierzig Jahren von ausländischen Truppen besetzt. Heute sind mehr als eine Viertelmillion chinesische Soldaten in Tibet stationiert. Einige Quellen schätzen die Stärke der Besatzungsarmee sogar auf das Doppelte. In dieser Zeit wurden die Tibeter ihrer grundlegenden Menschenrechte beraubt, wie des Rechts auf Leben, der Reise-, Rede- und Religionsfreiheit, um nur einige zu nennen. Mehr als ein Sechstel der sechs Millionen zählenden Bevölkerung Tibets starb als direkte Folge des Einmarsches und der Besetzung durch die Chinesen. Bereits vor der Kulturrevolution wurden viele der tibetischen Klöster, Tempel und historischen Gebäude zerstört. Beinahe alles, was übrigblieb, wurde dann während der Kulturrevolution vernichtet. Ich will mich dabei nicht lange aufhalten, die Vorgänge sind gut dokumentiert. Es ist jedoch wichtig, sich klarzumachen, daß trotz der begrenzten Freiheit, die nach 1979 den Wiederaufbau von Teilen einiger Klöster und ähnliche Zeichen der Liberalisierung ermöglichte, heute die grundlegenden Menschenrechte des tibetischen Volkes immer noch systematisch verletzt werden. In den vergangenen Monaten hat sich diese Lage sogar noch verschlimmert.

Gäbe es nicht unsere Exilgemeinde, die von der Regierung und dem Volk Indiens so großzügig beschützt und unterstützt wird, sowie die Organisationen und Einzelpersonen aus vielen Teilen der Welt, dann wäre unsere Nation wenig mehr als das zerrüttete Überbleibsel eines Volkes. Unsere Kultur, Religion und nationale Identität wären ausgerottet worden. Doch im Exil haben wir Schulen und Klöster gebaut und demokratische Institutionen geschaffen, um unserem Volk zu dienen und den Samen unserer Kultur zu bewahren. Mit Hilfe dieser Erfahrungen wollen wir in einem künftigen freien Tibet eine umfassende Demokratie errichten. So lassen wir unsere Exilgemeinde sich nach modernen Gesichtspunkten entwickeln, bewahren aber gleichzeitig unsere kulturelle Identität und halten sie hoch. Dadurch machen wir Millionen unserer Landsleute in Tibet Hoffnung.

Am beunruhigendsten ist zur Zeit das Einströmen chinesischer Siedler nach Tibet ... Die Tibeter werden zusehends zu einer unbedeutenden Minderheit in ihrem eigenen Land. Dieser Trend, der das Überleben des tibetischen Volkes, seiner Kultur und seines spirituellen Erbes bedroht, kann noch aufgehalten und umgekehrt werden. Aber das muß sofort geschehen, bevor es zu spät ist.

Der neue Zyklus von Protest und gewaltsamer Unterdrükkung, der in Tibet im September 1987 begann und im März 1989 seinen Höhepunkt in der Verhängung des Kriegsrechts in der Hauptstadt Lhasa fand, war im wesentlichen eine Reaktion auf diesen ungeheuren Zustrom von Chinesen. Im Exil haben uns Informationen erreicht, denen zufolge Protestmärsche und andere friedliche Formen des Protests in Lhasa und an einigen anderen Orten in Tibet fortgesetzt werden, trotz der strengen Bestrafung und der unmenschlichen Behandlung, die jene Tibeter erleiden müssen, die wegen Äußerung ihrer Beschwerden verhaftet werden.

Die Zahl der Tibeter, die während der Proteste im März von Sicherheitskräften getötet wurden, und derer, die später in der Haft umkamen, ist nicht bekannt. Sie wird auf über zweihundert geschätzt. Tausende wurden festgenommen, verhaftet und eingesperrt; Folter ist an der Tagesordnung.

Vor dem Hintergrund dieser sich verschlechternden Lage und um weiteres Blutvergießen zu vermeiden, habe ich den sogenannten Fünf-Punkte-Friedensplan für die Wiederherstellung des Friedens und der Menschenrechte in Tibet vorgelegt. In einer Rede in Straßburg 1988 habe ich dazu ausführlich Stellung genommen.

Meiner Meinung nach stellt der Plan einen vernünftigen und realistischen Rahmen für Verhandlungen mit der Volksrepublik

China dar. Doch bisher waren Chinas Führer nicht willens, konstruktiv darauf zu reagieren. Die brutale Unterdrückung der chinesischen Demokratiebewegung im Juni 1989 unterstrich aber meinen Standpunkt, daß jegliche Lösung der Tibet-Frage nur sinnvoll ist, wenn sie von angemessenen internationalen Garantien gestützt wird.

Der Fünf-Punkte-Friedensplan handelt von den grundlegenden und miteinander verbundenen Themen, auf die ich mich im ersten Teil dieser Rede bezogen habe. Er sieht vor:

1. Umwandlung ganz Tibets, einschließlich der östlichen Provinzen Kham und Amdo, in eine (gewaltfreie) Ahimsa-Zone,
2. Beendigung der chinesischen Umsiedlungspolitik,
3. Achtung der Menschenrechte und der demokratischen Freiheiten des tibetischen Volkes,
4. Wiederherstellung und Bewahrung der natürlichen Umwelt in Tibet,
5. Beginn ernsthafter Verhandlungen über den künftigen Status Tibets und Aufnahme von offiziellen Beziehungen zwischen dem tibetischen und dem chinesischen Volk.

In Straßburg schlug ich vor, daß Tibet ein sich selbst verwaltendes demokratisches Gebilde werden solle.

Ich möchte die Gelegenheit nutzen, den Begriff Ahimsa-Zone oder Friedenszone zu erklären. Er bildet das entscheidende Element des Fünf-Punkte-Friedensplans. Es ist von großer Bedeutung nicht nur für Tibet, sondern auch für Frieden und Stabilität in ganz Asien.

Mein Traum ist, daß die ganze tibetische Hochebene eine freie Zufluchtsstätte werden soll, in der Mensch und Natur in Frieden und harmonischer Ausgewogenheit leben können. Sie wäre ein Ort, an dem Menschen aus aller Welt die wahre Bedeutung des Friedens in ihrem Innern erforschen könnten, frei von den Spannungen und Belastungen, die es sonst fast überall auf der Welt gibt. Ja, Tibet könnte ein schöpferisches Zentrum für die Förderung und Entwicklung des Friedens werden.

Zu den Schlüsselelementen der vorgeschlagenen Ahimsa-Zone gehören:

1. Entmilitarisierung der ganzen tibetischen Hochebene,
2. Verbot der Herstellung, Erprobung und Lagerung von Atomwaffen und anderen Waffen auf der tibetischen Hochebene,
3. Umwandlung der tibetischen Hochebene in den größten Naturschutzpark der Welt: Anwendung strenger Gesetze zum Schutz der Tiere und Pflanzen, umsichtige Regulierung der Ausbeutung natürlicher Ressourcen, damit die zugehörigen Ökosysteme nicht geschädigt werden, vernünftige Entwicklungsmaßnahmen in den bevölkerten Gebieten,
4. Verbot der Herstellung und Nutzung von Atomkraft und anderen Technologien, die gefährlichen Abfall produzieren,
5. Ausrichtung der nationalen Ressourcen und Politik auf die aktive Förderung des Friedens und des Umweltschutzes: Organisationen, die sich der Friedensförderung und dem Schutz aller Formen des Lebens widmen, wären in Tibet willkommen,
6. Ermutigung internationaler und regionaler Organisationen für die Förderung und den Schutz der Menschenrechte, sich in Tibet niederzulassen.

Durch Tibets Höhenlage und seine Größe (sie entspricht der der Europäischen Gemeinschaft) wie auch durch seine einzigartige Geschichte und sein umfassendes spirituelles Erbe eignet sich das Land in idealer Weise dafür, im strategischen Zentrum Asiens ein Hort des Friedens zu sein. Das würde auch Tibets historischer Rolle einer friedlichen buddhistischen Nation und einer Pufferzone zwischen den starken und oft rivalisierenden Mächten des asiatischen Kontinents entsprechen ...

Lassen Sie mich zum Schluß Ihnen allen und unseren Freunden, die heute nicht zugegen sind, herzlich danken. Die Besorgnis und Unterstützung, die Sie für die Tibeter und ihre Not zum Ausdruck gebracht haben, haben uns alle tief berührt und machen uns auch weiterhin Mut, für Frieden und Gerechtigkeit zu kämpfen – nicht mit Gewalt, sondern mit den mächtigen Waffen der Wahrheit und der Entschlossenheit. Ich spreche für das ganze tibetische Volk, wenn ich Ihnen Dank sage und Sie bitte, Tibet in dieser kritischen Phase seiner Geschichte nicht zu vergessen. Auch wir hoffen, zu einer friedlicheren, menschlicheren und schöneren Welt beizutragen. Ein künftiges freies Tibet wird notleidenden Menschen in der ganzen Welt helfen, die Umwelt zu schützen, und den Frieden zu fördern suchen. Die Fähigkeit von uns Tibetern, spirituelle Qualitäten mit einer realistisch-praktischen Einstellung zu verbinden, gibt uns die Möglichkeit, einen besonderen Beitrag zu leisten, so bescheiden er auch sein mag. Darauf hoffe ich, darum bete ich.

Ich möchte mit einem kurzen Gebet schließen, das mir viel Inspiration und Entschlossenheit gibt:

> Solange das Weltall besteht,
> Und solange es noch Lebewesen gibt,
> Solange mag auch ich daran festhalten,
> Das Elend der Welt zu vertreiben.

Ich danke Ihnen.»

Die Lage der Tibeter in Tibet hat sich seit der Osloer Rede des Dalai Lama keineswegs verbessert. Noch immer halten die Chinesen an ihrer Siedlungspolitik fest und kommen so ihrem Ziel der ethnischen Vermischung mit jedem Tag näher.

Wie *amnesty international* berichtet, hat die politische und religiöse Unterdrückung in Tibet seit 1993 stetig zugenommen; willkürliche Festnahmen und Folter würden häufig als Repressionsmittel eingesetzt. Weiter verschärft wurde die Lage auch durch eine Anordnung der chinesischen Behörden vom April 1996, in den tibetischen Klöstern keine Bilder des Dalai Lama mehr zu zeigen. Daraufhin kam es im wiederaufgebauten Kloster Ganden zu gewaltsamen Zusammenstößen zwischen Mönchen und Sicherheitskräften, die das Kloster abermals schlossen.

Niemand vermag heute zu sagen, wie und ob sich das Erbe der tibetischen Religion und Kultur in Tibet auf lange Sicht bewahren läßt. Doch durch die Flüchtlinge, darunter auch zahlreiche Lamas und inkarnierte Würdenträger, hat es sich seit 1959 in der ganzen Welt verbreitet. Erst durch die Besetzung Tibets und deren tragische Folgen wurde Europäern und Amerikanern bewußt, daß es im tibetischen Buddhismus ganz unterschiedliche Schulen gibt. Besonders in Westeuropa, Nordamerika und Australien entstanden seit Ende der 50er Jahre bedeutende lamaistische Zentren, die sich einer nicht unbeträchtlichen Anhängerschaft auch unter den Einheimischen erfreuen. Einige dieser Zentren und Klöster außerhalb Tibets dienen dem Dalai Lama während seiner Auslandsaufenthalte immer wieder als Anlaufpunkte, die vom Fortbestehen und von der Weiterentwicklung der tibetischen religiösen und kulturellen Tradition zeugen. Hierzu hat Tenzin Gyatso selbst nicht unwesentlich beigetragen, indem er die Lehren der großen buddhistischen Mahayana-Meister Nagarjuna, Asanga, Vasubandhu und insbesondere des Shantideva mit den Problemen der Gegenwart verknüpft hat. Zum Abschluß dieses Buches stellen wir daher noch einige ausgewählte Texte aus den Schriften des XIV. Dalai Lama vor.

Aus den Schriften des XIV. Dalai Lama[67]

Der Umgang mit Haß und anderen negativen Emotionen

Zwei unserer besten Freunde sind Wut und Haß. Ich selbst hatte in meiner Jugend eine enge Beziehung zum Jähzorn. Später fand ich dann eine Menge an ihm auszusetzen, und heute, mit Hilfe von gesundem Menschenverstand, Mitgefühl und Weisheit, habe ich ein schlagkräftigeres Argument, ihn zu bezwingen.

Wie meine eigene Erfahrung beweist, kann sich jeder Mensch mit einigem Bemühen ändern. Diese Änderung geht natürlich nicht sofort vor sich, sondern braucht im Gegenteil sehr viel Zeit. Um sie herbeizuführen und mit den Emotionen umgehen zu können, ist es wichtig herauszufinden, welche Gedanken hilfreich, konstruktiv und nützlich für uns sind. Ich meine damit hauptsächlich Gedanken, die uns ruhiger, entspannter machen und uns inneren Frieden geben, im Gegensatz zu solchen, die Unbehagen, Angst und Frustration hervorrufen.

Unser Körper besteht aus Milliarden verschiedener Partikel und unser Geist aus vielen verschiedenen Gedanken und Stimmungen, weshalb es eine grobe Verallgemeinerung ist, von «dem Körper«, «dem Geist« zu sprechen. Wir müssen unsere Innenwelt mit großer Klugheit erforschen und analysieren. Ähnlich wie wir in bezug auf die Welt der Pflanzen vorgehen, wo wir feststellen, daß einige von ihnen, wie Gemüse, Früchte und Blumen, gut für uns sind, und sie dann anpflanzen und nutzen. Andere, die unbekömmlich oder giftig für uns sind, lernen wir zu unterscheiden, und manchmal rotten wir sie sogar aus. Genauso sollten wir in der Innenwelt unseres Geistes verfahren und den Unterschied zwischen schädlichen und positiven Gedanken und Zuständen erkennen lernen. Haben wir den Wert der positiven geistigen Zustände einmal erkannt, können wir sie pflegen und fördern.

Die von Buddha gelehrten Vier Edlen Wahrheiten bilden das Fundament des Dharma. Die dritte Wahrheit ist die von der Beendigung.

Laut Nagarjuna bedeutet Beendigung in diesem Zusammenhang die Erlangung jenes Geisteszustands, der durch Übung und Anstrengung allen negativen Emotionen ein Ende bereitet. Es ist dies ein Zustand der geistigen Vollendung, frei von den Auswirkungen der verschiedenen negativen Emotionen und Gedanken, der wahre Dharma und deshalb die Zuflucht, die alle praktizierenden Buddhisten suchen. Weil Buddha diesen Zustand verwirklicht hat – und nicht etwa, weil er von Anfang an etwas Besonderes war –, ist er der Verehrung würdig und Gegenstand der Zuflucht. Der Sangha, die spirituelle Gemeinschaft, wird Gegenstand der Zufluchtnahme, weil seine Mitglieder sich auf dem Weg zu diesem Zustand der Beendigung befinden oder ihn gerade beginnen.

Wahre Beendigung kann also nur im Sinne eines Geisteszustandes verstanden werden, der von negativen Emotionen und Gedanken gereinigt und von ihnen frei geworden ist. Ebenso wie Beendigung ein Geisteszustand ist, sind auch die Faktoren, die ihn bewirken, Funktionen des Geistes. Auch das Bewußtseinskontinuum – die Basis für diese Läuterung – ist etwas Geistiges. Die Natur des Geistes zu verstehen ist also für die buddhistische Praxis etwas ganz Wesentliches. Deshalb wird der Buddhismus auch oft als eine «Geisteswissenschaft» bezeichnet. Ich will damit aber keineswegs andeuten, daß alles nur eine Widerspiegelung oder Projektion des Geistes sei und daß außer dem Geist nichts existiere.

In den buddhistischen Texten werden negative Emotionen oder Gedanken normalerweise definiert als «Zustand, der eine Störung in unserem Geist verursacht», also als etwas, das uns aufwühlt und unglücklich macht. Auf einem Symposium, an dem ich zusammen mit zahlreichen Psychologen und Wissenschaftlern aus verwandten Gebieten teilnahm, wurde befunden, daß selbst Buddhas Emotionen haben, wenn man der Definition des Begriffes Emotion in verschiedenen wissenschaftlichen Disziplinen folgt. Karuna (unendliches Mitgefühl oder Herzensgüte) kann also als eine Art von Emotion verstanden werden.

Es gibt Emotionen, die positiv und solche, die negativ sind. Zorn gehört zweifellos zu den negativen Emotionen. Negativ, weil dadurch ein gewisses Unbehagen, eine unglückliche Stimmung in uns hervorgerufen werden, was auf Dauer gesehen zu Taten führt, die andere verletzen, und dies verursacht uns selbst Schmerzen und Leiden.

Vielleicht könnte man von zweierlei Arten von Wut sprechen. Die eine läßt sich in eine positive Emotion verwandeln, wenn jemand beispielsweise von aufrichtigem Mitgefühl und Sorge um einen anderen motiviert ist und dieser andere nicht auf seine Warnung vor dem Begehen einer negativen Tat hört, bleibt ihm keine andere Wahl, als ihn durch Einsatz einer gewissen Gewalt davon abzuhalten. In den Übungen des Tantrayana gibt es meditative Techniken, die es ermöglichen, die Energie der Wut zu transformieren. Dies ist der Sinn, der hinter den zornvollen Gottheiten steht. Wut kann, wenn sie von Mitgefühl motiviert ist, in gewissen Fällen nützlich sein, weil sie uns zusätzliche Energie gibt und zu raschem Handeln befähigt.

Im allgemeinen aber führt Wut zu Haß, und Haß ist und bleibt stets negativ. In ihm liegt der Ansatz zur Bösartigkeit. Ich analysiere den Haß immer vom buddhistischen Standpunkt aus und auf einer allgemeinen, menschlichen Ebene. Auf der allgemeinen, menschlichen Ebene machen Gesundheit, materieller Wohlstand und gute Freunde unser Glück aus. Was die Gesundheit betrifft, so sind negative Emotionen ihr sehr abträglich. Da uns meist viel daran liegt, unsere Gesundheit zu erhalten, kann uns die richtige geistige Einstellung hier eine Hilfe sein. Unser Geist sollte immer in Gelassenheit verweilen, auch wenn man von Angst überfallen wird, wie das zwangsläufig im Leben vorkommt. Diese Verstörungen sind kurzlebig, wie Wellen, die sich aus dem Wasser erheben und wieder zurücksinken. Deshalb sollte Ihre geistige Grundeinstellung davon nicht berührt werden. Wenn Sie gelassen bleiben, bleibt auch Ihr Blutdruck normal, was für Ihre Gesundheit förderlich ist. Ich habe keine wissenschaftliche Erklärung dafür, ich weiß nur, daß meine eigene körperliche Verfassung sich mit zunehmendem Alter verbessert, obwohl ich immer die gleiche Arznei einnehme, den gleichen Arzt habe, das gleiche Essen. Es muß also an meiner geistigen Einstellung liegen. Manchmal sagt man mir: Sie haben sicherlich ein tibetisches Spezialmittel. Nein, habe ich nicht!

Wie ich schon sagte, war ich in meiner Jugend ziemlich jähzornig. Ich entschuldige das manchmal damit, daß auch mein Vater jähzornig war, so, als ob es etwas Erbliches sei. Heute habe ich keinerlei Haßgefühle mehr, selbst nicht gegen jene Chinesen, die den Tibetern Elend und Leiden verursachen.

Einige meiner engen Freunde, die den Dharma praktizieren, leiden unter zu hohem Blutdruck und haben trotzdem keinerlei gesundheitliche Krisen, sie fühlen sich nie erschöpft. Andere Freunde leben im großen materiellen Wohlstand, beginnen aber nach dem Austausch der ersten Begrüßungsworte gleich zu klagen und zu jammern. Trotz ihrer angenehmen Lebensumstände kennt der Geist dieser Menschen keine Ruhe und keinen Frieden, und folglich machen sie sich ständig Sorgen über ihre Verdauung, über ihren Schlaf – einfach über alles. Geistige Ruhe und Gelassenheit sind also eine wichtige Bedingung für gute Gesundheit. Hierfür brauchen Sie keinen Arzt, schauen Sie in Ihr Inneres, versuchen Sie etwas von Ihrem Potential zu nutzen. Dies kommt außerdem billiger!

Der zweite Umstand, der zu unserem Glück beiträgt, ist materieller Wohlstand und Komfort. Ob wir aus seiner Nutzung Befriedigung ziehen oder nicht, hängt wiederum von unserer geistigen Einstellung ab. Manchmal, wenn ich früh aufwache und auf meine Uhr blicke, fühle ich mich bedrückt. An anderen Tagen ist meine Stimmung angenehm und friedlich, vielleicht aufgrund von Vorkommnissen am Vortag. Wenn ich dann auf meine Uhr blicke, scheint sie mir wunderschön. Die Uhr ist doch dieselbe, nicht wahr? Es ist meine geistige Einstellung, die den Unterschied macht.

Es tut den Dingen, die unseren materiellen Komfort ausmachen, nicht gut, wenn unser Geist von Wut beherrscht wird. Um wieder ein Beispiel aus meiner eigenen Erfahrung zu geben: Als ich jung war, versuchte ich manchmal Uhren zu reparieren, was mir oft mißlang. Es konnte vorkommen, daß ich dann die Geduld verlor und der Uhr einen Hieb versetzte. Während dieses Augenblicks wurde meine gesamte Einstellung durch den Haß verändert, und danach tat mir mein Verhalten sehr leid. Ich wollte die Uhr doch reparieren, warum sie also auf den Tisch hauen? Auch hier können Sie wieder sehen, daß die geistige Einstellung entscheidend ist, um unsere materiellen Gegebenheiten zu unserer Befriedigung nutzen zu können.

Die dritte Voraussetzung für Glück und Zufriedenheit sind gute zwischenmenschliche Beziehungen. Es ist leicht einzusehen, daß innere Gelassenheit und Ruhe uns aufgeschlossen und fair machen. Lassen Sie mich hierzu ein Beispiel geben: Vor etwa fünfzehn Jahren war da ein Engländer namens Phillips, der in enger Beziehung zu der chinesischen Regierung, einschließlich Zhou Enlai und anderen führenden Mitgliedern, stand. Er kannte sie seit Jahren und war ihnen freundschaftlich verbunden. Im Jahre 1977 oder 1978 kam Phillips nach Dharamsala, um mich zu besuchen. Er hatte Filme mitgebracht und erzählte mir von all den guten Seiten Chinas. Zu Beginn unseres Treffens hatten wir eine große Meinungsverschiedenheit, wir hatten völlig verschiedene Ansichten. Seiner Meinung nach war die Präsenz der Chinesen in Tibet etwas Gutes, während ich – auf zahlreiche Berichte gestützt – die Situation keineswegs für gut hielt. Wie gewöhnlich hatte ich ihm gegenüber keinerlei negative Empfindungen, ich fühlte einfach nur, daß seine Ansichten auf Unwissenheit beruhten, und setzte unsere Unterhaltung mit einer offenen Einstellung fort. Ich machte ihm klar, daß jene Tibeter, die der chinesischen kommunistischen Partei bereits im Jahre 1930 beigetreten waren, die an der Seite der Chinesen am chinesisch-japanischen Krieg teilgenommen hatten, die die chinesische Invasion mit Begeisterung begrüßt und mit den chinesischen Kommunisten kollaboriert hatten, dies alles in dem Glauben taten, daß sich hier eine einmalige Gelegenheit für die Entwicklung Tibets im Sinne einer marxistischen Ideologie bieten würde. Sie hatten auf der Grundlage aufrichtiger Hoffnung kollaboriert. In den Jahren 1956 oder 1957 wurden sie dann von den Chinesen ihrer Ämter enthoben, einige wurden ins Gefängnis geworfen, andere verschwanden. Ich machte ihm klar, daß wir nicht antichinesisch oder antikommunistisch sind. Tatsächlich nenne ich mich manchmal halb marxistisch, halb buddhistisch. Nachdem ich ihm dies mit aller Offenheit und von guter Absicht motiviert gesagt hatte, änderte sich seine Haltung vollständig. Wenn man trotz eines gewaltigen Meinungsunterschieds versucht, eine Brücke von Mensch zu Mensch zu schlagen, kann man zweifellos im Geist seines Gegenübers positive Gefühle erzeugen.

Übrigens: Würde dieser Vierzehnte Dalai Lama weniger lächeln, hätte er bestimmt weniger Freunde. Ich begegne anderen stets auf der Ebene von Mensch zu Mensch. Auf dieser Ebene gibt es zwischen Präsident, König und Bettler keinen Unterschied. Echtes Gefühl ist wichtiger als Status. Ich bin nur ein einfaches menschliches Wesen, das durch seine Erfahrung und geistige Disziplin eine in gewisser Weise neue Einstellung entwikkeln konnte. Dies ist nichts besonderes. Sie, die Sie bestimmt eine bessere Erziehung und mehr Erfahrung haben als ich, haben ein größeres Potential, sich innerlich zu wandeln. Ich komme aus einem winzigen Dorf und hatte im Alter von fünfzehn Jahren eine unvorstellbare Verantwortung zu übernehmen. Sie alle sollten sich deshalb von dem großen Potential überzeugen, das Sie besitzen, und wissen, daß Sie sich mit Selbstvertrauen und etwas mehr Bemühen wirklich ändern können, wenn Sie es nur wollen! Konzentrieren Sie sich weniger auf die negativen Seiten, wenn Ihnen Ihr Leben unerfreulich scheint oder wenn Sie Schwierigkeiten haben! Sehen Sie die positive Seite, sehen Sie das Potential, geben Sie sich Mühe! Dies allein schon garantiert Ihnen einen gewissen Erfolg. Wenn wir unsere ganze Energie und unsere Qualitäten als Mensch nutzen, können wir unsere Probleme überwinden.

Herausforderungen für die Menschheit

Unser Zeitalter hat auf dem Gebiet der materiellen Entwicklung ungeheure Fortschritte erlebt, wodurch sich das Leben der Menschen erheblich verbessert hat. Wir wissen aber, daß dies nicht ausreicht, um die Bedürfnisse der Menschheit zu stillen. Der rasche Fortschritt bringt zunehmend Probleme mit sich und stellt uns vor große Herausforderungen. Daher glaube ich, daß die großen Weltreligionen das Potential haben, zum Wohlergehen und Heil der Menschheit beizutragen und auch in unserem modernen Zeitalter weiterhin ihre Bedeutung beizubehalten.

Weil sie sich jedoch zum größten Teil in einer längst vergangenen Epoche der Geschichte entwickelt haben, scheinen viele Aspekte ihrer Lehren und Überlieferungen die Bedürfnisse und Interessen einer anderen Zeit widerzuspiegeln. Ich halte deshalb eine Unterscheidung zwischen dem, was ich den Kern der Überlieferung nenne und deren zeitspezifischen kulturellen Zusammenhang, für wichtig. Die Essenz, der Kern der religiösen Traditionen, ist die Botschaft der Liebe und des Mitgefühls, die durch alle Zeiten und in allen Situationen ihre Gültigkeit behält. Davon abgesehen sollten die Angehörigen der verschiedenen Religionsgemeinschaften die durch den Wandel der Zeit notwendigen Änderungen nachvollziehen und sich den besonderen Bedürfnissen ihrer Zeit und Kultur anpassen.

Die eigentliche Aufgabe für den, der seine Religion praktiziert, ist die Erforschung des eigenen Geistes, das Bemühen, Körper, Rede und Geist zu verwandeln und gemäß den Lehren und Grundsätzen der jeweiligen Religion zu leben. Dies ist sehr wichtig! Ich halte es für einen schwerwiegenden Mangel, wenn Religion in bloßem intellektuellem Wissen endet, wenn man ihre Dogmen und philosophischen Lehrsätze beherrscht, ohne sie in sein Verhalten zu übernehmen. So etwas kann sich sehr destruktiv auswirken. Es kann zu Situationen führen, in denen die Religion zu Manipulation und ausbeuterischen Zwecken benutzt wird. Wir als Praktizierende sollten uns deshalb genaue Rechenschaft über unser Verhalten ablegen.

In der Vergangenheit haben die menschlichen Gemeinschaften und Gesellschaftsordnungen ein voneinander weitgehend unberührtes Leben geführt, das heißt, monolithische Kulturen und Religionen hatten ihren Sinn und Platz. Unsere heutige Welt ist anders. Die Lage hat sich als Resultat eines Zusammenwirkens verschiedener Faktoren völlig verändert. Die einzelnen Länder sind untereinander leicht zu erreichen, Transportmöglichkeiten und Nachrichtenwesen haben eine revolutionäre Entwicklung erfahren. Das Zusammenleben der Menschen kann also nicht mehr nach dem alten Modell funktionieren.

Nehmen wir eine multikulturelle Stadt wie London mit den verschiedenen Religionsgemeinschaften. Wenn man nicht vorsichtig ist und seine Intelligenz nicht einsetzt, ist ständig die Gefahr eines Konflikts zwischen den verschiedenartigen Kulturen und Religionen gegeben. Es ist also entscheidend, eine Sichtweise zu haben, die die religiöse und kulturelle Pluralität mit einbezieht. Am besten begegnet man dieser Herausforderung, indem man sich nicht nur ein Buchwissen über die anderen spirituellen Traditionen aneignet, sondern – was noch viel wichtiger ist – mit den Angehörigen der verschiedenen Glaubensgemeinschaften Erfahrungen austauscht und von ihnen lernt. Nur durch den persönlichen Kontakt lernt man den Wert der anderen Religionen wirklich zu schätzen.

Aus einer umfassenderen Perspektive gesehen, liegen die Gründe für eine Wertschätzung des kulturellen und insbesondere des religiösen Pluralismus auf der Hand. Die Menschen haben derart mannigfaltige und unterschiedliche geistige Anlagen und Interessen. Je größer also die Vielfalt des Angebots an Religionen ist, desto besser können die Bedürfnisse der Menschen gestillt werden.

In der Geschichte der Menschheit war der religiöse Glaube oftmals der Grund für tragische Konflikte. Auch heute noch gibt es blutige Auseinandersetzungen im Namen der Religion. Die Menschheit zerfällt immer noch in feindliche Lager. Würden wir uns mit diesen Problemen auseinandersetzen, so stellten wir fest, daß es genügend Berührungspunkte zwischen den einzelnen Religionen gibt, um ein harmonisches Zusammenleben und gegenseitige Achtung zu entwickeln.

Die Umwelt ist eine weitere Herausforderung, mit der die Menschheit konfrontiert ist. Eine Anzahl prominenter Umweltschützer hat ihren Wunsch zum Ausdruck gebracht, die einzelnen Religionen und insbesondere ihre führenden Persönlichkeiten sollten auf diesem Gebiet mehr Initiative zeigen. Dies ist ein Anliegen, das ich voll unterstütze. Meiner persönlichen Meinung nach sind sehr viele Umweltprobleme auf unsere unersättlichen Ansprüche, unseren Mangel an Zufriedenheit und unsere Gier zurückzuführen. In den religiösen Lehren finden sich zahlreiche Unterweisungen darüber, wie man seine Wünsche und Begierden kontrolliert und sein Verhalten zum Positiven ändern kann. Die Religionen haben nicht nur das Potential, sondern auch die Verantwortung, einen Beitrag in dieser Richtung zu leisten.

Und noch etwas anderes halte ich für eine wichtige Aufgabe, für die sich die Religionen verantwortlich fühlen sollten: das Errichten einer gemeinsamen Front gegen Kriege und Konflikte. Ich weiß, im Laufe der Geschichte der Menschheit haben Kriege in vereinzelten Fällen zu Freiheit und zum Erreichen bestimmter Ziele geführt. Trotzdem glaube ich nicht, daß Kriege zu einer endgültigen Lösung von Konflikten verhelfen können. Ich halte es für wichtig, daß die verschiedenen Religionen sich vereint gegen jeden Gedanken an Krieg aussprechen. Rein verbaler Widerstand genügt aber nicht. Um Kriegen und Konflikten ein Ende zu bereiten, müssen wir aktiv etwas unternehmen, und wir müssen die Frage der Abrüstung hier ernsthaft bedenken. Ich bin mir bewußt, daß die negativen Emotionen des Menschen, Haß und Wut, der auslösende Faktor für die Nachfrage nach Waffen sind. Die negativen Emotionen gänzlich aus dem Geist der menschlichen Wesen zu entfernen, ist jedoch nicht möglich. Wir können ihre Kraft abmildern und schwächen, völlig eliminieren lassen sie sich nicht. Das heißt, wir müssen uns ernsthaft um eine militärische Abrüstung bemühen.

Eine weitere Herausforderung der Menschheit stellt die Überbevölkerung dar. Gewiß, alle religiösen Traditionen sehen im Leben – und besonders im menschlichen Leben – etwas Kostbares. Vom einzelnen Menschen aus gesehen ist es um so besser, je mehr Menschen es gibt, weil dadurch mehr Möglichkeiten gegeben sind, als menschliche Wesen geboren zu werden. Aber ein globaler Blick auf dieses Thema macht meiner Meinung nach für alle Religionen die zwingende Notwendigkeit klar, über die Bevölkerungsexplosion nachzudenken. Die Erde verfügt über begrenzte Reserven, die nur noch bis zu einem gewissen Grad für den Unterhalt der Menschen auf diesem Planeten ausreichen.

Fragen zur Umweltverschmutzung

Über Umweltverschmutzung und das Ende des Universums:
Eure Heiligkeit, wie kann die Umweltverschmutzung auf unserem Planeten gestoppt werden? Gibt es ein Ende des uns bekannten Universums und der Menschheit im Sinne einer Selbstreinigung, damit ein Neuanfang erfolgen kann?

Natürlich gibt es auch vom buddhistischen Standpunkt aus einen Anfang und ein Ende. Das ist nur logisch und ein Naturgesetz. Ob wir es nun Urknall nennen oder anders, es gibt einen Anfang, d. h. einen Prozeß der Evolution. Also muß es auch ein Ende geben. Aber wie dem auch sei, ich glaube nicht, daß das Ende vor Ablauf vieler Millionen von Jahren kommen wird.

Nun zur Umweltverschmutzung. Ich komme, wie Sie wissen, aus Tibet. Als wir noch in unserem Land lebten, gab es diese Sorgen nicht. Alles war völlig sauber. Es war eine echte Überraschung für mich, als ich später von Umweltproblemen hörte und man mir sagte, es gäbe Wasser, das ich nicht trinken könne. Ich habe dann mein Wissen erweitert.

Die Umwelt ist ein sehr, sehr ernstzunehmendes Thema. Diese Frage betrifft nicht nur ein paar Nationen, sondern das Überleben und die Gesundheit der gesamten Menschheit. Wenn wir uns alle dessen bewußt sind und uns entsprechend verhalten, können wir die Probleme in Grenzen halten. Als ich vor einigen Jahren in Stockholm war, erzählten mir meine Freunde, daß es seit langem keine Fische mehr in dem dortigen Fluß gegeben habe, weil sein Wasser derart vergiftet war. Als Folge der Umweltkontrolle waren zur Zeit meines Besuches schon wieder einige Fische darin zu sehen. Es ist also durchaus möglich, die Dinge zu verbessern.

Mord und Zerstörung, Zustände wie in Bosnien, erregen sofort unsere Aufmerksamkeit. Die Vergiftung der Umwelt und damit zusammenhängende Probleme fallen uns weniger auf. Die Verschlechterung geht schleichend im Verlauf von Monaten und Jahren vor sich, und wenn sie dann augenfällig wird, ist es meist schon zu spät. Es handelt sich deshalb um ein außerordentlich ernstes Thema. Mich ermutigt jedoch, daß vielerorts die Menschen sich engagieren und politische Parteien sich die Ideen des Umweltschutzes zur Grundlage gemacht haben. Ich denke, dies ist eine sehr gesunde Entwicklung. Es besteht also Grund zur Hoffnung.

,Anmerkungen

Eine grundsätzliche Anmerkung zur Zitierweise vorab:
Die chinesischen Kaiser wählten nach ihrem Regierungsantritt ein Motto oder eine Devise (*nianhao*) für die Zeit ihrer Herrschaft, unter dem sie häufig in offiziellen Dokumenten genannt wurden: z.B. Fulin als der Shunzhi-Kaiser, Xuanye als der Kangxi-Kaiser und Hongli als der Qianlong-Kaiser. Nach ihrem Tod wiederum benannte man sie oft nach ihrem posthumen Tempelnamen oder ihrem ebenfalls posthumen Memorialnamen.

1. Vgl. Karl-Heinz Golzio: Wiederverkörperung in Tibet, in: Spirita 1/96, S. 21ff.
2. Vgl. Pietro Bandini: Die Rückkehr der Engel. Von Schutzengeln, himmlischen Boten und der guten Kraft, die sie uns bringen. Bern, München, Wien 1995, S. 91ff.
3. Vgl. Pietro Bandini: Drachenwelt. Von den Geistern der Schöpfung und Zerstörung. Stuttgart, Wien, Bern 1996. S. 124ff.
4. Eine besondere Form der Göttin Tara, die um den Erleuchtungsgedanken kreist
5. Der Bodhisattva der Weisheit
6. Weibliche Dämonenwesen, die im Vajrayana-Buddhismus die inspiratorische Kraft des Bewußtseins verkörpern
7. Häretiker
8. Hölle, Hungergeister (Preta) oder die Tierwelt
9. Eine Person, für die man keine Gefühle entwickelt
10. Zwischen Tod und Wiedergeburt
11. «Hörer»: Anhänger des Hinayana-Buddhismus
12. Den Energiekanal
13. 26.1.1552–14.1.1553
14. 15.1.1553–2.2.1554
15. Legendenkranz über die früheren Existenzen des historischen Buddha

16. Des buddhistischen Weltenherrschers
17. Milch, Quark und Butter
18. Honig, Zucker und Kandis
19. Lehrer einer nichtbuddhistischen Religion
20. Nach Sagang Sečen: Geschichte der Mongolen und ihres Fürstenhauses, S. 272–273, 275–276
21. Mongolisch für «Wiederverkörperung»; gemeint ist der V. Dalai Lama.
22. Der Panchen Lama
23. Nach Sagang Sečen: Geschichte der Ostmongolen und ihres Fürstenhauses, S. 288f.
24. Nach Jigme Ripai Dorje: Geschichte des Buddhismus in der Mongolei, S. 262
25. Tibetischer König (Regierungszeit 757–797)
26. Der indische buddhistische Lehrer Shantirakshita
27. Mahakala
28. Votivbilder
29. Gelugpa-Kloster im nordöstlichen Teil Lhasas
30. Damit sind wohl die Lehren des Pema Lingpa gemeint.
31. Eine Buddhastatue
32. Des Todesgottes
33. Nach E.S. Kraft: Zum Dsungarenkrieg im 18. Jahrhundert, S. 65–67
34. Die Nyingmapa-Schule
35. Dieses und das vorhergehende Lied verfaßte Kalzang Gyatso anläßlich seines Besuchs im Kloster Ganden im Wasser-Hund-Jahr (6. Februar 1742–24. Februar 1743).
36. Nach G. Bogle: Im Land der lebenden Buddhas, S. 144–146
37. Der Regent
38. Bruder des Panchen Lama
39. G. Bogle: Im Land der lebenden Buddhas, S. 150–151
40. L. Petech: The Dalai Lamas, S. 385
41. Nach G. Schulemann: Geschichte der Dalai-Lamas, S. 343
42. 1417 bzw. 1478; die angegebenen Daten treffen allerdings nicht zu.
43. Des eigentlichen China
44. Gemeint sind ununterbrochene Wiedergeburten durch Generationen.
45. F. D. Lessing: Yung-ho-kung, S. 58f.

46. Der Regent
47. W. W. Rockhill: The Dalai Lamas, S. 65
48. G. Schulemann: Die Geschichte der Dalai-Lamas, S. 559
49. Thubten Gyatso: Path of the Boddisattva Warriors, S. 20
50. Dem Dalai Lama
51. In Wirklichkeit von sechs Jahren
52. Sarat Chandra Das: Journey to Lhasa and Central Tibet, Nachdruck New Delhi 1970, S. 167 (zitiert nach Schulemann: Geschichte der Dalai-Lamas, S. 366)
53. Nach Schulemann: Geschichte der Dalai-Lamas, S. 387
54. Des chinesischen Reichs
55. William Woodville Rockhill: The Dalai Lamas of Lhasa, S. 84f.
56. Shakabpa, Wangchuk Deden: Tibet, S. 230
57. Shakabpa: Tibet, S. 247f.
58. Maidari Qutuqtu
59. Padma Sambhava
60. Thubten Gyatso: Path of the Boddisattva Warriors, S. 111–113
61. Der V. Dalai Lama
62. Zwischenzustand zwischen Tod und neuer Wiederverkörperung
63. Religiöse Bildrollen
64. 2. November 1949
65. Nach einer inzwischen populären Zählung (der sich auch die Chinesen angeschlossen haben) wäre der VII. vielmehr der X. Panchen Lama, weil man dem historischen I. Panchen Lama posthum noch drei Vorgänger vorgeschaltet hat. Ungeachtet der Flut von Publikationen, die den 1995 installierten neuen Panchen Lama sowie seinen von den Chinesen gekürten Gegenkandidaten als den XI. Panchen Lama bezeichnen, bleiben wir bei der ursprünglichen Zählung, nach der es sich bei dem 1992 geborenen Kind erst um den VIII. Panchen Lama handelt.
66. Wie erst allerjüngst bekannt wurde, sicherten die Chinesen vor der Zerstörung aber die Dokumente der Klöster und brachten sie nach Peking. Vor wenigen Jahren richteten sie dann ein Zentralarchiv in Lhasa ein. Es handelt sich um ca.

zwei bis drei Millionen Dokumente, angefangen von einfachen Abrechnungen bis hin zu komplexen Staatsverträgen und literarischen Texten.

67. Tenzin Gyatso: Dalai Lama: Mit dem Herzen denken, S. 45–55, 109–115, 117–119

Literaturnachweis

Aris, Michael: *Hidden treasures and secret lives. A study of Pemalingpa (1450–1521) and the Sixth Dalai Lama (1683–1706).* London, New York 1989

Barraux, Roland: *Die Geschichte der Dalai Lamas. Göttliches Mitleid und irdische Politik.* Geleitwort von Dagpo Rimpoche. Solothurn, Düsseldorf 1995

Bogle, George: *Im Land der lebenden Buddhas. Entdeckungsreisen in das verschlossene Tibet, 1774-1775.* Mit einem Beitrag von Sven Hedin. Hrsg. von Wolf-Dieter Grün. Stuttgart 1984

Dhondup, Kesang: *The Water-Bird and other years. A history of the Thirteenth Dalai Lama and after.* New Delhi 1986

Goodman, Michael Harris: *The last Dalai Lama. A biography.* London 1986

Harrer, Heinrich: *Sieben Jahre in Tibet. Mein Leben an dem Hofe des Dalai Lama.* Wien 1952

Hicks, Roger/Chögyam, Ngakpa: *Great Ocean. An authorised biography of the Buddhist monk Tenzin Gyatso, His Holiness the Fourteenth Dalai Lama.* Longmead/Shaftesbury 1984

Jigme Ripai Dorje: *Geschichte des Buddhismus in der Mongolei.* Mit einer Einleitung: Politische Geschichte der Mongolen. Aus dem Tibetischen des Jigs-med nam-mk'a. Hrsg., übers. und erläutert von Georg Huth. Zweiter Teil: Nachträge zum ersten Teil. Übersetzung. Straßburg 1896

Kalzang Gyatso: *Selected Works of the Dalai Lama VII. Songs of spiritual change.* Compiled, ed. and transl. by Glenn H. Mullin. Illustrations by Kevin Rigby. Ithaca, N.Y. 1982

Kraft, Eva Susanne: *Zum Dsungarenkrieg im 18. Jahrhundert. Berichte des Generals Funingga.* Aus einer mandschurischen Handschrift übersetzt und an Hand der chinesischen Akten erläutert. Leipzig 1953

Kunga Gyaltsen: Kun-ga Gyal-Tsen's «Life of the Dalai Lama I: The twelve wondrous deeds of omniscient Gen-Dun Drub».

By Glenn H. Mullin and Acharya Tub-ten Cham-pa; in: *Tibet Journal 10,* H. 4 (1985), S. 3-42

Lessing, Ferdinand Diedrich: *Yung-ho-kung. An iconography of the Lamaist cathedral in Peking with notes on Lamaistic mythology and cult.* Vol. 1. Stockholm 1942

Markham, Clements Robert: *Narratives of the Mission of George Bogle to Tibet and of the Journey of Thomas Manning to Lhasa.* Ed. with notes, an introduction, and lives of Mr. Bogle and Mr. Manning. 2nd ed. London 1879

Ngawang Lobzang Gyatso: *A History of Tibet by Nag-dBan Blo-bZanrGya-mTSHo, fifth Dalai Lama of Tibet.* Transl. from Tibetan by Zahiruddin Ahmad. Bloomington, Ind. 1995

Paroles de Dalaï-Lamas. Textes choisis et présentés par Gilles Van Grasdorff. Traduction sous la direction de Vincent Dupont. Paris 1996

Petech, Luciano: *Aristocracy and government in Tibet, 1728–1959.* Rom 1973

–: *China and Tibet in the early 18th century. History of the establishment of Chinese protectorate in Tibet.* Leiden 1950

–: *The Dalai-Lamas and regents of Tibet: a chronological study*; in: T'oung Pao, Vol. 47 (1959) S. 368-394

Richardson, Hugh Edward: *Tibet: Geschichte und Schicksal,* Hrsg. Institut für Asienkunde in Hamburg. Frankfurt a. M., Berlin 1964

Rockhill, William Woodville: *The Dalai Lamas of Lhasa and their relations with the Manchu Emperors of China, 1644–1908.* Leyden 1910

Sagang Sečen: *Geschichte der Mongolen und ihres Fürstenhauses.* (Aus dem Mongolischen übersetzt von Isaac Jacob Schmidt [1829].) Hrsgg. und mit einem Nachwort von Walther Heissig. Zürich 1985

Schmithausen, Lambert: *Buddhismus und Glaubenskriege*; in: Veröff. Joachim-Jungius-Ges. Wiss. Hamburg 83 (1996) S. 63-92

Schuh, Dieter: *Untersuchungen zur Geschichte der tibetischen Kalenderrechnung.* Wiesbaden 1973

Schulemann, Günther: *Geschichte der Dalai-Lamas.* Leipzig 1958

Shakabpa, Wangchuk Deden: *Tibet. A political history.* New Haven, London 1967

Sørensen, Perkjeld: *Divinity secularized. An inquiry into the nature and form of the songs ascribed to the Sixth Dalai Lama.* Wien 1990

Sonam Gyatso: *Selected works of the Dalai Lama III. Essence of refined gold.* Commentary by H. H. the Dalai Lama XIV. Compiled, ed. and transl. by Glenn H. Mullin. H. H. the Dalai Lama XIV commentary transl. with Tse-pak Rig-zin and Lob-zang Dawa. Illustrations by Kevin Rigby. Assistant eds.: Sidney Piburn, Anne Kandt and Christine Cox. Ithaca, N.Y. 1982

Tenzin Gyatso: Dalai Lama: *Das Auge der Weisheit. Grundzüge der buddhistischen Lehre für den westlichen Leser.* Bern, München, Wien 1975

–: Dalai Lama: *Der Friede beginnt in dir. Zur Überwindung der geistig-moralischen Krise in der heutigen Weltgemeinschaft.* 4. Aufl. Bern, München, Wien 1994

–: Dalai Lama: *Mit dem Herzen denken. Mitgefühl und Intelligenz sind die Basis menschlichen Miteinanders.* Bern, München, Wien 1997

Thubten Gyatso: *The Thirteenth Dalai Lama: Path of the Bodhisattva Warrior. The life and teachings of the Thirteenth Dalai Lama.* Compiled and translated by Glenn H. Mullin. Biography by Glenn H. Mullin. Ithaca, N.Y. 1988

Tshangyang Gyatso: *Tshangs dbyangs rgya mtsho: Liebeslieder des VI. Dalai Lama.* Aus dem Tibetischen übersetzt, mit Anmerkungen und einem Nachwort versehen von Dieter Back. Freiburg i. B. 1986

–: Mark Tatz: *Songs of the Sixth Dalai Lama*; in: Tibet Journal, Vol. 6, No. 4 (1981) S. 13-31

–: *Wings of the white crane. Poems of Tshnags dbyangs rgya mtsho (1683–1706).* Transl. by G. W. Houston. Historical introduction by Helmut Hoffmann. Delhi, Varansai, Patna 1982

Tshe-chok-ling: *Life of the seventh Dalai Lama: From the Lam-rim-bla-brgyud by Tse-chok-ling.* Transl. and prepared at the LTWA by Glenn H. Mullin with Losang Dawa and Losang N. Tsonawa; in: Tibetan Journal 8 (1983) H. 1, S. 3–19

Ya Hanzhang: *The biographies of the Dalai Lamas.* Translated by Wang Wenjiong. Peking 1991

Abbildungsverzeichnis

Seite 263: Der junge XIV. Dalai Lama mit seinen Eltern (ca. 1939), aus: Hicks, *Great Ocean*

Seite 272: Tenzin Gyatso, der XIV. Dalai Lama (um 1950), aus: Hicks, *Great Ocean*

Seite 278: Mao Zedong empfängt den XIV. Dalai Lama und den VII. Panchen Lama (rechts) in Peking (1954), aus: Schulemann, *Geschichte der Dalai-Lamas*

Seite 283: Der XIV. Dalai Lama auf der Flucht nach Indien (1959), aus: Hicks, *Great Ocean*

Seite 284: Nach seiner Flucht trifft der XIV. Dalai Lama in Tezpur ein (1959), aus: Hicks, *Great Ocean*

Seite 289: Der XIV. Dalai Lama besucht Japan (1980), aus: Hicks, *Great Ocean*